Manfred Belok, Urs Länzlinger, Hanspeter Schmitt (Hg.)

Seelsorge in Palliative Care

TVZ

Manfred Belok, Urs Länzlinger,
Hanspeter Schmitt (Hg.)

Seelsorge in Palliative Care

EDITION **N Z N**
BEI **T V Z**

Theologischer Verlag Zürich

Forum Pastoral 5

Die Deutsche Bibliothek – Bibliografische Einheitsaufnahme
Die Deutsche Bibliothek verzeichnet diese Publikation in der Deutschen Nationalbibliografie;
detaillierte bibliografische Daten sind im Internet über http://www.dnb.de abrufbar.

Umschlaggestaltung: Simone Ackermann, Zürich
Satz und Layout: Claudia Wild, Konstanz
Druck: ROSCH-Buch Druckerei Gmbh, Scheßlitz

ISBN: 978-3-290-20077-0

© 2012 Theologischer Verlag Zürich
www.edition-nzn.ch

Geleitwort

Wenn nichts mehr zu machen ist, bleibt noch viel zu tun

«Warum gerade ich?» «Wie kann Gott das zulassen?» – Das Leid schwerkranker Menschen, das sich in solchen Worten ausdrückt, geht weit über körperlichen Schmerz hinaus. Es betrifft ihre seelische und spirituelle Not – Angst, Wut, Zweifel und Hoffnungslosigkeit –, die ihre Lage gleichermassen prägen. Genau wie die physischen Symptome der Krankheit wollen auch sie ernst genommen werden und rufen nach heilsamer Begegnung. Dies gilt besonders in der letzten Lebensphase, wenn sich die Patientin bzw. der Patient, aber auch die Angehörigen mit der Frage nach einem im Letzten und Ganzen tragenden Sinn konfrontiert sehen und Antworten auf dieses «Warum?» suchen.

Dank hoch entwickelter Medizin sind heute Krankheiten heilbar, die noch vor wenigen Jahren zum Tod geführt haben. Dank ihr haben Menschen selbst bei schwersten, unheilbaren oder chronisch fortschreitenden Erkrankungen eine gegenüber früher deutlich verlängerte Lebensperspektive. Damit aber treten die unterschiedlichsten Schmerzen, besonders aber die Wahrnehmung eigener Hinfälligkeit und Begrenzung und – damit verbunden – Krise und Trauer wesentlich stärker und nachhaltiger ins Bewusstsein, als dies früher der Fall war. So wird die Frage nach letztem Sinn und der sinnvollen Ausgestaltung von Abschied und Sterben unausweichlich und zur persönlichen, sozialen *und* medizinischen Herausforderung.

Die Palliativmedizin sieht ihr vorherrschendes Ziel nicht in der Beseitigung der Krankheit, sondern darin, einem kranken Menschen bis zuletzt ein Leben zu ermöglichen, das er als umfassend sinnvoll erfahren kann. Das hat einen weiteren Paradigmenwechsel im Spitalalltag eingeleitet. Die ohnehin schon immer fragwürdige Erhaltung des Lebens «um jeden Preis» ist dem Konzept der ganzheitlichen Pflege gewichen. Diese stellt den Menschen mit Körper, Geist und Seele – und damit ungeteilt – ins Zentrum ihres Bemühens und entfaltet von dort her die Perspektiven medizinisch-pflegerischen Handelns. In der Formulierung «Wenn nichts mehr zu machen ist, bleibt noch viel zu tun» wird dieses neue Paradigma einprägsam festgehalten. Die darin deutliche schöpferische Intention der Palliative-Care-Bewegung ist für uns ein Auftrag und stellt uns als Personen wie Institutionen vor grosse Herausforderungen.

Beispielsweise lassen sich unter dem Vorzeichen einer palliativ orientierten Medizin bestimmte Aufgaben nicht mehr nur funktional delegieren, weil dies ihrem ganzheitlichen Ansatz zuwiderlaufen würde. So sind etwa seelische Nöte (*Spiritual Pain*) eines Menschen nicht allein Sache der Seelsorgenden, psychosoziale Bedürfnisse nicht ausschliesslich Aufgabe für psychologische Experten. Vielmehr erfordert Palliative Care eine interdisziplinär integrierte Betreuung, in der alle Fachrichtungen und Berufsgruppen – Ärztinnen und Ärzte, Psychologinnen und Psychologen, Seelsorgende, Pflegefachpersonen und Sozialdienste – aufeinander abgestimmt sind und zum Wohl der betroffenen Menschen kooperieren.

Auf diese Weise wird eine Begleitung der Patientinnen und Patienten angebahnt, die Raum und Zeit für Menschlichkeit und Mitgefühl bietet. Gemeint sind Formen der Zuwendung, die auch Platz für Ratlosigkeit, Ängste und offene Fragen haben und so gestaltet sind, dass man Trost, Geborgenheit und Solidarität erfahren und finden kann. Eine solche Pflege stellt eine Brücke dar, auf der die uns anvertrauten Menschen zu ihren spirituellen Bedürfnissen gelangen, sie formulieren und leben können. Damit aber dürfen wir Anwälte ihrer Hoffnung werden. Das geht uns nicht allein beruflich an, sondern fordert uns als Menschen – gerade wenn «nichts mehr zu machen» ist, «aber noch viel zu tun» bleibt. Dann zählt oft das schlichte Zuhören, das verlässliche Dabeibleiben und Mitaushalten bis hin zum Mut, angesichts menschlicher Vergänglichkeit die eigene Ohnmacht zuzulassen und anzunehmen.

Genügend Wissen über Palliative Care im Spitalalltag ist vorhanden. Auch fehlt es nicht am festen Willen, für jede Patientin und jeden Patienten den besten Weg für ein würdevolles und begleitetes Leben bis zum letzten Atemzug zu finden. Aber wie kann man dieser Aufgabe und Herausforderung im Spannungsfeld von Fachwissen, Ethik, Ökonomisierung und dem Ruf nach permanent zu steigernder Effizienz gerecht werden? Wie soll man entscheiden, wenn Patienten oder Angehörige Handlungen fordern, die den Sterbeprozess aufhalten sollen und damit die Leidenszeit ungebührlich verlängern? Wie lösen wir die Diskrepanz zwischen dem, was medizinisch machbar, persönlich gewollt und moralisch geboten ist?

Der mittels Palliative Care erhobene Anspruch ganzheitlicher Begleitung schwerkranker Menschen ist gross, aber es gibt auch ein starkes Bewusstsein für die Notwendigkeit des ganzheitlichen Ansatzes. Deshalb bin ich zuversichtlich, dass wir diese Herausforderung – selbst bei zu erwartenden Schwierigkeiten – meistern können.

Ich wünsche der vorliegenden Publikation, dass sie ihr Ziel erreicht und zu Denkanstössen und Perspektiven für eine menschliche Praxis in schwerer Krankheit und besonders in der letzten Lebensphase führt. Dies könnte sowohl für die palliativmedizinische und pflegerische Orientierung Einzelner wie auch für die Arbeit im Palliative-Care-Team hilfreich und von Bedeutung sein.

Erwin Carigiet

Inhaltsverzeichnis

Einleitung

Wer als Patientin bzw. als Patient ins Spital kommt, erlebt diesen Raum zumeist zwiespältig. Zum einen bewegt die Hoffnung auf Heilung bzw. die Angst, die eigene Lage könnte nach medizinischem Ermessen aussichtslos sein. Zugleich fürchtet man, zum Objekt medizinischer Behandlung zu werden und als Mensch zu kurz zu kommen. Demgegenüber stellt Palliative Care seit geraumer Zeit den Leitbegriff umfassender Pflege und Zuwendung dar – nicht nur, aber gerade auch am Lebensende. Die aktuellen nationalen Leitlinien für Palliativpflege des Schweizer Bundesamtes für Gesundheit betonen unter diesem Begriff explizit das Erfordernis «spiritueller Begleitung»: Menschen sind in ihrer letzten Lebensphase «in ihren existenziellen, spirituellen und religiösen Bedürfnissen auf der Suche nach Lebenssinn, Lebensdeutung und Lebensvergewisserung sowie bei der Krisenbewältigung» (Bundesamt für Gesundheit Bern, BAG 2010) zu begleiten. Was aber heisst es, Menschen innerhalb eines Spitals in ihrer Krankheit und in ihrem Sterben seelsorglich zu begleiten?

Zweifelsohne erfreut sich Palliative Care als Leitbegriff menschenwürdigen Lebens und Sterbens einer hohen allgemeinen Zustimmung. Zugleich stösst das Ideal innerhalb der Spitäler auf strukturelle Bedingungen, die ihm entgegenzustehen scheinen. Was bedeutet das für die Seelsorge innerhalb von Palliative Care?

Ausgehend von solchen einschlägigen Fragestellungen möchte die vorliegende Publikation Ärztinnen bzw. Ärzten und Pflegefachpersonen, aber auch anderen, die im Gesundheitswesen auf unterschiedlichen Feldern wie etwa der Pastoral bzw. Seelsorge, Psychologie, Sozialarbeit, Klinikleitung und Hospizhilfe tätig sind, eine inhaltliche wie praxisrelevante Anregung und Unterstützung anbieten. Zentrale Perspektive ist das mit Palliative Care festgehaltene Motiv bzw. der Weg ganzheitlicher Begleitung und Zuwendung zum leidenden und sterbenden Menschen. Diese Perspektive wird in biblischer, theologischer, pastoraler, liturgischer, spiritueller und ethischer Hinsicht entfaltet, wobei das Konzept der Spitalseelsorge der Katholischen Kirche im Kanton Zürich einen entscheidenden Bezugspunkt bildet.

Eva-Maria Faber plädiert für eine christliche, näherhin schöpfungstheologisch und inkarnationstheologisch begründete Aufmerksamkeit für die «Mitte» des Lebens auch an dessen Grenzen und warnt vor einer Reduktion des Glaubens auf die religiöse Funktion der Kontingenzbewältigung. Sie benennt Voraussetzungen für Seelsorgende noch vor aller Spezialisierung in der Spitalseelsorge bzw. noch vor deren Ausgliederung aus den pfarreilichen pastoralen Strukturen.

Hanspeter Schmitt weist darauf hin, dass im Horizont von Tod und Sterben die Fähigkeit, Grenzen zu ziehen und zu gestalten, sie aber auch zu verschieben, zu überschreiten oder zu ignorieren, eine existenziell verschärfte Bedeutung gewinnt. Theologisch-ethisch erörtert er folgende Grenzfragen: Soll man auf Verlangen töten? Ist es gut, beim Suizid beizustehen? Wann darf man auf eine Heilbehandlung verzichten? Wo liegt die Grenze bei der Gabe schmerzstillender Medikamente? Muss man bewusstseinsverminderte Patientinnen und Patienten behandeln? Wie tragfähig sind Patientenverfügungen in diesen Grenzfragen?

Cornelia Knipping führt in das Grundanliegen der Palliative-Care-Bewegung ein und erinnert an deren hospizlichen Wurzeln. Sie wirbt für eine Haltung und Kultur im Umgang mit schwerkranken, alten und sterbenden Menschen, die diese in ihren körperlichen, seelischen, sozialen, kulturellen und spirituellen Dimensionen wahrnimmt. Ziel ist eine würdevolle Behandlung, Pflege und Begleitung – «bis zuletzt».

Markus Zimmermann-Acklin macht darauf aufmerksam, dass die breite Zustimmung zu Palliative Care dazu verleiten könnte, damit einhergehende Missverständnisse, Grenzen oder Fehlerwartungen zu übersehen bzw. zu unterschätzen. Er geht aus sozialethischer Sicht der Frage nach, ob bestimmte strukturelle Entwicklungen dem Anliegen von Palliative Care nicht diametral entgegenstehen und wie der vorhandene Kostendruck den Stellenwert der Seelsorge verändert.

Lisa Palm veranschaulicht mit Hilfe zweier Fallbeispiele die Bedeutung religiös-spiritueller Begleitung (Spiritual Care) innerhalb eines Akutspitals und benennt Voraussetzungen, Aufgaben und Schwerpunkte für solche religiös-spirituelle Begleitungen. Für die routinemässige Erfassung einschlägiger Ressourcen, Bedürfnisse und Notlagen (Spiritual Pain) der oft nur kurz hospitalisierten Patientinnen und Patienten eines Akutspitals stellt sie ein von ihr entwickeltes Wahrnehmungsraster (Assessment-Instrument) vor.

Simon Peng-Keller untersucht, was gegenwärtig unter Spiritualität im klinischen Kontext verstanden wird. Er erkundet das Verhältnis von Spiritual Care und kirchlicher Seelsorge, arbeitet Kennzeichen einer kontextsensiblen spirituellen Begleitung von kranken, sterbenden und trauernden Menschen heraus und erläutert, was eine christlich akzentuierte Spiritual Care ausmacht.

Manfred Belok sieht die Gesprächsseelsorge, in Anwendung der von Carl R. Rogers begründeten klientenzentrierten Gesprächspsychotherapie, als die bevorzugte Form von Seelsorge in der Spital- und Klinikseelsorge. Um einer guten interprofessionellen Zusammenarbeit von Seelsorge und Psychotherapie willen plädiert er dafür, das Gemeinsame und das Unterscheidende in der jeweiligen Sicht vom Menschen wahrzunehmen und so das Seelsorgeprofil zu schärfen. Zudem zeigt er auf, wie sich der Grundauftrag der christlich geprägten Spital- und Klinikseelsorge in einer zunehmend religionspluralen Gesellschaft wie der Schweiz realisiert.

Birgit Jeggle-Merz stellt die fundamentale Bedeutung von Ritualen als lebensweltliche Scharniere heraus und erläutert Vielfalt, Sinn und Praxis einzelner liturgischer Formen in der Krankenpastoral. Als Angebote der Begegnung mit dem Gott des Lebens wollen sie die Situation des Kranken klären helfen, wobei die offizielle Liturgie der katholischen Kirche ein bedeutsames Reservoir darstellt. Hieraus können katholische Spitalseelsorgende schöpfen und haben dennoch ausreichend Spielraum für eine situationsgerechte Übernahme der vorgeschlagenen Zeichen und Riten.

Franz Annen erläutert die Sicht von Kranksein und Heilwerden im Neuen Testament, das kein Interesse an einer medizinischen Diagnose und Ursachenklärung einer Krankheit hat, sondern den kranken und leidenden Menschen ganzheitlich in den Blick nimmt. Auf dieser Linie zeigt er auf, in welch umfassender Weise Jesus kranke Menschen wahrnimmt, mit ihnen umgeht und sie heilt.

Thomas Staubli erinnert aus alttestamentlicher Perspektive an die verdrängten orientalischen Wurzeln der Spital- und Klinikseelsorge. Mit Blick auf die so genannte Gehasi-Episode in 2 Kön 5,20–27 beleuchtet er die Frage nach dem Einfluss bezahlter Lohnarbeit auf die Integrität klinikseelsorglicher Beziehungen. Wie wichtig ein gerechter Lohn ist, um professionelle Klinikseelsorge zu garantieren, zeigt das Ergebnis seiner Befragung von acht römisch-katholischen Seelsorgenden aus fünf verschiedenen Kliniken der Deutschschweiz.

Urs Länzlinger erläutert das Konzept der integrierten Spitalseelsorge der Katholischen Kirche im Kanton Zürich. Es zielt dahin, dass theologisch und pastoralpsychologisch ausgebildete Seelsorgerinnen und Seelsorger die Kranken und ihre Angehörigen in den Spitälern und Psychiatrischen Kliniken im

Kanton Zürich gemeinsam mit Freiwilligen, Pflegenden, Ärztinnen und Ärzten fachpsychologisch und sozial umsorgen und begleiten. Überdies enthält sein Beitrag die wichtigsten Ergebnisse einer aktuellen externen Evaluation dieses Konzeptes bzw. seiner Umsetzung.

Schliesslich dokumentiert die *Fachkommission Seelsorge in Palliative Care* der Spital- und Klinikseelsorge der Katholischen Kirche im Kanton Zürich eine von ihr zum «Themenkomplex Palliative Care» und zu «assistierter Suizid» erarbeitete und publizierte Argumentations- und Entscheidungshilfe.

Als Herausgeber bedanken wir uns bei dieser Fachkommission, die die vorliegende Publikation angeregt hat. Dank gilt auch Jeanine Kosch – vormals Mitglied dieser Kommission – für die aktive Unterstützung der Idee und besonders allen Autorinnen und Autoren, die ihre jeweilige Fachkompetenz engagiert in diesen Band eingebracht haben. Nicht zuletzt danken wir Frau Beatrice Walli-Eisenlohr vom Pastoralinstitut der Theologischen Hochschule Chur für die geduldige und gewissenhafte Betreuung und Bearbeitung der formalen Textgestalt sowie der Edition NZN bei TVZ für die Aufnahme des Bandes in das Verlagsprogramm, namentlich ihrem Lektor Markus Zimmer, der den gesamten Weg konstruktiv begleitet hat.

Die Katholische Kirche im Kanton Zürich hat diese Publikation grosszügig unterstützt. Auch dafür von unserer Seite herzlichen Dank.

Chur/Zürich, im August 2012

Manfred Belok
Urs Länzlinger
Hanspeter Schmitt

Die Grenzen in der «Mitte des Lebens»

Eva-Maria Faber

«Ich möchte von Gott nicht an den Grenzen, sondern in der Mitte, nicht in den Schwächen, sondern in der Kraft, nicht also bei Tod und Schuld, sondern im Leben und im Guten des Menschen sprechen. An den Grenzen scheint es mir besser, zu schweigen und das Unlösbare ungelöst zu lassen.»[1]

Seine 1944 in der Gefängniszelle geschriebene Option begründet Dietrich Bonhoeffer theologisch:

«Gott ist auch hier kein Lückenbüßer; nicht erst an den Grenzen unserer Möglichkeiten, sondern mitten im Leben muss Gott erkannt werden; im Leben und nicht erst im Sterben, in Gesundheit und Kraft und nicht erst im Leiden, im Handeln und nicht erst in der Sünde will Gott erkannt werden. Der Grund dafür liegt in der Offenbarung Gottes in Jesus Christus. Er ist die Mitte des Lebens und ist keineswegs ‹dazu gekommen›, uns ungelöste Fragen zu beantworten.»[2]

Dietrich Bonhoeffers Kritik an der Verkündigung eines Lückenbüssergottes gehört zu seinen bekanntesten Äusserungen. Sie am Beginn eines Beitrags zum Thema Palliative Care zu finden, mag überraschen. Sie soll weder ein Plädoyer für den Ausstieg aus der Spitalseelsorge einleiten noch nur als Kontrast dienen, mit dem unterstrichen würde, dass sich an den Grenzen menschlichen Lebens das Bedürfnis nach religiösem Trost eben doch unweigerlich einstellt und entsprechend erfüllt werden muss. Mir scheint es weiterführend, Bonhoeffers Votum als Inspiration für seelsorgliches Handeln am Krankenbett, und zwar gerade in Grenzsituationen, zu wählen. Ob man sich Bonhoeffers theologischen Entwurf im Einzelnen zu eigen macht oder nicht: Seine Kritik an einer Reduktion des Glaubens auf die religiöse Funktion der Kontingenzbewältigung ist aktuell und gibt zu denken.

---

1 *Bonhoeffer*, Widerstand 407 f. (Brief vom 30.4.44 an Eberhard Bethge).
2 A. a. O. 455 (Brief vom 29.5.44 an Eberhard Bethge).

1 An den Grenzen menschlicher Möglichkeiten

Die Geschichte der neuzeitlichen Wissenschaften ist eine Geschichte der Bestrebungen, Risiken und Bedrohungen menschlichen Lebens einzudämmen. Zugleich ist die Nüchternheit gewachsen, Grenzen zwar verschieben, aber nicht aufheben zu können. Gewissermassen ist das Konzept der Palliative Care eine Folge dieser Nüchternheit. Es beruht auf der Absicht, die Fortschritte der Medizin und Pflegewissenschaften nicht nur auf die Heilung abzustellen, sondern angesichts unheilbarer Krankheit und der bleibenden Unvermeidlichkeit des Sterbens in die Gestaltung des Krankheits- und Sterbeprozesses zu investieren. Die Enttäuschung, das eigentliche Ziel der medizinischen Bemühungen nicht erreicht zu haben, geht einher mit der Bereitschaft, dem Gebiet der eigenen Erfolglosigkeit gleichwohl noch Aufmerksamkeit zu schenken und unheilbar Kranken und Sterbenden bestmögliche Begleitung zu gewährleisten. In diesem Kontext kommt es auch zu einer neuen Wertschätzung der religiösen Ressourcen für die Bewältigung von Krankheit und Sterben.[3] Gerade in dieser Situation dürfte es nicht unwichtig sein, mit welchen Einstellungen zu den Grenzen menschlicher Möglichkeiten Kranke, Ärzte, Pflegepersonal und Seelsorgende einander begegnen. Die folgenden von Bonhoeffer angeregten Denkanstösse betreffen diese grundsätzliche Ebene, bevor sich der zweite Abschnitt auf dieser Basis Aspekten seelsorglichen Handelns im Rahmen der Palliative Care widmet.

1.1 Bündnis für das Leben

Die fortschrittsgläubige Zuversicht, es könnten einmal alle Unwägbarkeiten menschlichen Lebens und sogar die Sterblichkeit des Menschen überwunden sein, ist uns heute eher abhanden gekommen. Dennoch lösen Situationen, in denen «man nichts mehr machen kann», Gefühle der Ohnmacht aus. Wenn wegen unaufhörlichen Schneefalls oder eines Vulkanausbruchs der Verkehr zusammenbricht und Termine abgesagt werden müssen, mag man diese konkrete Erfahrung, dass wir Menschen nicht alles im Griff haben, noch heilsam finden. Im Angesicht von verunfallten oder unheilbar kranken Menschen hat diese Art von Stellungnahme jedenfalls als Fremddeutung gegenüber einem

---

3 Vgl. *Frick*, Transfusion.

leidenden Menschen keinen Ort. Sie wäre zynisch. Menschen leiden zu Recht an dem, was sie nicht in den Griff bekommen bzw. nicht verstehen.

So selbstverständlich dies zunächst scheinen mag, so wichtig ist es, diese Grundeinstellung als das zu benennen, was Kranke, medizinisches Fachpersonal *und Seelsorgende* verbindet. Es gibt ein Bündnis für das Leben! Verdachtsmomente, dem christlichen Glauben verschaffe die Erfahrung der Grenzen menschlicher Möglichkeiten (zumindest insgeheim) eine Genugtuung, sind auszuräumen. Unmissverständlich formulierte das Zweite Vatikanische Konzil, das gewaltige Bemühen der Menschen um die Verbesserung der Lebensbedingungen entspreche der Absicht Gottes.[4] Im Kontext der Krankensalbung wird, anders als es Klischeevorstellungen nahelegen könnten, nicht Ergebenheit «gepredigt». Vielmehr wird festgehalten, es liege «im Plan der göttlichen Vorsehung, dass der Mensch gegen jede Art von Krankheit entschieden ankämpft».[5] Deswegen wird das Wirken der Ärzte und aller, die im Dienst an den Kranken stehen, gewürdigt: Sie erfüllen einen Auftrag Christi, wenn sie versuchen, ihnen körperliche und geistige Aufrichtung zu vermitteln. Darum soll die kirchliche Seite die Ärzte und Pflegenden in ihren Bemühungen für Kranke und Leidende unterstützen.[6]

Die Spitalseelsorge geht somit einen gemeinsamen Weg zusammen mit jenen, die um die Genesung des Patienten ringen. Auch die Seelsorgenden sind prinzipiell an seinem Gesundwerden interessiert. Sie teilen die Enttäuschungen und die Ohnmacht der Kranken, der Ärzte und Pflegenden, wenn Therapien fehlschlagen. Grenzen des Machbaren stellen auch für Seelsorgende ein Problem dar.

1.2 Anwälte des Protests gegen das Leid

Von hier aus wird zugleich die Erwartung irritiert, Seelsorgende wären in Grenzsituationen die Fachleute für unerschütterliche religiöse Antworten. Nicht nur teilen sie den Kampf um das Leben, die Enttäuschung und die Trauer, manchmal Fassungslosigkeit, über verlorene Kämpfe. Der Glaube, für den sie eintreten, macht die Situationen sogar noch abgründiger. Die Theodi-

---

4   Vgl. Gaudium et spes Nr. 34.
5   Praenotanda, in: Die Feier der Krankensakramente 13–22, 13 (Nr. 3).
6   Vgl. Pastorale Einführung der Bischöfe des deutschen Sprachgebietes, in: Die Feier der Krankensakramente 23–31, 25 (Nr. 10).

zee-Frage wird ja durch den Glauben nicht gelöst, sondern ausgelöst! Schliesslich geht es um die Frage, wie der Glaube an einen allmächtigen und guten Gott mit dem Faktum des Leidens vereinbar ist. So viel auch Philosophie und Theologie über die Frage nach dem Leid und die Rechtfertigung des Gottglaubens angesichts des Leidens (Theodizee) nachgedacht haben,[7] eine theoretisch rundherum befriedigende Antwort ist nicht in Sicht, geschweige denn eine Antwort, die in der existenziellen Situation des Leidens tragfähig genug wäre, um von der Theorie her die praktischen Nöte bewältigen zu können.

Vor diesem Hintergrund sind glaubende Menschen solche, die sich mit dem Leid umso weniger abfinden können, als sie es als nicht dem guten Willen Gottes entsprechend ansehen können. Der Glaubende, so Dietrich Bonhoeffer, leidet «unter der Ungerechtigkeit, unter der Sinnlosigkeit und Verkehrtheit des Weltgeschehens [...] nicht nur, weil es für ihn eine Entbehrung bedeutet, sondern weil er etwas Ungöttliches darin erkennt»[8]. Das aber verbietet es ihm, sich aus Hilflosigkeit und Selbstschutz vor der Not auf ein: «Es ist nun einmal so» zurückzuziehen. Der Glaube beharrt auf dem Widerspruch: «Es sollte nicht so sein, es ist gegen Gott»[9].

Insofern birgt der Glaube Potenzial des Protestes gegen Leid in sich. Wenn es in Spitälern Seelsorgende gibt, dann nicht, weil dort die Menschen «endlich» in Situationen geraten, in denen sie religiösen Fragen nicht mehr ausweichen können, so dass spätestens dann die entsprechenden Antworten ausgehändigt werden könnten. Spitalseelsorgende sind Christen, die sich an die Seite von Kranken stellen, weil sie sich wegen ihres Glaubens nicht mit dem Leiden, und schon gar nicht mit dem Alleingelassenwerden von Leidenden abfinden. Das Religiöse ist so gesehen für Spitalseelsorgende nicht eine Ressource, das, was medizinisch nicht bewältigt werden kann, doch noch in den Griff zu bekommen und so der Not zu entgehen. Vielmehr ist der christliche Glaube motivierende Kraft, an der Seite von Leidgeprüften auszuhalten (was nicht heisst, dass dies nur christlich Glaubende tun). Daraus folgt zugleich, dass dieser solidarische Dienst allen Menschen ungeachtet ihrer religiösen Einstellung oder Glaubens- bzw. Konfessionszugehörigkeit zuzuwenden ist.

---

7   Vgl. *Kessler*, Gott; *Kreiner*, Gott.
8   *Bonhoeffer*, Konspiration 657 (Andachtshilfen zu Herrnhuter Losungen, 8.6.1944).
9   Ebd., vgl. auch a. a. O. 194 (Rundbrief, 15.8.1941): «Wir können angesichts des Todes nicht in fatalistischer Weise sprechen: ‹Gott will es›, wir müssen das andere hinzusetzen: ‹Gott will es nicht›.»

1.3 Respekt religiöser Freiheitsräume

Die solidarische Präsenz unabhängig von religiösen Einstellungen ist nicht nur eine Einstiegstür für das «eigentliche» pastorale Handeln, sondern Kernaufgabe der Spitalseelsorge. Dass Seelsorgende sich als solche zu erkennen geben, die sich auch als Gesprächspartner für spirituelle Nöte anbieten und die um Hilfe im Gebet, um Segen, um liturgische Handlungen gefragt werden können, bedeutet nicht, dass dies die normative Zielvorgabe für alle ihre Tätigkeiten wäre. Dies ist insbesondere mit Blick auf die Freiheitsräume der Kranken auch in der Deutung und Bewältigung der eigenen Situation hervorzuheben. Obgleich in Medizin und Pflegewissenschaften heute vermehrt die Transzendenzoffenheit der Grenzsituationen thematisiert wird, sind religiöse bzw. spirituelle Bewältigungsstrategien von Krankheit keineswegs alternativlos. Zu Recht sah Bonhoeffer die Perspektive, dass Menschen ihre letzten Fragen auch «ohne Gott» beantworten könnten.[10] Eine Variante des Umgangs mit Krankheit und Sterben etwa ist der Versuch, darüber hinausgreifende Sinnerwartungen gelassen beiseite zu legen, sich würdevoll mit den Grenzen menschlichen Daseins abzufinden und den Tod als etwas Natürliches zu begreifen.[11]

Dieser Befund ist nüchtern und respektvoll ernst zu nehmen. Es kann Menschen nicht vorgeschrieben werden, welche Fragen sie zu stellen und in welcher Richtung sie nach Antworten zu suchen haben. Grenzsituationen nötigen Menschen nicht zu einer religiösen oder gar christgläubigen Deutung menschlichen Lebens und Sterbens. Es ist auch in Situationen der Krankheit und des Sterbens eine freie personale Entscheidung, das eigene Leben in die Beziehung zu einer grösseren Wirklichkeit zu setzen. Respekt vor dieser Entscheidung ist für die Spitalseelsorge unabdingbar. Ihre Integration in das institutionelle Gefüge von Spitälern bedeutet mitnichten, dass religiöse Perspektiven aufgedrängt werden könnten. Gerade die äusserst sensible Situation der Krankheit verlangt es – und zwar auch aus Sicht des Glaubens selbst –, die Rechte auf religiöse Freiheit und die Würde der menschlichen Person, wie sie die Erklärung des Zweiten Vatikanischen Konzils über die Religionsfreiheit unterstrichen hat, zu achten und zu verteidigen. Die Freiheit eines Patienten, Angebote der Spitalseelsorge wahrzunehmen oder nicht wahrzunehmen, ist

---

10 Vgl. z.B. *Bonhoeffer*, Widerstand 454f.476–478 (Briefe an Eberhard Bethge vom 29.5.1944; 8.6.1944).

11 Vgl. *Schmid*, Leben, z.B. 62–70.

damit ebenso zu achten wie die «Freiheit im Detail», die grosse Sensibilität verlangt, Kranken nicht religiöse Formen aufzunötigen, die sie subjektiv nicht vollziehen möchten oder können. In seiner «Seelsorgevorlesung» warnt Bonhoeffer: «Nicht die Schwachheit des Kranken psychisch ausnutzen!»[12]

2 Die «Mitte des Lebens» an seinen Grenzen

Nachdem sich Bonhoeffers Warnung vor einer religiösen Funktionalisierung von Grenzsituationen im Ansatz von Spitalseelsorge als hilfreich erwiesen hat, könnte es doch für den konkreten Vollzug individueller Spitalseelsorge gerade im heutigen Kontext geradezu provokativ unbrauchbar scheinen.

Zwar geht an die Adresse der Kirche bzw. der Seelsorgenden zu Recht die Mahnung, religiöse Daseinsdeutungen in Grenzsituationen menschlichen Lebens nicht aufzunötigen. Was aber, wenn der Weg umgekehrt verläuft? Seelsorgende begegnen vielen Patienten, die in der Situation einer Krankheit die seelsorgliche Begleitung gern annehmen, obschon sie in weiten Phasen ihrer Biografie keinen Bezug zu kirchlichem Leben, vielleicht auch nicht zu christlichem oder überhaupt einem religiösen Glauben hatten. Die Enttäuschung darüber, dass diese Menschen nicht schon «in der Mitte des Lebens» ihren Gott gefunden hatten, darf Seelsorgende natürlich nicht davon abhalten, auf die in Grenzsituationen aufgebrochenen religiösen Fragen einzugehen.

Bleibt es also dabei, dass bei Bedarf in Grenzsituationen jener religiöse Trost fällig ist, der an den Bruchstellen des Lebens Gottes Hilfe verspricht? Ist es allenfalls nur eine Frage des guten Stils, den Patienten die Initiative zu überlassen?

Im Folgenden soll deutlich werden, dass eine christliche (schöpfungstheologisch und inkarnationstheologisch begründete) Aufmerksamkeit für die «Mitte des Lebens» auch an dessen Grenzen geboten ist.

2.1 Ganzheitliche Sorge um den Menschen

Zu beginnen ist mit einer «Selbstverständlichkeit»: Seelsorge muss ganzheitlich sein und den Menschen mit seinen verschiedenen Dimensionen im Blick haben. Kranke und selbst sterbende Menschen haben nicht nur transzen-

---

12 Vgl. *Bonhoeffer*, Theologenausbildung 581, Anm. 87.

dente, sondern durchaus diesseitige Bedürfnisse, die sich z. B. auf das Umbetten infolge von Wundliegen ebenso wie auf Gespräche über manchmal ganz profane Themen beziehen. Zu Recht beschreibt Silvia Käppeli als gemeinsamen Fokus von Pflegenden und Spitalseelsorgerinnen

> «das Leben und das Leiden, das heißt der Mensch mit seinen durch Krankheit, Krisen, Behinderung oder durch den Sterbeprozess bedingten gesundheitlichen Bedürfnissen und Problemen mit allen diesseitigen und transzendenten Facetten»[13].

Eine Zuweisung der diesseitigen Bedürfnisse an die Pflegenden und der transzendenten Bedürfnisse an die Seelsorgenden wäre zu kurz gegriffen. So wie von den Pflegenden die Auseinandersetzung von Kranken mit der Sinnfrage und mit religiösen Nöten und Hoffnungen nicht ausgeblendet werden sollte, so ist von den Seelsorgenden ein umfassendes Interesse auch an der medizinischen Situation, am Verlauf der Therapien, an zu erwartenden physischen und psychischen Reaktionen usw. gefragt. Belastet sind Kranke oft nicht nur durch ihre eigene Situation, sondern mehr noch durch das Geschick derer, die sie im Falle ihres Sterbens zurücklassen. Eine Fokussierung auf die individuelle Grenzsituation des Kranken ginge geradezu verhängnisvoll an dessen irdischen, bleibend relevanten Lebensinhalten vorbei.

2.2   Relecture der «Mitte des Lebens»

Krankheit wird als etwas erfahren, das keine Rücksicht auf Lebenspläne, Verpflichtungen und Verantwortungen nimmt. Aufgaben, die Bedeutsamkeit stifteten, werden aus der Hand genommen. Selbst wenn in dieser Situation verständlicherweise verstärkt Sinnfragen bzw. Fragen bezüglich des Geschicks nach dem Tod aufbrechen, bedeutet dies nicht, dass alles Bisherige auf einmal unwichtig wäre, im Gegenteil. Angesichts der Grenzen des Lebens erwacht vielen Kranken und Sterbenden ein tiefes Bedürfnis, sich die eigene «Mitte des Lebens» vor Augen zu führen. Wenn nicht nur «wieder einmal» ein Lebensabschnitt der eigenen Biografie zu Ende geht, sondern eine einschneidende Wende eintritt oder gar das Ganze des Lebens bedroht ist, kommen die bisherigen Wegabschnitte neu in den Blick. In einer Zeit pluraler Identitäten besteht ein verstärktes Bedürfnis, sich narrativ der Kohärenz des eigenen

---

13 *Käppeli*, Im Trüben 61.

Lebensweges zu vergewissern.[14] Dies kann aus dem Wunsch nach schönen Erinnerungen und in der Grundhaltung der Dankbarkeit geschehen. Doch auch überlagerte oder verdrängte negative Erfahrungen steigen wieder auf.

Deswegen brauchen Kranke Gesprächssituationen, in denen eine Anamnese nicht ihrer medizinischen Daten, sondern ihrer Lebensgeschichte möglich ist. Seelsorgliche Begleitung dient in dieser Situation zu einer Neubesinnung auf die Mitte des Lebens, hilft zu Deutungen, vielleicht zu Neubewertungen, wenn nötig zu versöhnlicher Annahme von schwierigen Wegabschnitten. Die religiöse Herausforderung besteht somit selbst angesichts des Sterbens durchaus nicht nur im Mut des Glaubens an das ewige Leben, sondern auch im Mut der Annahme der eigenen Lebensgeschichte. Damit nun wird die manchmal schwer zu ertragende Phase der Krankheit und des Sterbens nicht selten zu einer Phase sehr bedeutungsvoller Relecture des eigenen Lebens oder der Integration vernachlässigter Seiten der eigenen Person. Nachdenklich stimmt, dass nicht wenige Menschen gerade in dieser Phase zu einer tiefen Gelassenheit finden, zu grösserer Versöhnlichkeit bereit sind und bekunden, trotz Krankheit zu einer höheren Lebensqualität gefunden zu haben. So gesehen sind Krankheits- und Sterbeprozesse gerade nicht (möglichst kurz zu haltende) Grenzphänomene an den Rändern, sondern Lebensabschnitte von eigener Bedeutsamkeit. Dies zu betonen, führt zu einer entsprechenden Wahrnehmung der Würde von Kranken und Sterbenden.

2.3 Die Würde der Schwachen

Bonhoeffers Votum, Gott wolle «im Leben und nicht erst im Sterben» erkannt werden, hat verschiedene Facetten. Es geht ihm um das Gottesbild, aber auch um die Würde des Menschen, der in Gesundheit und Kraft vor seinem Gott stehen darf. Ganz ähnlich beklagten schon Kirchenväter nach der konstantinischen Wende den Hang, die Taufe auf das Sterbebett zu verschieben, wenn sie nur als «Geschenk des Fiebers» zuteilwird und der Kranke nicht aufrecht stehen, der Liturgie nicht bewusst folgen kann. Poetisch fasst es der Protagonist in dem Roman «Das Glück der anderen» von Stewart O'Nan, der dafür wirbt, die Bekehrung nicht erst auf dem Sterbebett zu vollziehen: «Wenn du

---

14 *Kraus*, Selbst; *Thomä*, Erzähle.

am glücklichsten und dir deiner Stärke gewiss bist, musst du dich verneigen und mit Gott sprechen.»[15]

Das Anliegen solcher Äusserungen liegt auf der Hand und entspricht einer der wichtigsten Einsichten des christlichen Gottes- und Schöpfungsglaubens: Gott ist nicht auf Kosten derjenigen gross, die sich zu ihm bekennen. Er braucht nicht Schwäche, damit er seinerseits gebraucht werde.

Daraus aber resultiert eine der wichtigsten Aufgaben der Spitalseelsorge. Sie drängt nicht Menschen in ihre Schwäche, um sie so auf ihre Gottesbedürftigkeit zu stossen, sondern sie wird selbst noch in der Schwäche der Krankheit Dimensionen der inneren Grösse von Menschen aufspüren.

Geboten ist politisch eine wache Aufmerksamkeit für die Weise, wie – in der Gesellschaft ebenso wie im Spitalalltag – Kriterien von Würde und Lebenswert formuliert werden. Hier sind ethische Beiträge auf gesellschaftlicher Ebene gefragt, für die Theologie und Ethik ebenso verantwortlich sind wie Kirchenleitungen, Spitalseelsorgende und einzelne Christinnen und Christen. So ist es dringlich, bei der neuen Bemühung um würdevolles Sterben zu unterstreichen, dass nicht die äusseren Bedingungen oder die Art des Sterbens die Würde des Menschen begründen:

> «Nicht die Lebens- und Todesumstände machen die Würde eines Menschen aus, sondern jeder Mensch hat als Person Würde, unabhängig von den äusseren Bedingungen.»[16]

Im Kleinen geht es in der Spitalseelsorge darum, einzelnen Kranken zu einem Selbstverständnis zu verhelfen, in dem sie trotz massiver Hilflosigkeit und erfahrener Schwäche mit der eigenen Würde in Berührung sind. Dazu trägt schon bei, wenn Spitalseelsorgende durch ihr Dasein und Gesprächsangebote einen Bereich eröffnen, in dem die Gefühle, Fragen und Suchbewegungen der Kranken eine aktive Rolle spielen. Diese können durch solche Selbstwahrnehmung in ihrer Krise Subjekte bleiben oder wieder werden. Als Korrektiv zur krankheitsbedingten Isolation repräsentieren Spitalseelsorgende gewissermassen die kirchliche wie auch grundsätzlicher die menschliche Gemeinschaft. Dabei werden sie oftmals die Aufgabe haben, Angehörigen und anderen Besuchenden über ihre Verlegenheit und Unbeholfenheit am Kranken- oder Sterbebett hinaus zu helfen und die alte Beziehung in die neue Situation zu überführen, damit der oder die Kranke auch von der Familie, vom Freundeskreis

---

15 *O'Nan*, Glück 24.
16 *Hell*, Hilfe 36.

getragen ist und Annahme und Achtung spüren kann.[17] Zusammen mit anderen, die sich um das Wohl der Menschen bemühen, sind Spitalseelsorgende Anwälte und Boten für die unaufkündbare Achtung vor jedem Menschen: Jeder leidende Mensch ist Träger unveräusserlicher Würde, ist und bleibt Teil der menschlichen Gemeinschaft und verdient respektvolle Fürsorge bis zuletzt. Wenn Menschen ihr eigenes Leiden als beschämendes Versagen erfahren, werden Seelsorgende ihnen den Respekt vor ihrem persönlichen Umgang mit dem Leiden, sei es in Geduld und Tapferkeit, sei es in berechtigtem «Protest» kundtun.

Wenn eine religiöse Gesprächsebene möglich ist, wird sie – subtil und der Situation angepasst – durch die Zusage geprägt sein: Nicht weil du schwach bist, brauchst du jetzt Gott, sondern: Er ist da, weil du ihm kostbar bist, und kostbar sind sogar die Tränen und das Sterben (vgl. Ps 56,9; 116,15).

2.4 Religiöse Perspektiven

Respekt vor der Würde des Menschen bedarf es in der seelsorglichen Begleitung von Kranken nicht zuletzt in explizit religiöser Hinsicht. Sie verlangt von Seelsorgenden ein grosses Fingerspitzengefühl, wie ein Mensch religiös empfindet und was seiner Situation angepasst ist. Theoretische «Richtigkeiten» sind hier ebenso wenig gefragt wie ein katechetischer Schnellkurs. Spitalseelsorge steht wie alle Seelsorge im Dienst einer Gottesbeziehung, die nicht in ihrer eigenen Verfügung steht, sondern der sie nur behutsam Wege bahnen kann.

Selbst die Meinung, Spitalseelsorge sei zuständig und verantwortlich für möglichst unmittelbar wirkenden Trost, würde verkennen, dass Trost nicht manipulierbar ist und auf menschlichen und spirituellen Wegen Phasen der Anfechtung unumgänglich sind. So ist der erste Auftrag der Spitalseelsorgenden nicht, «religiöse Antworten» bereitzustellen, sondern der Not, der nicht abgeholfen werden kann, Raum zu geben. Denn Leiden, das jemand unterdrücken müsste, weil andere sich angesichts von Verzweiflung und Untröstlichkeit hilflos fühlen und deswegen zu Beschwichtigungsversuchen greifen, würde umso bitterer. Phasen der Not können nicht übersprungen werden.

---

17 In diesem Sinne vergleicht *Theophil Spoerri*, Spitalseelsorge 45, seinen Dienst als Spitalseelsorger mit dem eines Regisseurs, «der die Aufgabe hat, den Mitspielern in diesem Drama ihre Rollen verstehen zu helfen».

Die wichtigste Hilfe hier ist es, durch das Zuhören der Verarbeitung von Emotionen im Erzählen zu dienen.[18]

Es lohnt sich, an dieser Stelle nochmals Dietrich Bonhoeffer das Wort zu geben. Er schreibt aus der Not der Gefängniszelle heraus:

«Ich glaube, ich bin ein schlechter Tröster. Zuhören kann ich, aber sagen kann ich fast nie etwas. Aber vielleicht ist schon die Art, in der man nach bestimmten Dingen fragt und nach anderen nicht, ein gewisser Hinweis auf das Wesentliche. Auch scheint es mir wichtiger, dass eine bestimmte Not wirklich erlebt wird, als dass man irgendetwas vertuscht oder retouchiert. Nur gegen gewisse falsche Interpretationen der *Not* bin ich unnachsichtig, weil sie auch ein Trost sein wollen und doch ein ganz falscher sind. So lasse ich die Not *uninterpretiert* und glaube, dass das ein verantwortlicher Anfang ist, allerdings nur ein Anfang, über den ich sehr selten hinauskomme. Manchmal denke ich, der wirkliche Trost müsse ebenso unvermutet hereinbrechen wie die Not. Aber ich gebe zu, dass das eine Ausflucht sein kann.»[19]

Es gibt innere Nöte, die nicht abgekürzt, sondern nur durchlitten werden können. Seelsorgende sind Begleiter auf diesem Weg, oft als stellvertretend beharrlich Glaubende, dass Gott niemanden auf diesem notvollen Weg allein lässt.

Zugleich gebietet es die Achtung vor dem Kranken und Sterbenden, alles dafür zu tun, dass sich zu gegebener Zeit Trost einstellen kann. Die letzte Phase des Lebens eines Menschen ist nicht ein vernachlässigbarer letzter Rand, sondern gehört mit seinem genuinen Wert zum Leben des Menschen und soll erfüllte Zeit werden. Der spirituelle Weg von unheilbar Kranken und Sterbenden hat seine eigenen Entwicklungen und Entdeckungen, Dunkelheiten ebenso wie Licht und Höhepunkte. Wenngleich diese Momente nicht inszenierbar sind, sondern sich als persönliche Geschichte eines Menschen mit Gott entwickeln, können äussere Anstösse bedeutsam werden, wie dies schon im Zitat von Bonhoeffer anklingt.

Durch ihr Dasein und ihre Fragen helfen Spitalseelsorgende, dass jemand nicht in einem Zirkel stecken bleibt. Kleine Bewegungen hin zu einer anderen Perspektive als nur jener der Verzweiflung können aufgenommen und gestärkt werden.

---

18 Vgl. a. a. O. 75: «Ich bin überzeugt, dass die blosse Tatsache, dass er [der Patient] seine Verzweiflung bei mir deponieren kann und an ihr nicht ersticken muss, heilsam für ihn ist und ihm trotzdem ein Stück Versöhnung mit dem ungerechten Schicksal oder dem bösen lieben Gott ermöglicht.»

19 *Bonhoeffer*, Widerstand 310 (Brief an Eberhard Bethge vom 1.2.1944).

So respektvoll es mit den religiösen Überzeugungen von Menschen umzugehen gilt, so sehr gibt es doch aus der Sicht des christlichen Glaubens falsche Interpretationen. In Situationen des Leidens scheinen Menschen oft gleichsam intuitiv Gott als Subjekt ihres Leidens anzusehen. «Warum lässt Gott das zu?» ist die harmlosere Variante dieser Frage, die im Extrem den Verdacht annehmen kann, dass Gott das Leid nicht nur zulässt, sondern es verursacht. «Warum lässt er mich leiden?» Allenfalls werden Gott immerhin noch positive Absichten zugeschrieben: «Was will er mir sagen mit dieser Situation?» Andere Rollenzuschreibungen legen Gott auf machtvolles Eingreifen fest mit der Gefahr, eine Spiritualität der Weisheit Gottes in der Torheit des Kreuzes und der Schwäche (1 Kor 1,18–31) zu versäumen.

Mit solchen religiösen Suchbewegungen ist behutsam umzugehen. Sie lassen sich nicht abschneiden, und das Krankenbett ist nicht der Ort, theologische Disputationen auszutragen. Wohl allerdings ist es Aufgabe christlicher Seelsorgender, sensibel, aber entschieden das *Evangelium* gegen falsche religiöse Identifikationen einzubringen. Es gilt, Gott aus der Rolle des Verursachers oder des «Superman» zu befreien, um einer realen Beziehung zu ihm Raum zu geben.

Im Dienst an dieser Beziehung werden Seelsorgende am Krankenbett Betende sein, mit wachem Gespür dafür, welche Worte sich eine kranke oder sterbende Person zu eigen machen kann. Vielleicht ist oft mehr dieses Beten denn ein abstrakter Zuspruch die Weise, wie die Hoffnung auf ein Leben nach dem Tod gestärkt oder geweckt wird. Wenn Menschen sich in die Beziehung zu Gott hineinstellen, setzen sie auf jene Gegenwart und Treue Gottes, die mitten im Leben und in jeder Lage zugesagt ist. Es ist dieses Vertrauen auf die Treue Gottes, das biblisch einer der ursprünglichen Haftpunkte der Auferstehungshoffnung ist, etwa wenn der Beter von Ps 73,23 f. («Ich aber bleibe immer bei dir») auf eine dauerhafte Fortsetzung der Gemeinschaft mit Gott hofft, die sich bereits in seinem bisherigen Leben bewiesen und bewährt hat. Ähnlich meint die spezifisch christliche Gestalt der Auferstehungshoffnung grundlegend das Vertrauen in die gegenwärtige und künftige und ewige Gemeinschaft mit dem auferstandenen Christus (vgl. 1 Thess 4,17; Phil 1,23).

Mit Blick auf dieses im diesseitigen Dasein ebenso wie im Tod zugesagte Leben der Auferstehung kritisiert Bonhoeffer ein Missverständnis des christlichen Glaubens als religiöse Hilfe zum Sterben. «Nicht von der ars moriendi [Kunst des Sterbens], sondern von der Auferstehung her kann ein neuer, reinigender Wind in die gegenwärtige Welt wehen.»[20] Es geht um die Überwindung nicht des Sterbens, sondern des Todes. Dies aber geschieht durch das Leben mit dem Auferstandenen, das im Tod kein Ende nimmt. «[...] so wird der leibliche Tod im echten Sinne nicht zum Ende, aber zur Vollendung des Lebens mit Jesus Christus.»[21]

3 Ausblick: Spitalseelsorge im Ganzen seelsorglicher Vollzüge

Der Ansatz bei der Mitte des Lebens legt abschliessend ein Votum hinsichtlich der strukturellen Verortung der Spitalseelsorge nahe. Seelsorge an Kranken und Sterbenden ist nicht gewissermassen der Fluchtpunkt aller Seelsorge, weil spätestens an diesem Punkt alle Menschen ihre Begrenztheit einsehen müssten. Die christliche Verkündigung hat ihren hauptsächlichen Ort «mitten im Leben», dort, wo sie Menschen in ihren alltäglichen und durchaus gelingenden und erfüllenden Facetten des Daseins antrifft. Es ist wichtig, dass Seelsorgende im Spital dies auch selbst verinnerlicht haben. So gesehen ist die zunehmende Spezialisierung und Ausgliederung der Spitalseelsorge aus den pfarreilichen pastoralen Strukturen durchaus zu bedauern. Jedenfalls ist es angezeigt, eine Spezialisierung in der Spitalseelsorge erst nach Erfahrungen pastoraler Tätigkeit in den «normalen» Seelsorgestrukturen anzusiedeln. Seelsorgende, die Menschen in Grenzsituationen begleiten, sollten mit grosser Überzeugung Gottes Gegenwart im Leben von Menschen mitten in deren turbulenten, lebensfrohen, zuweilen oberflächlichen, zuweilen selbstbewusst und verantwortet gelebten Alltag wahrgenommen haben.

Literatur

Bonhoeffer, Dietrich: Illegale Theologenausbildung: Finkenwalde 1935–1937, München 1996 (Dietrich Bonhoeffer Werke 14).

Bonhoeffer, Dietrich: Konspiration und Haft 1940–1945, München 1996 (Dietrich Bonhoeffer Werke 16).

Bonhoeffer, Dietrich: Widerstand und Ergebung. Briefe und Aufzeichnungen aus der Haft, München 1998 (Dietrich Bonhoeffer Werke 8).

---

20 A. a. O. 368 (Brief an Eberhard Bethge vom 27.3.1944).
21 *Bonhoeffer*, Konspiration 194 (Rundbrief vom 15.8.1941).

Die Feier der Krankensakramente. Die Krankensalbung und die Ordnung der Kranken-pastoral in den katholischen Bistümern des deutschen Sprachgebietes. Solothurn/Frei-burg i. Br./Regensburg/Wien/Salzburg/Linz [2]1994.

Frick, Eckhard: «Keine Transfusion aus der Sinn-Konserve». Ein Gespräch über «Spiritual Care», in: Herder Korrespondenz 65 (2011) 125–129.

Gaudium et Spes = *Zweites Vatikanisches Konzil:* Pastorale Konstitution über die Kirche in der Welt von heute (7.12.1965).

Hell, Daniel: Von der Hilfe zum Leben zur Hilfe zum Sterben, in: *Worbs, Frank (Hg.):* Ganz Mensch bis zum Tod. Beiträge zum Umgang mit Sterben und Tod in der modernen Gesellschaft, Zürich 2009 (Theologisch-ekklesiologische Beiträge Aargau. Schriften der Reformierten Landeskirche Aargau 5), 29–39.

Käppeli, Silvia: Im Trüben fischen?, in: *Albisser, Rudolf/Loretan, Adrian (Hg.):* Spitalseel-sorge im Wandel, Wien 2007 (ReligionsRecht im Dialog 5), 61–65.

Kessler, Hans: Gott und das Leid seiner Schöpfung. Nachdenkliches zur Theodizeefrage, Würzburg 2000.

Kraus, Wolfgang: Das erzählte Selbst. Die narrative Konstruktion von Identität in der Spät-moderne, Herbolzheim [2]2000 (Münchner Studien zur Kultur- und Sozialpsychologie 8) [Erstausgabe 1996].

Kreiner, Armin: Gott im Leid. Zur Stichhaltigkeit der Theodizee-Argumente, Freiburg i. Br. 1998 (Quaestiones disputatae 168).

O'Nan, Stewart: Das Glück der anderen, Roman, Reinbek 2001.

Schmid, Wilhelm: Schönes Leben? Einführung in die Lebenskunst, Frankfurt a. M. 2000.

Spoerri, Theophil: Spitalseelsorge als Anachronismus. Ein Bericht. Mit einem Geleitwort von Hartmut Raguse, Basel 2004.

Stulz, Peter: Vorwort, in: *Albisser, Rudolf/Loretan, Adrian (Hg.):* Spitalseelsorge im Wandel, Wien 2007 (ReligionsRecht im Dialog 5), 1–5.

Thomä, Dieter: Erzähle dich selbst. Lebensgeschichte als philosophisches Problem, Frank-furt a. M. 2007 [Erstausgabe 1998].

Grenzziehung am Ende des Lebens

Theologisch-ethische Wegmarken im Umgang mit dem Sterben

Hanspeter Schmitt

1   Tod als Grenze

Schon in gewöhnlichen Lebensvollzügen werden Grenzerfahrungen selten als
nur einfach oder normal erlebt. In ihnen relativieren sich Aktivitäten, An-
sprüche und Hoffnungen, die über das geschichtlich, räumlich und menschlich gesetzte Mass hinausgehen. Man sieht sich auf das Mögliche und Verant-
wortbare verwiesen oder auch «zurückgeworfen». Grenzen zu überschreiten
oder abbauen zu wollen, kann durchaus Ausdruck mutiger Lebensentfaltung
und positiver Gestaltungskraft sein, genauso wie der Versuch, wichtige oder
unabänderliche Grenzen zu akzeptieren, zu beachten oder zu fördern, um in
ihnen sinn- und glücksbezogen leben zu lernen. Grenzen können erforderli-
che Lebensperspektiven gefährden und verhindern, andere hingegen bieten
dem Leben Schutz und Intimität, wieder andere steigern – eine schöpferische Haltung vorausgesetzt – die Entwicklung, Intensität und Qualität eigenen Daseins, obschon sie einiges kosten oder sogar schmerzen.
    Die Kunst im Umgang mit Grenzen beginnt folglich damit, sie unterschei-
den zu lernen, z.B. unnötige oder willkürliche Grenzen nicht mit legitimen
Abgrenzungen und konstitutiven Lebensbedingungen gleichzusetzen. Auch
sind Grenzen auf ihren Sinn und ihre Unabänderlichkeit hin kritisch zu befra-
gen und genau zu betrachten, um zu angemessenen Reaktionen zu gelangen.
Dabei gilt es, den provozierenden Gehalt, der einer Grenzerfahrung als Unter-
brechung eigener Intentionen innewohnt, konstruktiv aufzunehmen, seiner
vollen Bedeutung nicht auf Dauer auszuweichen, sondern sie sozial zu erschliessen und wachstumsorientiert in die eigene Handlungsdynamik «einzubauen».
    Im Horizont von Sterben und Tod gewinnt die Fähigkeit, mit Grenzen
umzugehen – Grenzen zu ziehen, zu gestalten, sie aber auch zu verschieben, zu
überschreiten oder zu ignorieren – eine eigene, existenziell verschärfte Bedeu-

tung. Beinhaltet doch der Tod als Grenze Aspekte, die nicht mit anderen Grenzerfahrungen vergleichbar sind:[1] Seine Provokation richtet sich nicht auf einen Teil möglicher Lebensvollzüge, sondern betrifft das Ganze, wird daher als umfassende, mithin endgültige Infragestellung erlebt. Mehr als andere Konstitutiva menschlicher Existenz besitzt der Tod den Charakter des Unausweichlichen, weil seine Gegebenheit die Daseinsmöglichkeit nicht nur prägt, spürbar macht und vor sich selbst bringt, sondern radikal über sie verfügt. Er löscht das Dasein aus und öffnet es zugleich auf letzte Gültigkeit hin.[2]

Auch darauf kann und soll man gestaltend Bezug nehmen – und es wird Teil dieser Überlegungen sein, in welcher Weise das human und verantwortet geschieht. Wesenhaft ändern oder umgehen lässt sich diese letztbegrenzende Verfügtheit dadurch jedoch nicht. Vielmehr wird sie dem Menschen bewusst, fordert sein ganzes Verstehen und einen engagierten Umgang heraus, spätestens im Sterben Nahestehender oder in der Wirklichkeit des eigenen Sterbens.

2 Abgrenzungen von Sterben und Tod

Diese Konfrontation führt zu einer Reihe von Grenzziehungen, die die Vielfalt und Komplexität der menschlich dringlichen, daher theologisch-ethisch zu bedenkenden Gestaltungsperspektiven in diesem Bereich deutlich macht. Man sagt zwar, dass der Tod Menschen verbinde, weil sie als Sterbliche alle gleich seien. Vorherrschend für aktuelle Sterbewirklichkeiten scheinen aber nicht soziale Vernetzung und Solidarität zu sein, sondern Isolation und Abgrenzung. Dieser Umstand ist zum einen der funktionsorientierten strukturellen Entflechtung vormals integrierter Lebenszusammenhänge geschuldet. Zum anderen resultiert er aus der eben erwähnten tiefen Befremdung, die das Sterben und seine – es in der Regel begleitenden – Phänomene wie Schwäche, Angewiesensein, Verfall und Schmerzen auslösen, zumal in einem Wertungsklima, das auf Gesundheit, jugendliche Ästhetik, Selbständigkeit, Vitalität und Leistungskraft «geeicht» ist.

Abgrenzungen erlebt man *institutionell*, wenn Schwerstkranke und Sterbende innerhalb einer gewiss leistungsstarken Hightech-Medizin anonymisiert werden, in ihre stereotype, auf Effizienz getrimmten Routinen gepresst sind und dann als mehrdimensionale, authentische Personen kaum vorkom-

---

1 Vgl. *Wittwer u. a.*, Sterben und Tod; *Schumacher*, Tod; *Schmitt*, Human sterben 190–193.
2 Vgl. *Honnefelder*, Selbstverhältnis und Sterblichkeit, bes. 24–30.

men; oder wenn die Durchlässigkeit und Erreichbarkeit einer Institution wegen ihrer Lage und fachlichen wie administrativen Komplexität derart vermindert ist, dass sich die Tendenz der Abschottung zwischen Lebensnormalität und klinisch-pflegerischer Sonderwelt zwangsläufig verstärkt.

Damit erreicht die *soziale* Abgrenzung von Krankheit, Sterben und Tod eine neue Qualität. Sie ist jedoch schon in vertrauter Umgebung zu spüren, wenn Menschen sich scheuen, kranke und sterbende Angehörige, Freunde oder Nachbarn aufzusuchen; erst recht, wenn sie auf Dauer keine Zeit dafür finden, vielleicht weil ihnen Übung und Worte fehlen, auf deren ungewohnte Situation und Bedürftigkeit einzugehen. Viele trauen sich eine solche Begegnung nicht zu, erkennen nicht ihre Chance, sondern fürchten sich vor möglicher Unsicherheit, aufbrechenden Gefühlen und eigenem Befremden angesichts des in seinem Leiden «so anderen» Menschen – und vermeiden deshalb, eine Brücke zu ihm zu schlagen.

Auch *mediale* Abgrenzung findet statt mit mental destruktiven Effekten wie etwa die Verfestigung negativer Wertungsmuster oder die Förderung von Angst und Abwehrhaltungen. Das geschieht, sofern in privater wie öffentlicher Kommunikation die Darstellung solcher Grenzsituationen entweder tabuisiert oder auf ihre dramatischen Momente und unlösbar erscheinenden Konflikte reduziert wird. Die schlichte Betroffenheit und Normalität von Sterben und Tod, vor allem die durchaus beglückenden Erfahrungen ihrer solidarischen, die Würde eines Menschen bewahrenden Ausgestaltung, finden sich noch zu selten präzise erzählt. Dass der Tod in Action- und Kriminalfilmen so präsent ist und die weltweite Berichterstattung – in bedrückender Weise – täglich prägt, bewirkt eher Gewöhnung und Distanz in der Wahrnehmung, als dass es zu einer produktiven Auseinandersetzung mit den im Sterben gegebenen Realitäten und Gestaltungschancen führt.

Institutionelle Transparenz, soziale Verbindungen und kommunikative Redlichkeit sind auch deshalb bedeutsam, weil Menschen angesichts ihrer fragilen Lage oder ihres nahenden Todes schon von sich aus dazu neigen, sich gegenüber ihrem Schicksal bzw. der damit verbundenen belastenden Entwicklung und Wahrheit zu verschliessen. Diese *persönliche* Abgrenzung geschieht meist phasenweise, zeigt sich im Verstummen, im hartnäckigen Nicht-Wahrhaben-Wollen, aber auch in teils überspielender, teils aggressiver Ablehnung von Hilfe und Kommunikation. Dahinter verbirgt sich oft ein inneres Ringen um den Sinn und mögliche Perspektiven dieser aussichtslos wirkenden Lage, letztlich ein Ruf nach Halt und Nähe, selbst wenn man sich aus Scham oder Verzweiflung demonstrativ isoliert.

3   Zuwendungskultur durch Grenzziehung wie Grenzabbau

Solche und weitere Ab- oder Ausgrenzungen führen vor Augen, wie vielfältig eine umfassende Kultur der Zuwendung angelegt sein muss, wenn sie Schwerstkranke und Sterbende in ihrer Isolation und Anonymität erreichen will.[3]

Das heisst nicht, dass in diesem Kontext Grenzziehungen und bestehende Abgrenzungen prinzipiell schlecht und folglich immer zu bearbeiten oder zu überwinden wären. Auch hier gilt es, hilfreiche von dehumanisierenden Grenzen unterscheiden zu lernen. Jeder hat zum Beispiel das Recht auf interne Überlegungen, und man braucht Phasen des Schweigens und der Einkehr, etwa um bestimmen zu können, wo man mit seinem Leben steht, was noch wichtig ist, und auch um – wenn möglich – ein bejahendes Verhältnis zum eigenen Sterben und der darin sichtbaren Vergänglichkeit reifen zu lassen. Genauso bedeutet die Forderung nach Sozialität im Sterben nicht die willkürliche Veröffentlichung und wahllose Zugänglichkeit dieser von radikaler Verletzlichkeit und Leiden gezeichneten Lebensphase. Es wird daher mit dem Betroffenen wohl auch zu einer Auswahl jener Beziehungen kommen, denen er vertraut, auf die er hofft und baut. Auf diese Weise entsteht ein vitaler Zusammenhang, der ihm alltäglichen Austausch sichert, aber auch Halt, Intimität und Respekt vermittelt, um selbst in ärgster Not authentisch und behütet da sein zu können.

Ob im Umgang mit dem Sterben nun Grenzen zu ziehen oder besser abzubauen sind, entscheidet bzw. orientiert sich am Leitbild einer Kultur humanen Sterbens. Es muss ihr Ziel sein, gestaltbare Räume entstehen zu lassen und die am Lebensende menschlich möglichen, aber auch notwendigen sozialen Handlungsqualitäten nicht abzuschneiden, sondern vorzubereiten und zu realisieren. Es besteht die Chance, dass die unbestrittene Tragik wie die existenzielle Sinnhaftigkeit von Tod und Sterben als persönliche und gesellschaftliche Aufgabe gesehen und human bewältigt wird! Dies kann für Sterbende zu einer Lebensqualität führen, auf deren Basis sie die Verfügtheit des Todes als wesentlichen Teil ihres Menschseins annehmen und ihre Würde erfahren, weil sie in dieser letzten Hingabe solidarisch Getragene sind. Dem würden zusätzliche humanisierende Effekte folgen, weit über das Sterben hinaus, selbst wenn – wie im Fall von Demenz oder anderen Bewusstseinsminderungen – eine

---

3   Hierzu umfassend: *Schmitt*, Human sterben; dort mit ausführlichen Angaben zur Literatur.

reflektierte Annahme des eigenen Endes nicht möglich scheint. Denn es bliebe ein starkes kulturelles Signal, dass Menschen an ihrer Achtung des Lebens mutig festhalten und deshalb einander niemals fallen lassen, auch nicht an der Grenze zwischen Leben und Tod.

4 Töten als menschenwidrige Grenzverletzung

Das Töten angesichts von Alter, Krankheit und Pflege widerspricht diesem Leitbild, denn im Töten bemächtigt man sich des Sterbens. Man negiert seine Vor- und Aufgegebenheit, näherhin den damit verbundenen Prozess bzw. das Bewusstsein für das sich zum Ende neigende eigene Dasein, um dem nicht ausgesetzt zu sein.

Sich zu töten oder sich töten zu lassen, anstatt dem eigenen Sterben schrittweise zu begegnen, folgt damit auch der Linie des Machens und Herstellens, auf der allein sich das Wesen entscheidender Grunderfahrungen aber nicht erschliesst. Sich lieben, einander vertrauen, auf Hoffnung setzen, von Sinn ausgehen usw. sind Grössen, die ihre Wahrheit und Tragfähigkeit in dem Mass entfalten, in dem man bereit ist und es wagt, sich wirklich und verletzbar auf sie einzulassen. Auch im Blick auf sein Sterben käme es für einen Menschen darauf an bzw. böte sich ihm die Chance, die lebens- wie menschenwidrige Fiktion absoluten Kontrollierens und Unverletzlichseins zu überwinden. Die volle menschliche Wahrheit erschliesst sich auch hier in einer Form wohlverstandener Passivität und Empfänglichkeit, die die zweifellos notwendigen Akte des Absicherns und Sorgens mit tiefer Offenheit für das verbindet, was an sich nicht beherrschbar ist, dennoch Leben bestimmt, gegebenenfalls verändert, aber zugleich bergen und erfüllen kann.

Es wurde schon betont, dass dies nur möglich wird und gelingt, wenn das Sterben in eine umfassende Kultur der Sterbendenbegleitung eingebettet wird. Die moralische Hervorhebung und Anerkennung der Grenze zum Töten hin erfordert, um glaubhaft zu sein und nicht zynisch zu wirken, in der Tat eine engagierte produktive Humanität mit zahlreichen praktischen Dimensionen.[4] Daran fehlt es, und deshalb kann eine Mehrheit der Bevölkerung kein ausreichendes Vertrauen in die humane Gestaltbarkeit und das sozi-

---

4 Vgl. a. a. O. 193–199.

ale «Ansehen» des Sterbens entwickeln.[5] Die Vorstellung, einmal schwach und auf Pflege angewiesen zu sein, wirkt abschreckend und suggeriert den Verlust menschlicher Würde. Zudem fürchten viele, in eine fatale Abhängigkeit von jener Medizin zu geraten, auf die sie zugleich alle Hoffnung setzen. Besonders die Möglichkeit, nicht mehr entscheidungs- bzw. äusserungsfähig zu sein und dann den Einfluss auf ärztliche Entscheidungen zu verlieren, verunsichert Menschen verständlicherweise und lässt sie nach Auswegen fragen.

Diese Verunsicherung ist das eigentlich treibende Motiv der aktuellen Sterbehilfedebatten. Man erwägt Umstände, unter denen es moralisch erlaubt und ethisch begründbar sei, kranke und sterbende, aber genauso bewusstseinsverminderte Patienten oder Behinderte aus Mitleid bzw. auf deren Verlangen hin zu töten oder ihnen bei der Selbsttötung zu helfen. Solche Debatten dürfen nicht vermieden, sondern müssen offensiv geführt werden, zumal – als eine Folge medizinischen Fortschritts – schwerste gesundheitliche Belastungen im Alter rapide zunehmen. Damit nehmen aber auch jene «Grenzfälle» zu, in denen kaum entscheidbar ist, ob sich der Betreffende bereits in einer medizinisch aussichtslosen Lage befindet, sodass weitere kurative Massnahmen widersinnig wären, oder ob er eine gewisse Aussicht auf Heilung bzw. deutliche Verbesserung seiner Lage hat und damit das Recht auf ärztliche Therapie.

5   Ethische Schlaglichter auf einige Grenzfragen

Nach ethischer Reflexion verlangen sowohl Fragestellungen, die sich aufgrund neuer medizinischer Entwicklungen ergeben, als auch die klassischen Grenzfragen humanen Sterbens.[6]

---

5 Vgl. jüngst für die Schweiz: *Schwarzenegger u. a.*, Schweizer Bevölkerung. Mit Kritik an der Validität und fachlichen Kompetenz dieser Erhebung: *Schmitt*, Fragwürdige Befragung.
6 Vgl. u. a.: *Schumpelick*, Klinische Sterbehilfe; *Wils*, Sterben; *Mieth*, Grenzenlose Selbstbestimmung.

5.1 Soll man auf Verlangen töten?

Die Forderung, eine Tötung auf Verlangen moralisch und rechtlich freizustellen, wurde lange unter dem missverständlichen Begriff «aktive Sterbehilfe»[7] diskutiert. Die Befürworter einer solchen Liberalisierung berufen sich auf den Todeswunsch des betreffenden Patienten, auf die zu respektierende Selbstbestimmung an seinem bzw. über sein Lebensende und auf die Bedeutung von Mitleid im Umgang mit schwer Leidenden.

Die Gegenargumentation muss sich auf die vorgebrachten Gründe einlassen: Ein Patient ist mit seinen Wünschen und Äusserungen stets ernst zu nehmen, aber von daher rührt auch die Pflicht, gut zu verstehen, worauf sich dieser Todeswunsch richtet. Das gelingt nur im Austausch mit dem Betroffenen und führt meist über die vordergründige Semantik dieser Aussage hinaus: Fast alle Patienten bekunden mit einem Todeswunsch ihre aktuelle Not und Verzweiflung, rufen so nach Unterstützung, Schmerzlinderung und Sinn, ersehnen ganz sicher die Veränderung ihrer konkret bedrückenden Lage – aber nicht eigentlich den Tod. Zudem wandeln sich je nach Umständen solche Wünsche der Patienten. Werden echte Solidarität und die dringend notwendige Palliativpflege sichergestellt, verliert sich der Todesdrang vielfach.

Aber angenommen, der Wunsch bleibt konstant und wird klarsichtig geäussert: Ist dann dieser Wille des Patienten nicht massgeblich? Zunächst muss man zugeben, dass die rational getragene Selbstbestimmung eine hochrangige Bedeutung hat. Besonders die Medizinethik hat hier unter den Begriffen «Patientenautonomie» und «informiertes Einverständnis» Notwendiges dazugelernt.[8] Aber zugleich sind gerade nach der klassischen Philosophie Selbstbestimmungsakte an der Maxime des Guten zu prüfen. Eine pure Durchsetzung eigener Intentionen trifft es folglich nicht, sondern allein die mündige, begründete wie human verantwortete Ausgestaltung des Willens. Das erfordert, die infrage stehenden Güter und mögliche Folgen immer in die Handlungsplanung einzubeziehen.

Für die Tötung auf Verlangen heisst das: Mit ihr wird das fundamentale Gut des Lebens tangiert. Menschliches Leben zu töten ist in allen Kulturen ein tief verankertes Tabu, das nur wenige, mithin umstrittene Ausnahmen

---

7 Vgl. exemplarisch zur Kritik an der früheren klassischen Terminologie: *Sahm*, Sterbebegleitung 29–52.
8 Vgl. *Sahm*, Sterbebegleitung; *Pöltner*, Medizin-Ethik 89–112. Grundlegend: *Holzem*, Patientenautonomie.

(Todesstrafe, Krieg, Notwehr) kennt. Zudem hat – wie erwähnt – der sozial getragene Sterbeprozess anthropologische Bedeutung. Man könnte bei gegebener Autonomie einwenden, dass auf Bitte und unter souveräner Einwilligung des schwer Leidenden gehandelt würde. Dann müssen aber auch die erwartbaren Folgen einer möglichen Etablierung der Tötung auf Verlangen für andere betrachtet werden: Durch ihre Akzeptanz oder Legalisierung gewänne sie den Charakter einer kulturell zugestandenen Option, die belastete Menschen – ob gewollt oder nicht – subtil nötigte, ihre Situation entsprechend zu klären. Dieser Druck ist in den Benelux-Staaten bereits virulent und würde auch andernorts die Freiheit und Unbefangenheit jetzt noch nicht betroffener Dritter in einem wesentlichen Bereich verletzen.[9] Schon deshalb verbietet es sich, die Tötung auf Verlangen zum Bestandteil der allgemeinen, rechtlich zugestandenen Moral zu machen.

Auch die Forderung nach Mitleid beinhaltet Wichtiges, sofern sie eine engagierte Form von Mitgefühl als Parteinahme meint und keine emotional kaschierte Distanzierung vom Leid. Klar ist aber, dass ein vom Fühlen motiviertes Engagement eine differenzierte Reflexion braucht, um richtig zu handeln. Erst dann entwickelt sich ein empathischer wie auch praktisch nachhaltiger Person- und Situationsbezug.[10] Die Bedenken gegen eine Tötung fallen auf diese Weise nicht weg, sondern treten im Gegenteil reflexiv vor Augen.

5.2 Ist es gut, beim Suizid beizustehen?

Auch die Suizidbeihilfe stellt eine letale Unterstützung eines Sterbewilligen dar. Wieder wird mit der Ausübung der Selbstbestimmung argumentiert sowie mit der Legitimität eines Suizides, weshalb auch die entsprechende Hilfeleistung unbedenklich sei.

Die ethische Kritik daran[11] betont, dass auch ein Suizidwilliger zumeist grosse Not und Verzweiflung aufgrund einer ihn massiv belastenden Lage erlebt. Von daher legt sich nicht die Tötung, sondern eine umfassende, ihn entlastende, sach- und fachgerechte Hilfe und Unterstützung nahe, woran es indes latent fehlt. Die Fähigkeit, eine ausreichend frei erwogene Entscheidung zu treffen, ist in einer solchen krisenhaften Situation in der Regel stark einge-

---

9 Vgl. *Simon*, Praxis der aktiven Sterbehilfe.
10 Vgl. *Schmitt*, Empathie.
11 Vgl. zum Folgenden: *Schmitt*, Gleich-Gültig.

schränkt. Wäre die Autonomie des Betreffenden intakt, hätte er aber dennoch eine nicht einfach bestreitbare, wenn auch bedingte Verantwortung für sein Leben und für das Schicksal der ihm verbundenen Menschen.

Davon ist die Unterstützung eines Suizides zu trennen! Sie stellt einen eigenen Akt dar, der vom Helfenden auch eigens verantwortet werden muss: Kann er sich der Entscheidungsfähigkeit seines Gegenübers wie der Dauerhaftigkeit seines fatalen Entschlusses sicher sein? Sind die Folgen dieser Selbsttötung für ihn erkennbar und auch tragbar? Wenn nun aber die Suizidbeihilfe wie im Fall der Sterbehilfeorganisationen eine routiniert angebotene, legitimierte Form annimmt, fallen – analog zur Tötung auf Verlangen – auch die kulturellen Effekte einer solchen öffentlichrechtlichen Gegebenheit negativ ins Gewicht.

Beide Male setzt man auf die Mitwirkung medizinischer Institutionen bzw. ärztlicher und pflegender Personen: Man wünscht, dass sie diese Tötungshandlungen fachlich und fürsorgend begleiten, wobei sie ihrem Gewissen verpflichtet blieben, dies zu tun oder nicht. Es fragt sich aber, ob bei Erlaubnis dieser medizinischen Assistenz der institutionelle und systemische Druck vom einzelnen Gewissen wirklich ferngehalten werden kann. Vor allem besteht die Gefahr, dass die «lebenskonstruktive» Identität medizinischer Systeme sowie die zentrale Garantenstellung beteiligter Fachkräfte – und das Vertrauen in sie – zum Schaden Dritter dauerhaft in Misskredit gebracht wird.

5.3 Wann darf man auf eine Heilbehandlung verzichten?

Die klassische Antwort auf die Frage nach dem Therapieverzicht lautet, dass ein wohlinformierter Patient aus Gründen seiner physischen Integrität und Autonomie nicht gegen seinen ausdrücklichen Willen therapiert werden darf. Auch soll man die kurative Behandlung einstellen, aber palliative Ziele weiterverfolgen, wenn das Sterben des Patienten unumkehrbar voranschreitet, sprich keine Aussicht auf Heilung oder eine zumindest temporäre Besserung seiner Lage besteht. Um der Fürsorge willen soll das Sterben nicht durch unsinnige Heilversuche belastet oder verhindert werden!

Dieses Kriterium gilt nach wie vor. Allerdings häufen sich wegen der Substitutionserfolge moderner Medizin jene Situationen, in denen ein Mensch multimorbid geschwächt ist und einen sehr fragilen Gesamtzustand aufweist, sodass sein Leben nicht schon stirbt, aber «auf der Kippe» steht. Dann lässt sich oft nicht sicher prognostizieren, was eine medizinische Therapie bewirkt: eine deutliche Optimierung von Gesundheit und Lebensqualität oder aber negative Folgen wie zusätzliche Komplikationen, Erschwernisse und die bleibende Abhängigkeit von medizinischer Technik, um Vitalfunktionen zu erhalten. Solche Situationen entziehen sich wegen ihrer nicht voll durchschaubaren Komplexität einer schematischen Normierung. Was getan oder unterlassen werden soll, lässt sich hier nur fallweise und unter den jeweils gegebenen Bedingungen und eruierbaren Chancen erörtern bzw. entscheiden – und bleibt bis zu einem gewissen Grad dennoch Hypothese.

Erschwert wird die Lage, wenn Patienten, die ja ethisch die Entscheidungssouveränität über die für sie in Erwägung gezogene Behandlung haben, sich nicht mehr klar dazu äussern können. Umso wichtiger ist es, zum Beispiel im Rahmen eines institutionalisierten Ethikkonsiliums solche Grenzfälle einer umfassenden Beratung und Abwägung zu unterziehen. Darin sollten Personen, die mit dem Patienten vertraut und dazu befugt sind (Ärzte, Betreuer, Pflegende, Angehörige, pastoral Tätige), anhand medizinischer, situativer, biografischer und humaner Aspekte subjektbezogen erörtern, wo die vertretbaren Handlungsspielräume liegen.

Um diese medizinisch noch bestehenden, human akzeptablen Wege im Sinne auch des nicht mehr einwilligungsfähigen Patienten zu nutzen bzw. um in seinem Sinne auf eine medizinisch nicht sicher einschätzbare Behandlung zu verzichten, bedarf es einer umsichtigen Ermittlung seines mutmasslichen Willens. Neben relevanten Auskünften, die Lebensgefährten, Angehörige und Betreuungspersonen geben, vermag eine valide formulierte Patientenverfügung womöglich den authentischen Willen der betroffenen Person zu bezeugen. In solch prekärer Lage ist sie eine massgebliche Hilfe, um zu tragfähigen Entscheidungen über den folgenreichen Einsatz kurativer Therapien zu kommen – oder den Verzicht darauf.[12]

Oft geht es dabei um die Angemessenheit der so genannten künstlichen Ernährung oder einer maschinellen Beatmung. Grundsätzlich ist festzuhalten, dass die Ernähungsunterstützung als notwendiger Beistand gilt und daher ausser Frage steht.[13] Unbestritten ist diese Hilfe – gleich ob in manueller oder technischer Form – zum Beispiel im Umgang mit lebensfähigen Säuglingen, zeitweilig Geschwächten, Bewusstlosen oder Speiseröhrenerkrankten. Sie gestaltet sich normalerweise vorübergehend und entspricht der vital strebenden Perspektive eines Organismus. Schwieriger zu bewerten sind besagte Situ-

---

12 Vgl. hierzu eigens Abschnitt 5.6.
13 Vgl. genauerhin: *Weitz*, Künstliche Ernährung; *Sahm*, Sterbebegleitung 73–78; *Schockenhoff*, Basispflege.

ationen «auf der Kippe», wenn also jemand bedingt durch eine irreversible Erkrankung bereits rapide abbaut, die Ernährung den Organismus eher belasten als unterstützen würde und zudem die Gefahr besteht, sein Leben mittels Ernährungstechnik zu erhalten. Sollte es definitiv zur Neige gehen, würde einem solchen Eingriff die notwendige medizinische Indikation fehlen. Deshalb wurde mit Recht die Pflicht zur Basispflege in puncto Ernährung dahingehend präzisiert, dass in solcher Lage keine kalorienreichen Gaben, sondern das palliative Stillen des Hunger- und Durstempfindens geboten ist.[14] Auch hier kann eine triftige Patientenverfügung den Verantwortlichen helfen, die humanen Handlungsperspektiven subjektgerecht zu wählen.

Analog dazu gilt die maschinelle Beatmung im Falle einer temporär bestehenden Atmungsproblematik (Unfall, Lungenerkrankung, OP) als geboten. Wenn jedoch der Abbau des Atems Teil des allgemeinen finalen Abbaus des Organismus hin zu seiner definitiven Lebensneige ist, lässt sich eine solche Substitution nicht sinnvoll indizieren, was freilich behutsamer Vermittlung und erhöhter palliativpflegerischer Aufmerksamkeit bedarf. Schwer und nur individuell entscheidbar sind wieder besagte Grenzsituationen, in denen die Beatmung zwar als zeitweilige Stütze intendiert ist, der Erfolg der Therapie aber aufgrund der fragilen Gesamtlage massiv infrage steht und damit eine bleibende Abhängigkeit von der angewandten Technik riskiert wird.

5.4 Wo liegt die Grenze bei der Gabe schmerzstillender Medikamente?

Es zählt zu den Grundsätzen einer Ethik des Helfens, die Schmerzen empfindungsfähiger Lebewesen, insbesondere eines Menschen, zu lindern und – wenn sinnvoll möglich – zu stillen.[15] Aus medizinisch-pflegerischer Sicht darf es dabei nicht um ein undifferenziertes, isolierendes «Ruhigstellen» eines Patienten mithilfe sedierender Medikamente gehen. Ziel des persönlichen wie institutionellen Handelns sollte vielmehr die umfassende palliative Zuwendung zum Menschen sein, die aber nicht erst in seiner Sterbephase beginnt, sondern integraler Teil der ärztlichen Profession ist und sich seines physischen, seelischen und spirituellen Leidens auf spezifische Weise annimmt.

---

14 Vgl. *Sahm*, Sterbebegleitung 76 ff.; *Schockenhoff*, Basispflege 135 ff.
15 Vgl. zum Folgenden u. a.: *Schweizerische Akademie der Medizinischen Wissenschaften (SAMW)*, Palliative Care.

Dazu kann die Verabreichung hochwirksamer Morphine und anderer Opiate bzw. schmerzstillender Substanzen gehören, vor allem auch im Endstadium von Krebserkrankungen. Oft müssen um der gebotenen Schmerzlinderung willen lebensverkürzende Effekte in Kauf genommen werden. Sie konterkarieren das ärztliche Handeln aber nicht, solange diese Medikamentengabe schmerztherapeutisch indiziert und wohldosiert ist und es nicht in der leitenden Absicht der Beteiligten liegt, den Tod des Patienten herbeizuführen bzw. sein Sterben zu beschleunigen. Denn das liefe auf eine aktiv intendierte Tötung hinaus, für die es keine allgemeine moralische Rechtfertigung gibt.

Die deutliche Zunahme der «palliativen Sedierung»[16] ist von daher kritisch zu erörtern, auch wenn man einräumt, dass die Handlungsmöglichkeiten am Lebensende eingeschränkt und die jeweils leitenden Absichten objektiv schwer zu prüfen sind. Als Orientierungsprinzip gilt, dass die schmerztherapeutisch differenzierte Medikation der bestehenden Chance auf personale wie soziale Lebensqualität dient. Sofern Schmerz- und Angstsymptome anders nicht bewältigbar erscheinen, kann dabei eine äusserst starke Bewusstseinsminderung unumgänglich sein – nicht immer, aber möglicherweise mit terminalen Nebeneffekten für Atmung und Kreislauf. Hingegen beschneidet die letal absichtsvolle, primär das Sterben forcierende, zumal überdosierte Sedierung die Chance auf palliative Lebensqualität. Der wachsenden Tendenz, die Tötung mit oder ohne Verlangen durch Sedierungen dieser Art zu ersetzen, sollte man nicht nur normativ begegnen, sondern durch eine überzeugende wie umfassende Kultur der Sterbendenbegleitung widerstehen.

5.5 Muss man bewusstseinsverminderte Patienten behandeln?

An der Frage, ob bewusstseinsverminderte Patienten zu behandeln seien, lassen sich das kritische Gefälle der aktuellen Diskurse bezüglich Sterbehilfe, aber auch die in ihrem Hintergrund liegende kulturelle Verunsicherung am deutlichsten ablesen. Es geht faktisch darum, aktuell nicht einwilligungsfähige Demenzkranke und so genannte Wachkomapatienten durch den Entzug einer möglichen Therapie sterben zu lassen bzw. sie aus Mitleid zu töten. Ein Teil der Befürworter macht hierfür eine entsprechende valide frühere Äusserung

---

16 Vgl. zum Folgenden: *Weixler*, Palliative Sedierung; *Tolmein*, Sterbehilfe, bes. 202 ff.

des Patienten (z. B. mittels Patientenverfügung) zur Bedingung, anderen reicht der vermeintlich objektive Krankheitsbefund als Begründung.[17]

Die ethische Reflexion führt zur Kritik dieser Position und ihrer nicht fraglos hinzunehmenden Defizitorientierung: Nach Stand der Forschung gelten demente und mit einem apallischen Syndrom belastete Personen als schwer behindert. Ihr Dasein ist – gemessen an Kriterien objektivierbarer Bewusstheit und Interaktion – in hohem Mass eingeschränkt. Aber selbst im «Wachkoma» sind vitale Grundfunktionen wie selbständige Atmung, Kreislauf, Wach-Schlaf-Rhythmus, Sinnesempfindung, Schlucken und Verdauung intakt. Was bzw. wie Menschen in dieser Lage fühlen, welche Eindrücke sie haben und in welcher Form von Reflexivität sie diese aufnehmen, entzieht sich der Kenntnis Aussenstehender. Schon deshalb verbietet sich ein von ausserhalb getroffenes Werturteil über ihr Leben, auch wenn ihre Situation im Vergleich zu anderen massiv beeinträchtigt erscheint. Sie «wie tot» zu behandeln, widerspräche nicht nur der medizinisch – etwa bei Organtransplantationen – ausschlaggebenden Todesdefinition; es würde auch den aktuell diskutierten diagnostischen Unsicherheiten bezüglich dieses Befundes und seiner Darstellung nicht gerecht.[18]

Wenn allerdings die gesundheitliche Situation dieser Patienten aufgrund nachfolgender schwerer Erkrankungen in besagte prekäre Lage gerät, sind die oben beschriebenen Kriterien für sie begründet anwendbar. Ansonsten bedarf es des gesellschaftlichen Willens, ihnen auf Basis einer sie schützenden Moral und Rechtslage Anerkennung und optimal aktivierende Pflege zukommen zu lassen.

5.6 Wie tragfähig sind Patientenverfügungen in diesen Grenzfragen?

Mit einer Patientenverfügung legt man im Vorhinein seinen eigenen Willen für den Fall schwerster Erkrankung fest. Je situationsbezogener und aktueller sie gestaltet wird, desto relevanter ist sie für medizinisch anstehende Entscheidungen. Beim Verlust der direkten Äusserungsfähigkeit des Patienten bildet

---

17 Hierzu umfassend: *Kröll/Schaupp*, Eluano Englaro; *Jox u. a.*, Leben im Koma; *Höfling*, Wachkoma; *Nydahl*, Wachkoma; *Nacimiento*, Syndrom.

18 Allein von daher legt sich zumindest eine tutioristische Haltung ethischer Reflexion nahe.

sie eine massgebliche Orientierung, um gemäss seines in dieser Form ausgeübten Rechtes auf körperliche Integrität und Selbstbestimmung über den
Einsatz lebenserhaltender Therapien und Eingriffe oder den Verzicht darauf
zu entscheiden. Die hierfür in den deutschsprachigen Ländern jüngst verab-
schiedeten Gesetze räumen dieser indirekten, weil zeitversetzt ausgeübten
Selbstbestimmung unter bestimmten Voraussetzungen den Rang einer direkten Willensbekundung ein:[19] Demnach sind Ärzte, Pflegende, Angehörige
und bevollmächtigte Betreuungspersonen jetzt an den Inhalt einer triftigen
Patientenverfügung gebunden, insbesondere an die darin festgelegte Ablehnung bestimmter Therapien – dies auch in medizinisch aussichtsreicher Situation bzw. akuter Notlage sowie bei Demenz, Wachkoma oder einer anderen
Behinderung.

Die Kritik daran[20] verkennt nicht die hermeneutische Funktion einer solchen Erklärung, um beispielsweise im Rahmen eines Ethikkonsiliums zu einer
subjektbezogenen Abwägung und Begrenzung medizinischer Handlungsmöglichkeiten zu kommen. Infrage steht aber ihr «Automatismus»[21], der sich –
ohne die Chance präzisierender Kommunikation – direktiv auf eine persönlich wie therapeutisch niemals vollends vorhersagbare Situation legt, darin
entlastende Interventionen womöglich untersagt, so aber die Prekarität einer
Lage verschärft anstatt sie abzubauen bzw. zu lindern. Ausserdem droht die
formale Fiktion eines «interpretationsfrei» durchsetzbaren schriftlichen Willens die kulturelle Minderbewertung belasteter, der menschlichen Würde aber
keineswegs widersprechender Lebensphasen zu verstärken oder zumindest in
Kauf zu nehmen.

Angesichts dieser Erwägungen sowie der noch relativ geringen Anzahl vor-
liegender Patientenverfügungen und Vorsorgevollmachten sollte man einerseits die zweifellos bestehende Bedeutung dieses Instrumentariums erläutern
und Hilfen für seine taugliche Abfassung betonen bzw. anbieten.[22] Andererseits gilt es, in den betroffenen Institutionen kommunikativ und medizin-
ethisch umsichtige Entscheidungsprozesse personell wie strukturell zu etablieren, um dem Wohl und mutmasslichen Willen des nicht einwilligungsfähigen
Patienten entlang aller wichtigen Anzeichen zu entsprechen.

---

19 Vgl. für die BRD: *Verrel/Simon*, Patientenverfügungen. Für die Schweiz: *Hausheer u. a.*,
    Erwachsenenschutzrecht. Für Österreich: *Hopf/Barth*, Sachwalterrecht.
20 Vgl. umfassend: *Mieth*, Selbstbestimmung.
21 A. a. O. 15. Vgl. auch u. a.: *Fonk*, «Mein Tod gehört mir», bes. 110 f., *Sahm*, Sterbebe-
    gleitung.
22 Vgl. u. a. *Näf-Hofmann/Näf*, Palliative Care.

6   Angrenzende kulturelle und geschichtliche Ressourcen

Die Erörterung dieser und anderer[23] Grenzfragen dient der Beschreibung von Gestaltungsräumen im Kontext von Pflege, Krankheit und Sterben. Dazu gehören selbstredend die Reflexion sittlicher Verantwortung und eine durch sie angeregte Gewissensbildung. Aber nicht nur! Denn mit Leben gefüllt werden diese Räume nicht mittels ihrer normativen Grundrisse, sondern durch die darin eröffneten Formen und Wege situationsgerechter Praxis und Solidarität. Hierfür bedarf es entsprechender persönlicher wie gesellschaftlicher Voraussetzungen, sprich Haltungen, Kompetenzen, Strukturen und politischer Prozesse, die der betreffenden Gestaltungsmaterie angemessen und zuträglich sind.

Diese wiederum lassen sich nicht allein durch moralische Appelle sichern und mental verankern, sondern sie verlangen nach einer konsequenten Entwicklung und lebensnahen, auch pädagogisch versierten Einübung, um auf Dauer verstehbar und wirksam zu sein. Bedeutsam ist das diskursive Erörtern und symbolische Bewahren einschlägiger Ressourcen menschlich getragenen wie tragfähigen Handelns, die im kulturellen bzw. geschichtlichen Horizont, der am Alltagshandeln angrenzt und hintergründig auf es einwirkt, längst bereitliegen. Man denke etwa an die Erinnerung kollektiv wie persönlich beeindruckender Zeugnisse, das «Wachhalten» zentraler anthropologischer Leitbegriffe sowie an narrative Grössen wie Geschichten und Bilder, die die Vorstellung menschlichen Daseins nicht tendenziell verengen, sondern aufbauend interpretieren.

In diesem Kontext wäre etwa zu überlegen, wie man unter der Bedingung medialer Pluralisierung alternative Diskurse über existenziell prägende Erfahrungen (Gesundheit, Krankheit und Leid; Aktivität und Passivität; Autonomie und Abhängigkeit; Transzendenz und Kontingenz) initiieren kann. Ihre Aufgabe besteht darin, die weithin herrschende Idealistik perfekten, unangreifbaren und leistungsstarken Selbstseins nicht nur banal zu wiederholen, sondern zu entgrenzen und zu überwinden.

Dabei zielt man auf eine Welt, in der sich – einfach gesagt – niemand zu schämen braucht, neben seinen aktiven Vollzügen zeitweilig oder dauerhaft auf Hilfe, Unterstützung und Trost angewiesen zu sein. Es wäre kulturproduktiv und zugleich persönlich befreiend, das Imperfekte, gleich welcher Art es

---

23 Z. B. institutionelle Realitäten, aber auch gerechtigkeitsethische Fragen, die sich durch die Begrenzung finanzieller Ressourcen, wachsender medizinischer Angebote und faktischer Verteilungsprobleme ergeben.

ist, nicht mehr zwanghaft zu verdrängen, sondern als Merkmal menschlicher Normalität anzuerkennen und ernst zu nehmen.[24] Auf dieser Basis liesse sich der sinnlose, durch tiefe Angst und gegenseitige Ausgrenzung gezeichnete Abgleich von Macht- und Dominanzgebärden unterbrechen. Es entstünde eine Sozialität sensibler Anteilnahme, Ergänzung und Verständigung – und damit eine Form konkreter Bejahung, die auch das Sterben nicht mehr negieren und ausklammern muss.

Die biblischen und theologischen Quellen des christlichen Glaubens – seine Texte, Gebete, Sozial- und Aktionsformen – wären in der Lage, eine solche kulturelle Wegweisung hilfreich und stilbildend zu begleiten.[25] Hierbei geht es nicht um das Einschärfen moralischer Normen, deren Begründung ohnehin einer Hermeneutik allgemein zugänglicher Erfahrungen und verantwortlicher Vernunft unterliegt. Im Licht der christlich aufgenommenen, konkret praktizierten Kommunikation Gottes wird vielmehr anthropologisch nahegebracht, was Menschen unbedingt betrifft und trägt: jene unverbrüchlich liebende Zuwendung und Solidarität, die allein imstande ist, dem Leben inmitten seiner letzten Begrenzung und Hinfälligkeit Ansehen und Gültigkeit zu bewahren. Im Vollzug wie an der Grenze ihres Daseins sagen sich Menschen diese Gültigkeit zu – immer selbst gefährdet, auch unter Tränen, aber zugleich entschlossen und mutig. Kraft des Glaubens bauen sie auf eine Liebe, die Zeit und Raum zu erfüllen und zu überschreiten vermag.[26]

Literatur

Fonk, Peter: «Mein Tod gehört mir» – Überlegungen zu den Möglichkeiten und Grenzen einer Patientenverfügung, in: Zeitschrift für medizinische Ethik 54 (2008) 103–113.
Hausheer, Heinz/Geiser, Thomas/Aebi-Müller, Regina E.: Das neue Erwachsenenschutzrecht, Bern 2010.
Höfling, Wolfram (Hg.): Das sog. Wachkoma. Rechtliche, medizinische und ethische Aspekte, Münster ²2007.
Holzem, Christoph: Patientenautonomie. Bioethische Erkundungen über einen funktionalen Begriff der Autonomie im medizinischen Kontext, Münster 1999.

---

24 Hierfür zentral: *Lob-Hüdepohl*, Menschenbilder; *ders.*, Biopolitik und die soziale Inszenierung.

25 Vgl. *Schmitt*, Human sterben 197 ff. Vgl. umfassend: *ders.*, Gott und Moral.

26 Vgl. näherhin zu den theologischen und pastoralen Perspektiven die anderen Beiträge dieses Bandes.

Honnefelder, Ludger: Wer will ich sein? Über Selbstverhältnis und Sterblichkeit, in: *ders.:* Was soll ich tun? Wer will ich sein? Vernunft und Verantwortung, Gewissen und Schuld, Berlin 2007, 13–34.

Hopf, Gerhard/Barth, Peter: Sachwalterrecht und Patientenverfügung, Wien 2007.

Jox, Ralf J./Kühlmeyer, Katja/Borasio, Gian Domenico (Hg.): Leben im Koma. Interdisziplinäre Perspektiven auf das Problem des Wachkomas, Stuttgart 2011.

Kröll, Wolfgang/Schaupp, Walter (Hg.): Eluano Englaro – Wachkoma und Behandlungsabbruch. Medizinische – ethische – rechtliche Aspekte, Wien 2010.

Lob-Hüdepohl, Andreas: Biopolitik und die soziale Inszenierung von Behinderung, in: *Hilpert, Konrad/Mieth, Dietmar (Hg.):* Kriterien biomedizinischer Ethik. Theologische Beiträge zum gesellschaftlichen Diskurs, Freiburg i. Br. 2006, 234–254.

Lob-Hüdepohl, Andreas: Menschenbilder in der Ethik «behinderten Lebens», in: Stimmen der Zeit 229 (2011) 601–614.

Mieth, Dietmar: Grenzenlose Selbstbestimmung? Der Wille und die Würde Sterbender, Düsseldorf 2008.

Nacimiento, Wilhelm: Das apallische Syndrom: Diagnose, Prognose und ethische Probleme, in: Deutsches Ärzteblatt 94 (1997) A–661–666.

Näf-Hofmann, Marlies/Näf, Andreas: Palliative Care – Ethik und Recht. Eine Orientierung, Zürich 2011.

Nydahl, Peter (Hg.): Wachkoma. Betreuung, Pflege und Förderung eines Menschen im Wachkoma, München 2005.

Pöltner, Günther: Grundkurs Medizin-Ethik, Wien 2002.

Sahm, Stephan: Sterbebegleitung und Patientenverfügung. Ärztliches Handeln an den Grenzen von Ethik und Recht, Frankfurt a. M./New York 2006.

Schmitt, Hanspeter: Empathie – Begriff und Wirklichkeit, in: Religionsunterricht an höheren Schulen 2011 (54) 147–154.

Schmitt, Hanspeter: Fragwürdige Befragung. Ist die Schweiz mehrheitlich für aktive Sterbehilfe?, in: Jusletter vom 21.03.2011, 1–8.

Schmitt, Hanspeter: Gleich-Gültig? Sich-Töten und humane Sterbegestaltung im rechtlichen Widerstreit. Zur aktuellen Gesetzesinitiative des Schweizerischen Bundesrates, in: Theologie und Seelsorge, 6.2.2010, online unter www.thchur.ch/index.php?&na=12,0,0,0,d,120337,0,0,t (18.7.2011).

Schmitt, Hanspeter: Gott und Moral. Befreiende Praxis in Gerechtigkeit, aus Gnade, in: *ders. (Hg.):* Der dunkle Gott. Gottes dunkle Seiten, Stuttgart 2006, 115–144.

Schmitt, Hanspeter: Human sterben – wie geht das? Ein Gestaltungskonzept wider das Töten am Lebensende, in: Zeitschrift für medizinische Ethik 56 (2010) 187–202.

Schockenhoff, Eberhard: Bestandteil der Basispflege oder eigenständige Maßnahme? Moraltheologische Überlegungen zur künstlichen Ernährung und Hydrierung, in: Zeitschrift für medizinische Ethik 56 (2010) 131–142.

Schumacher, Bernard N.: Der Tod in der Philosophie der Gegenwart, Darmstadt 2004.

Schumpelick, Volker (Hg.): Klinische Sterbehilfe und Menschenwürde, Freiburg i. Br. 2003.

Schwarzenegger, Christian u. a.: Was die Schweizer Bevölkerung von Sterbehilfe und Suizidbeihilfe hält, in: Jusletter vom 13.09.2010, 1–12.

Schweizerische Akademie der Medizinischen Wissenschaften (SAMW): Palliative Care. Medizinisch-ethische Richtlinien und Empfehlungen, Basel 2006.

Simon, Alfred: Die Praxis der aktiven Sterbehilfe in Belgien und in den Niederlanden, in: *Kettler, Dietrich/Simon, Alfred/Anselm, Reiner/Lipp, Volker/Duttge, Gunnar (Hg.):* Selbstbestimmung am Lebensende, Göttingen 2006, 115–123.

Tolmein, Oliver: Keiner stirbt für sich allein. Sterbehilfe, Pflegenotstand und das Recht auf Selbstbestimmung, München 2006.

Verrel, Torsten/Simon, Alfred: Patientenverfügungen. Rechtliche und ethische Aspekte, Freiburg i. Br. 2010.

Weitz, Günther: Künstliche Ernährung aus Sicht des Mediziners, in: Zeitschrift für medizinische Ethik 56 (2010) 103–112.

Weixler, Dietmar: Palliative Sedierung, in: *Knipping, Cornelia (Hg.):* Lehrbuch Palliative Care, Bern ²2007, 576–587.

Wils, Jean-Pierre: Sterben. Zur Ethik der Euthanasie, Paderborn u. a. 1999.

Wittwer, Héctor/Schäfer, Daniel/Frewer, Andreas (Hg.): Sterben und Tod. Ein interdisziplinäres Handbuch, Stuttgart 2010.

Menschenwürdig leben und sterben – bis zuletzt

Ein Plädoyer für eine menschenfreundliche Palliative Care

Cornelia Knipping

Die Idee und die Geschichte von Hospizarbeit und Palliative Care begann in den 40-er Jahren in England mit der Pionierin Cicely Saunders (1918–2005). Seitdem haben sich viele Menschen die der Hospizarbeit und Palliative Care zugrunde liegende Motivation zu eigen gemacht und setzen sich engagiert dafür ein, dass in der Behandlung, Pflege und Begleitung von schwerkranken, alten und sterbenden Menschen einzig der Mensch und die Wahrung seiner Würde im Mittelpunkt allen Tuns und Unterlassens zu stehen hat.

1 Von der Haltung zur Kultur in der Palliative Care

Ausgehend von der Definition der Weltgesundheitsorganisation (WHO) wird Palliative Care als die Versorgung schwerkranker und sterbender Menschen verstanden, die ganzheitlich ansetzt und von Anfang an ausdrücklich die körperliche und seelische, die soziale und spirituelle sowie die kulturelle Dimension eines jeden Menschen berücksichtigen, achten und würdigen will.[1] In dieser Definition fehlt jedoch die kulturelle Dimension, die aber integraler Bestandteil einer palliativen Versorgung sein sollte. Aus meiner Sicht ist stets auch der alternde und hochbetagte Mensch in den Blick zu nehmen, der häufig mehrfach erkrankt (multimorbid) ist und in besonderer Weise einer menschenfreundlichen Palliative Care bedarf.

Cicely Saunders liess sich vor 50 Jahren davon ergreifen, dass es in England für die schwerstkranken und sterbenden Menschen keinen Ort im Gesundheitswesen gab, wo sie *bis zuletzt* menschenfreundlich begleitet und kompetent umsorgt wurden und in Würde sterben konnten. Den Menschen wurde attestiert, dass sie ab einem bestimmten Krankheitsstadium «austherapiert» oder «unheilbar» krank waren. Oder man konfrontierte sie mit der Schre-

---

1 Vgl. WHO Definition 2002, online unter www.who.int/cancer.

ckensbotschaft, dass man nun «nichts mehr» für sie tun könne (um sie zu heilen). Es gab für sie keinen Ort mehr, an dem man sich ihrer annahm. Solche und ähnliche Aussagen lösten bei Betroffenen und ihren Angehörigen oft eine fundamentale Krise aus und stürzten sie in existenzielle Verzweiflung, die sie zusätzlich isolierte. Dies kam einem sozialen Sterben, einem sozialen Tod gleich, noch bevor sie physisch gestorben waren. Die damals als «austherapiert» eingeordneten Menschen waren für das Gesundheitswesen nicht mehr interessant. Es lohnte sich daher nicht mehr, in sie zu investieren; befanden sie sich im Sterbeprozess, überging man sie sogar bei der Visite im Spital. Genau diese Szenarien haben Cicely Saunders zutiefst betroffen gemacht. Die Aufforderung Jesu «wachet und betet» aus dem Markusevangelium (Mk 14,38) wurde für sie zu ihrem geistlichen Berufungswort und Auftrag, sich unnachgiebig für eine christlich hospizliche Haltung und Kultur zu engagieren. Auch über die biblisch-christliche Verortung hinaus verpflichtet die im Gesundheitswesen Tätigen die ethische Grundhaltung, sich der Schwachen, Alten und Kranken anzunehmen, bei und mit ihnen zu wachen und unbeirrt an ihrer Seite zu bleiben – bis zuletzt. Damit ist nicht (nur) die Nachtwache, sondern vielmehr ein Aushalten, ein Mittragen und ein verlässliches Bleiben an der Seite der betroffenen Menschen wie auch ihrer An- und Zugehörigen gemeint. Es ist eine Grundhaltung der Liebe, die ein hohes Einfühlungsvermögen und Mitleidenschaft (Compassion), praktische Solidarität, anhaltende Treue und Bereitschaft zur Übernahme von Mitverantwortung voraussetzt. Dabei ist in besonderer Weise an den alternden und hochbetagten Menschen zu denken, der genau diese Verlässlichkeit braucht, um sich am Ende seines Lebens nicht verlassen zu fühlen. Für Cicely Saunders wurde dieses Engagement zu ihrer Berufung, in den schwerkranken und sterbenden Menschen Christus selbst zu sehen und ihm zu dienen.

Selbst wenn eine fortschreitende Erkrankung, medizinisch gesehen, nicht mehr geheilt werden kann, so bezieht sich diese «unheilbare» Annahme nur auf den organischen Prozess. Der betroffene Mensch trägt zugleich viele gesunde Anteile in sich. Hier könnte das Konzept der Salutogenese des Medizinsoziologen Aaron Antonovsky[2] helfen, eine neue Sichtweise zu erschließen. Denn ein Mensch kann zutiefst gesunden, heil sein oder heil werden im gleichzeitigen Erleben einer fortschreitenden und zum Tode führenden Erkrankung. Und es kann sehr wohl jederzeit etwas getan werden: körperlich,

---

2 Vgl. *Antonovsky*, Salutogenese.

seelisch, sozial, kulturell, spirituell,[3] oder wie es treffend heisst: «Wenn nichts mehr zu machen ist, ist noch viel zu tun». Ein Spital ist nicht mit einer Reparaturwerkstatt zu vergleichen. Es gilt vielmehr als Haltung zu verinnerlichen: Wer durch die Pforte eines Spitals eintritt, tritt immer als ein *ganzer* Mensch ein und hat ein Recht darauf, als *ganzer* Mensch bis zuletzt behandelt, gepflegt und begleitet zu werden. Er hat ein Recht darauf, in seiner Würde geachtet zu werden, unabhängig von seinem gesundheitlichen Befinden und seiner medizinischen Prognose. Durch die zunehmende Spezialisierung, Prozessoptimierung und Ökonomisierung im Gesundheitswesen besteht die Gefahr, den Menschen ausschliesslich organ-, befund-, symptomorientiert wahrzunehmen und ihn daraufhin einzuschätzen, zu befunden und zu therapieren. Die salutogenetische Orientierung eröffnet den Blick für den ganzen Menschen mit seinen physischen, psychosozialen, kulturellen und spirituellen Leiden und Ressourcen. Sie interessiert sich für den ganzen Menschen, sie sieht stets den ganzen Menschen an und fragt neben den physischen Problemen und Leiden zugleich nach den psychosozialen und spirituellen Quellen und Reichtümern eines Menschen, die ihm helfen können, seine Leiden besser verstehen, handhaben und ihnen eine je eigene Bedeutsamkeit zu erschliessen (Kohärenzkonzept).[4]

Die *Grundfragen des Menschen* zeigen, dass der Mensch ein dialogisches Wesen ist, das wahrnehmen, Kontakt und Beziehung aufnehmen kann: zu sich selbst (Eigen-Welt), zu anderen Menschen (Mit-Welt), zu Natur- und Lebensraum (Um-Welt), zur Transzendenz (Über-Welt).

Rosette Poletti[5] schreibt, das Besondere in den Tätigkeiten einer Krankenschwester liege u. a. darin, dass sie eine umfassende Sicht des Menschen habe und diesem Menschen Hilfe biete auf der Suche nach seinem persönlichen «Wohlbefinden oder Sich-besser-Fühlen». In der folgenden Abbildung nimmt sie die vier unterschiedlichen Aspekte des Menschen in seiner Beziehung zur Umwelt auf.

---

3 Die Verfasserin hat im Auftrag des Kantons Graubünden, in Kooperation mit dem Gesundheitsamt des Kantons Graubünden und mit dem Verein palliative gr 2010 eine Palliative-Care-Broschüre mit dem Titel «Palliative Care beginnt im Leben» herausgegeben (online unter www.palliative-gr.ch). Sie sollte bewusst einen Unterschied markieren zur im gleichen Jahr publizierten Nationalen Palliative Care Broschüre mit dem Titel: «Unheilbar krank – und jetzt?»

4 Vgl. *Knipping*, Krankengeschichte; vgl. *dies.*, Praxis.

5 Vgl. *Poletti*, Wege 14.

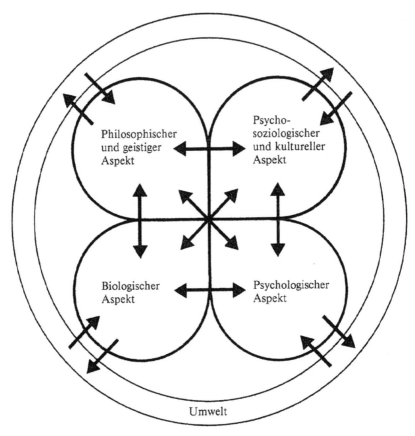

Abb. 1: Schematisierte Darstellung des Menschen mit seinen vier Aspekten und in seiner Beziehung zur Umwelt.[6]

2 Historischer Rückblick auf die hospizlichen Wurzeln

Cicely Saunders wurde zu einem Beispiel dafür, wie christlicher Glaube, Nächstenliebe und aufrichtige Mitleidenschaft mit dem leidenden, schwerkranken und sterbenden Menschen sowie seinen An- und Zugehörigen Gestalt bekommt und sich zu bewähren hat. An Saunders wird zudem anschaulich, dass eine hoch entwickelte Grundhaltung, einschlägige Fachkompetenzen

---

6 Ebd., Abb. 1.

und die Gestaltung einer menschenfreundlichen Organisationskultur in den Hospizen die Voraussetzungen sind, aufgrund derer Palliative Care zu einer weltweiten Bewegung wurde. Zudem lässt sich zeigen, dass Palliative Care historisch in einen christlich hospizlichen Rahmen gesetzt werden muss.[7] So macht etwa das Beispiel vom barmherzigen Samariter (Lk 10,29–37) deutlich, was damals wie heute vonnöten ist: sich um die alten, schwachen und kranken Menschen «mitten unter uns» zu sorgen und zu bemühen. Die Sorge geht über das Alltägliche hinaus, sie investiert und ruht damit nicht, bis der Mensch in all seinen Bedürfnissen gesehen und umsorgt ist. Die Worte Jesu, «ich war krank und ihr habt mich besucht» (Mt 25,36), löste Saunders, die 1967 das St. Christopher's Hospice in London eröffnete, in einer entschiedenen Orientierung an den Patientinnen und Patienten ein.[8] Dabei ging es ihr sowohl um eine exzellente Schmerz- und Symptomlinderung, zugleich aber – und in gleicher Wertigkeit – achtete sie von Anfang an auf eine patientinnen- bzw. patientenbezogene Gestaltung der psycho-sozialen, kulturellen und spirituellen Aspekte.

Von Anfang an richtete sie ihr Augenmerk stets auf den *ganzen* Menschen, seine *ganze* Lebenssymphonie und seine *ganze* Geschichte, und eben nicht nur auf seine *Kranken*geschichte. Im Mittelpunkt stand für sie der Mensch und nicht allein seine medizinischen Daten und Befunde. Sie entwickelte Assessment-Instrumente sowie methodische Verfahren und richtete mit der Eröffnung des St. Christopher's Hospice zusammen mit Robert Twycross sogar eine eigene Forschungsabteilung ein, um fachlich fundiert und wissenschaftlich zu arbeiten. Entsprechend ihrem ganzheitlichen Ansatz bildete sie dazu Fachpersonen und Freiwillige aus.

Das Hospiz war von Anfang an geprägt von einem interdisziplinären und multiprofessionellen Team und einer hierarchiefreien Teamarbeit. So war keine Disziplin besser oder wichtiger als die andere, vielmehr sorgten sich alle achtsam um das Wohl des schwerkranken und sterbenden Menschen als auch seiner Angehörigen. Die Teamkolleginnen und -kollegen wurden nicht einfach additiv, sondern entsprechend den individuellen Bedürfnissen, Ressourcen und Leiden des jeweils betroffenen Menschen in den Dienst genommen und stets aufeinander bezogen. Diese konsequente Hinwendung und Annäherung an die Palliative-Care-Idee kam zunächst in der Entwicklung des St. Christopher's Hospice in London und später auch in der weltweiten Hos-

---

7 Vgl. *Saunders*, Sterben und Leben.
8 Vgl. *Heller/Knipping*, Haltungen 39.

pizbewegung zum Tragen.[9] Es ging, zusammenfassend gesagt, um einen Per-
spektivwechsel: Nicht die Patientin bzw. der Patient[10] hatte sich den organisatorischen und strukturellen Abläufen, den medizinischen und pflegerischen
Vorgaben und Standards «of the Art», den finanziellen Ressourcen zu unterwerfen, sondern die Organisation und die in ihr tätigen Fachpersonen und
Freiwilligen hatten Sorge dafür zu tragen, ihre Strukturen und Prozesse, ihre
Ökonomie und ihre gesamte Versorgungsgestaltung konsequent den körperlichen, seelischen, sozialen, kulturellen und spirituellen Bedürfnissen und Leiden der betroffenen Menschen anzupassen.

3   Quo vadis Hospizbewegung?

Im Kontext von Palliative Care ist es unerlässlich, europaweite Strömungen
und Bewegungen wahrzunehmen, die aus meiner Sicht Gefahr laufen, den
schwerkranken, alternden und sterbenden Menschen in seiner Integrität und
Würde preiszugeben. Entsprechend den Werten eines Gesundheitssystems,
einer Gesellschaft, einer Organisation wird sich auch ihr Umgang mit schwerkranken und alternden, betagten und sterbenden Menschen abbilden.

3.1   Wie passt das Erbe von Cicely Saunders in das heutige moderne
Gesundheitswesen?

Die Hospizbewegung hat in den zurückliegenden 50 Jahren eine weltweite
Wirkungsgeschichte entfaltet. In der gleichen Zeit, in der die Hospizbewegung entstand, entwickelte sich europaweit auch das Gesundheitswesen. Es
gab rasante Fortschritte in der Medizin, Medizintechnik, Pharmakologie.
Die Spitäler entwickelten sich weiter und stellen heute eigene Unterneh-
mensgrössen dar. Auch Wissenschaft, Ökonomie, Organisationsentwick-
lung, Kostendruck, Leistungs-, Effizienz- und Prestigedenken machten vor
den Spitälern nicht Halt. Cicely Saunders beobachtete dies mit zunehmen-
der Sorge und erkannte, dass die Hospizbewegung einst bewusst aus dem
Gesundheitswesen auszog und eigene Modelle entwickelte, um den schwer-

---

9 Vgl. *Pleschberger*, Grundwissen 24.
10 Heute wird in Hospizen mehrheitlich von «Gästen» gesprochen.

kranken und sterbenden Menschen bis zuletzt eine kompetente, fürsorgliche und menschenwürdige Behandlung und Begleitung zu ermöglichen. Im Gewahrwerden dessen, dass sich das Gesundheitswesen durch die genannten Faktoren immer weiter vom leidenden Menschen entfernte, wurde ihr deutlich, dass es galt, die Haltungen, die Kompetenzen und die Erfahrungen einer «hospizlichen» Palliative Care in die Regelversorgung zu (re-) integrieren.

Zu fragen ist jedoch, ob eine Reintegration in das heutige moderne Gesundheitswesen so überhaupt möglich ist, oder ob es nicht viel mehr in den Organisationen selbst zuerst zu einer Reanimation einer Haltung und Kultur von Menschenbezogenheit, Menschenfreundlichkeit und aufrichtigem Mitempfinden kommen muss? Ehe die Haltungen, Erfahrungen und Kompetenzen einer hospizlichen Palliative Care in das moderne Gesundheitswesen reintegriert werden können, bedarf es zuerst eines grundlegenden Haltungs- und Kulturwandels im Gesundheitswesen und in den Organisationen selbst. Der vorrangig diagnosebezogene, ökonomisierte, prozessorientierte, standardisiert verwaltete Umgang mit schwerstkranken und sterbenden Menschen muss zuerst überwunden werden.

Was ist aus dem Erbe von Cicely Saunders geworden? Ist das «Pallium», dem die Palliative Care ihren Namen verdankt, als *Deckmantel* zu verstehen für eine Institution, die in ihrem «Angebot» auch Palliative Care führt, oder steht das «Pallium» für eine *Grundhaltung* in Palliative Care, die allen Betroffenen, an allen Orten, an denen sie es brauchen, zugutekommt? Diese Haltung drückt sich darin aus, dass mit den jeweils betroffenen Menschen auf gleicher Augenhöhe und der angemessenen Empathie die Begegnung und das Gespräch gesucht und die Sicherung ihrer Autonomie ausdrücklich zum Thema wird.

3.2 Palliative Care versus Palliativmedizin

Stehen Palliative Care und Palliativmedizin für das Gleiche? – Palliative Care tritt progressiv immer mehr als eine *medizinische* Fachdisziplin auf. Dies zeigt sich beispielsweise darin, dass bis heute in Deutschland von Palliativmedizin und nicht von Palliative Care gesprochen wird, wenngleich es im Originaltext der Weltgesundheitsorganisation (WHO) Palliative Care und eben nicht Palliativmedizin heisst. Viele Palliativmediziner kommen ursprünglich aus der Anästhesie, da die Palliativmedizin primär über die onkologische Schmerztherapie ihren Eingang gefunden hat. Das Spektrum der Palliativmedizin hat sich zwar von der Schmerztherapie sowie im Kontext der Symptomtherapie inzwischen um die psychosoziale und spirituelle Dimension erweitert, dominiert wird das Feld jedoch nach wie vor von Palliativmedizinern und -medizinerinnen. Derzeit gibt es Bestrebungen, etwa in Deutschland, beispielsweise die Leitung eines Hospizes dem ärztlichen Bereich zuzuordnen. Wird Palliative Care jedoch von der rein medizinisch-wissenschaftlichen Domäne her definiert, unterliegt sie den gleichen Regeln und Verfahrensabläufen wie die Schulmedizin: Es dominiert der diagnosebezogene Umgang mit dem betroffenen Menschen, der die Art und Dauer der Behandlung definiert. Die ganzheitliche Pflege und Begleitung, die Sorge um die Seele, die Palliative Care auszeichnen, verlieren ihren paritätischen Stellenwert.

3.3   Salutogenese versus Pathogenese

Die Schulmedizin ist geprägt von der pathogenetischen Orientierung, d. h. sie fragt nach den krankheitsauslösenden, krank machenden Faktoren und versucht diese möglichst zu vermeiden oder zumindest früh zu erkennen und sie auf dem jeweils aktuellen medizinischen Forschungsstand zu therapieren respektive zu eliminieren. Das Konzept der Salutogenese dagegen fragt weniger bzw. nicht zuerst danach, was krank macht, als vielmehr nach dem, was den Menschen gesund hält. Palliativmedizin wie auch Palliative Care heute sind – und das ist aufmerksam wahrzunehmen – zunehmend in Gefahr, pathogenetisch zu denken und zu handeln. Krankheitsverursachende, krankmachende, krankheitsauslösende Ereignisse mit ihren entsprechenden Nebenerscheinungen, Symptomen und Phänomenen werden oft bis zuletzt diagnostiziert, prognostiziert, therapiert und rehabilitiert. Häufig leiden die Menschen aber nicht nur an den krankheitsverursachenden Auswirkungen, sondern unter Umständen gravierend an den therapieverursachten Nebenwirkungen. Die Therapien verursachen ihnen weitere grosse Leiden, Schmerzen, Unwohlsein und Einbussen ihrer Lebensqualität. Zwar ist völlig verstehbar, dass viele Menschen nach dem so genannten letzten Strohhalm greifen und sich in Hochachtung, verbunden mit grosser Hoffnung, den angeordneten therapeutischen Massnahmen unterwerfen. Wer aber fragt danach, was dem Menschen hilft, damit seine noch gesunden Anteile nicht auch noch verloren gehen? Wer stärkt, stützt, fördert, ja, schützt und verteidigt diese so wichtigen gesunden Anteile, damit die Menschen fähig werden, sich mit dem vielleicht Unausweichlichen ihrer progredienten Erkrankung lebensförderlich, sinnzentriert, spirituell auseinanderzusetzen? Wer fragt beispielsweise danach, aus welchen spirituellen inneren Quellen und Reichtümern ein Mensch lebt, um diesen Menschen darin zu stärken, zu schützen und zu begleiten bis zuletzt? Wer hilft diesen Menschen, Ressourcen und Kompetenzen zu entfalten, um die eigene Situation einschätzen und Entscheidungen darüber treffen zu können, was es zu tun oder zu lassen gilt?

Entgegen der pathogenetischen rang Antonovsky um eine salutogenetische Orientierung, die danach fragt, was den Menschen gesund, stabil, fähig, resistent hält oder werden lässt. Es sollte also wieder vielmehr darum gehen, sich über das Verhältnis von Risiken und Ressourcen, Kompetenzen und Schutzfaktoren sowie den Prozess ihres Zusammenspiels und des individuellen Umganges mehr Klarheit zu verschaffen. Ich plädiere deshalb dafür, dass die salutogenetische Orientierung gleichermassen in die Sorge um den schwerkranken, alternden und sterbenden Menschen aufzunehmen ist, um dem Menschen als *ganzen* Menschen mit seinen Ressourcen und Kompetenzen, mit seinen gesunden Anteilen sowie spirituell-existenziellen Seinsdimensionen im Erleben von Krankheit und Leid, Abschied und Trauer, Sterben und Tod zu entsprechen. Dies unabhängig davon, wo sich der Mensch befindet, sei es im Spital, im Langzeitpflegebereich, in der Rehabilitation oder zu Hause. Dies gilt für alle Berufsgruppen, die sich in besonderer Weise der Menschen sowie ihrer An- und Zugehörigen in palliativer Situation angenommen haben. Es besteht sonst die Gefahr, auf alles Störende und Auffällige, auf alles Leidvolle und jede Not, auf alle Schmerzen usw. sofort mit therapeutischen Programmen zu reagieren. So möchte man all das kurieren oder eliminieren und in einen möglichst «homöopathischen» Zustand versetzen, was einem guten Sterben «augenscheinlich» widerspricht. Antonovsky dagegen postuliert in seinem Salutogenesekonzept, Ungleichgewicht (Heterostase) und Leid seien schon immer inhärente Bestandteile menschlicher Existenz gewesen, ebenso wie der Tod.[11]

Exkurs

In diesem Kontext sei kurz eine kritische Anmerkung zum derzeitigen Umgang mit Patientenverfügungen oder mit medizinisch-ethischen Grenzfragen aufgenommen. Häufig konzentrieren sich die Fragestellungen auf ein Für und

---

11 *Lorenz*, Salutogenese 23.

Wider von medizinischen Optionen am Lebensende. Nicht zuletzt sind die betroffenen Menschen aber oft damit überfordert, darüber Auskunft zu geben, was sie am Ende ihres Lebens wollen oder eben nicht mehr wollen. Es ist ihnen nicht möglich, ihr Lebensende unter bestimmten Voraussetzungen zu antizipieren. Kennzeichen einer ausgebildeten, einer entwickelten Haltung und Kultur zu Palliative Care in der Organisation selbst ist, wenn sie solche Fragen nicht erst dann zu stellen beginnt, «wenn nichts mehr geht», sondern den betroffenen Menschen wie auch seine Angehörigen von Anfang an in die körperlichen, psycho-sozialen, kulturellen und spirituellen Möglichkeiten einer umfassenden Behandlung, Pflege und Begleitung einbezieht. Dienlich kann hier eine holistische Anamnese sein, mittels derer die Leiden wie auch die Ressourcen eines betroffenen Menschen und seiner Angehörigen so früh wie möglich erfasst werden, um mit ihnen gemeinsam einen holistischen Versorgungsplan zu entwickeln.[12] Wenn die Betroffenen von Anfang an in den gesamten Prozess einbezogen werden und Beachtung finden, könnte sich der Umgang mit Patientenverfügungen letzten Endes vermutlich erübrigen. Dies erfordert jedoch einerseits Modelle von Partizipation, Integration und Kommunikation sowie andererseits ausgebildete Sozial- und Selbstkompetenzen der Betreuenden. Vor allem aber braucht es eine Organisationskultur im Gesundheitswesen sowie eine Haltung und Kultur der Parität aller Berufsgruppen. Das meint, dass auch und von Anfang an die kirchliche Seelsorge, im Sinne der «Sorge um die Seele», in die Sorge um den Leib zu integrieren ist. Die Sorge um die Seele ist jedoch nicht nur der Seelsorge zu eigen; es sollte Grundhaltung einer jeden Fachperson sein, sich auch von der Seele des Menschen, seinem Leid, seiner Not betreffen und berühren zu lassen.

3.4 Gestaltung versus Verwaltung

Institutionell ist Palliative Care in der Gefahr, nach den gleichen Regeln von Effizienz, Output, Wirksamkeit und Wirtschaftlichkeit definiert zu werden wie ein vorrangig auf Profit angelegtes Unternehmen. Palliative Care erscheint derzeit als das Reizwort im Gesundheitswesen. Es *reizt* zu einer qualitativ hochstehenden Behandlung von schwerkranken und sterbenden Menschen. Die Betonung liegt hier auf «Behandlung», was häufig vergessen lässt, dass der

---

12 Vgl. *Knipping*, Reflexionen zum Assessment in der Palliative Care, in: *dies.*, Lehrbuch Palliative Care, 107–116, und Assessmentbogen-Beispiel bei *dies.*, a. a. O. 675–676.

Mensch am Ende seines Lebens nicht nur ein Anrecht auf eine gut organisierte und bestmögliche medizinische und pflegerische Behandlung hat, sondern zugleich der psychischen, sozialen, kulturellen und spirituellen Betreuung und Begleitung bedarf. Es besteht jedoch die Sorge, dass sich der schwerkranke, alte und sterbende Mensch unmerklich vielfältigen organisatorischen, strukturellen und standardisierten Vorgaben und therapeutischen Interventionen ohne Entscheidungs- und Unterscheidungskompetenz zu unterwerfen hat. Vergessen wird, dass sich ein «gutes» Leben und Sterben vermutlich weniger daran entscheidet, ob bis zum Schluss alles «reibungslos» verlief, sondern vielmehr, ob der Mensch in seinem spirituellen und existenziellen Sein angesehen, angesprochen und gewürdigt wurde. «Gutes Leben» und «gutes Sterben» am Ende eines Lebens kann nicht «hergestellt», sondern nur im Auftrag des Betroffenen selbst und mit ihm gemeinsam gestaltet werden.

Palliative Care *reizt* zu Image und Konkurrenzgebaren, bei dem Palliative Care wohl formal aufgenommen, jedoch inhaltlich eher nur rudimentär verinnerlicht ist. Es fehlt häufig an menschenbezogenen und menschenfreundlichen Strukturen innerhalb der Organisation. Es mangelt an ausgebildeten Kompetenzen, die sich nicht nur auf die Fachkompetenz beziehen, sondern gleichermassen die Sozial- und Selbstkompetenzen integriert. Palliative Care figuriert *reizvoll* als äusseres Markenzeichen, doch die schwerkranken, alten und sterbenden Menschen bleiben zutiefst im Zeichen ihres Leides unbekannt, ungehört und unberührt. Palliative Care *reizt* und verführt dazu, die letzte Sorge und Fürsorge um die schwerkranken und sterbenden Menschen am Ende ihres Lebens an die professionell Tätigen, an die Palliative-Care-Fachleute zu delegieren. Sorge, Fürsorge, Respekt lassen sich jedoch nicht einfach delegieren, sondern sind menschliche Tugenden und sittliche Verpflichtungen gegenüber den von Krankheit, Alter und Leid betroffenen Menschen. Dies erfordert ein Grundmass an Achtsamkeit und Präsenz, eine Grundausstattung an Mitmenschlichkeit und Solidarität, und dazu bedarf es keiner spezifischen Zurüstung und Qualifikation, sondern es braucht offene und bereite Häuser und Herzen, sich im Eigenen unterbrechen zu lassen, um dem Menschen am Ende seines Lebens – und genau um ihn allein geht es ja – zum wahren Mitmenschen zu werden. Die Humanität einer Gesellschaft, eines Gesundheitswesens und ihrer Organisationen wie auch die jedes einzelnen Menschen zeigt sich darin, wie sie mit ihren schwerkranken, alten und sterbenden Menschen umgehen.

4 Zusammenfassung

Palliative Care sollte als Selbstverständlichkeit gelten. Seit Anbeginn der Welt gehört es zum Menschen, sich mit Gebrechen und Gebrechlichkeit, Krankheit und Alterung, mit Abschied und Trauer, Sterben und Tod auseinandersetzen zu müssen. Im Zentrum steht ein Sterben in Frieden, wie schon der Psalmist sagt: «In Frieden lege ich mich nieder und schlafe ein; denn du allein, Herr, lässt mich sorglos ruhen» (Ps 4,36), oder wie es Simeon im Lukasevangelium bekennt: «Nun lässt du, Herr, deinen Knecht, wie du gesagt hast, in Frieden scheiden. Denn meine Augen haben dein Heil gesehen, das du vor allen Völkern bereitet hast, ein Licht, das die Heiden erleuchtet, und Herrlichkeit für dein Volk Israel» (Lk 2,29–32).

Palliative Care sieht den ganzen Menschen an und schenkt ihm damit Ansehen. Ungeachtet dessen, wie krank, wie alt, wie fragil oder anders orientiert ein Mensch ist, nie verliert er seine Schönheit und Einmaligkeit, seinen Wert, seine Bedeutsamkeit und seine Würde. Palliative Care beginnt in den Herzen und Häusern der Menschen, um sie in dieser ihrer Schönheit und Einmaligkeit, ihrer Wertigkeit und Würde ungebrochen zu schützen und zu würdigen und zu lieben bis zuletzt. «Die Schwachen, Alten und Kranken zu schützen, ist die Würde der Gesunden.»[13]

Literatur

Antonovsky, Aaron: Gesundheitsforschung versus Krankheitsforschung, in: *Franke, Alexa/ Broda, Michael (Hg.):* Psychosomatische Gesundheit, Tübingen 1993.

Antonovsky, Aaron: Salutogenese. Zur Entmystifizierung der Gesundheit. Deutsche erweiterte Herausgabe von Alexa Franke. Deutsche Gesellschaft für Verhaltenstherapie, Tübingen 1997.

Dörner, Klaus: Die Gesundheitsfalle. Woran unsere Medizin krankt. Zwölf Thesen zu ihrer Heilung, München 2003.

Heller, Andreas/Heimerl, Katharina/Husebø, Stein: Wenn nichts mehr zu machen ist, ist noch viel zu tun. Wie alte Menschen würdig sterben können, Freiburg i. Br. ³2007.

Heller, Andreas/Knipping, Cornelia: Haltungen und Orientierungen in der Palliative Care, in: *Knipping, Cornelia (Hg.):* Lehrbuch Palliative Care, Bern ²2007, 24–29.

Knipping, Cornelia: Krankengeschichte oder Geschichte des Menschen. Von der Bedeutung der Salutogenese in der Palliative Care, in: NOVAcura (10/2009) 52–54.

Knipping, Cornelia (Hg.): Lehrbuch Palliative Care, Bern ²2007.

---

13 *Dörner,* Gesundheitsfalle 190.

Knipping, Cornelia: Von der Praxis der Salutogenese, in: NOVAcura (11–12/2010) 48–52.

Lorenz, Rüdiger: Salutogenese. Grundwissen für Psychologen, Mediziner, Gesundheits- und Pflegewissenschaftler, München [2]2005.

Pleschberger, Sabine: Die historische Entwicklung von Hospizarbeit und Palliative Care, in: *Knipping, Cornelia (Hg.):* Lehrbuch Palliative Care, Bern [2]2007.

Poletti, Rosette: Wege zur ganzheitlichen Krankenpflege. Praxisbezogene Anregungen, Basel [2]1987.

Saunders, Cicely: Sterben und Leben. Spiritualität in der Palliative Care, Zürich 2009.

WHO-World Health Organisation: National cancer control programs: policies and managerial guidelines, Geneva [2]2002, online unter www.who.int/cancer.

Palliative Care – Möglichkeiten und Grenzen aus sozialethischer Sicht

Markus Zimmermann-Acklin

1 Palliative Care als Thema der Ethik

Die Ethik beschäftigt sich auf zweierlei Weise mit Palliative Care.[1] Zum einen im Sinne einer Ethik *der* Palliative Care, insoweit Palliative Care als gesellschaftliche Bewegung in den Blick genommen wird, zum andern im Sinne einer Ethik *in der* Palliative Care, insoweit es um schwierige Entscheidungen geht, die bei der praktischen Umsetzung konkret zu fällen sind.

1.1 Ethik der Palliative Care

Gemäss den im Rahmen der Schweizer Nationalen Strategie Palliative Care 2010–2012[2] erarbeiteten «Nationalen Leitlinien» umfasst Palliative Care die Betreuung und Behandlung von Menschen mit unheilbaren, lebensbedrohlichen und/oder chronisch fortschreitenden Krankheiten.[3] Sie soll vorausschauend einbezogen werden, wobei es um die Gewährleistung einer den Umständen angemessenen optimalen Lebensqualität bis zum Tod und eine Begleitung der nahestehenden Bezugspersonen gehen soll. Um diese Ziele zu ermöglichen, sei die Schaffung entsprechender Versorgungsstrukturen anzustreben, die es erst ermöglichten, Palliative Care vorausschauend und rechtzeitig einzubeziehen.

Dieses Selbstverständnis und die daraus folgenden Zielsetzungen machen deutlich, dass es sich bei Palliative Care nicht nur um eine bestimmte medizinische Expertise handelt, sondern um eine gesellschaftliche Bewegung, die

---

1 Vgl. *ten Have/Clark*, Ethics; *Siegmann-Würth*, Ethik; *Monteverde*, Ethik.
2 Vgl. *BAG/GDK*, Strategie.
3 Vgl. *BAG/GDK*, Leitlinien 8.

sich mit dem menschlichen Zusammenleben beschäftigt und eine Verbesserung der Situation besonders vulnerabler Gruppen zum Ziel hat. *Care* meint Sorge, Fürsorge, Anteilnahme, Empathie, Wohltun und ist hier aus Sicht der Ethik als Grundhaltung oder Tugend genauso wie als Prinzip zur Begründung eines moralischen Anrechts auf Fürsorge in bestimmten Situationen von Bedeutung. Gleichzeitig ist *Care* als Grundhaltung auch aus Sicht einer christlichen Ethik ein wichtiges Orientierungsmerkmal, insofern Nächstenliebe und Barmherzigkeit («Compassion» bei Johann Baptist Metz)[4] als zentrale Grundhaltungen des christlichen Ethos gelten.[5] In den «Nationalen Leitlinien» werden als Grundwerte der Palliative Care die Selbstbestimmung, Würde und Akzeptanz von Krankheit, Sterben und Tod als Bestandteile des Lebens hervorgehoben, womit ebenfalls sowohl Haltungen als auch moralische Rechte integriert werden.[6]

Das Sterben ist in den letzten Jahren zu einem eigenständigen Lebensabschnitt geworden. Das gilt sowohl hinsichtlich der gesellschaftlichen Wahrnehmung als auch der Institutionalisierung, Professionalisierung und Ökonomisierung der letzten Lebensphase, die beispielsweise in der Thanatosoziologie untersucht wird.[7] Neue Institutionen wie Hospize, Palliative-Care-Einrichtungen, aber auch Sterbehilfeorganisationen entstehen, die sich gezielt mit den Bedürfnissen von Menschen in der letzten Lebensphase befassen. Die hohen Kosten für die Gesundheitsversorgung in den letzten Lebenswochen deuten auf die ebenfalls eine Rolle spielenden ökonomischen Aspekte hin. Wenn in den Nationalen Leitlinien unter den Prinzipien zur Erbringung der Palliative Care neben der Gleichbehandlung aller Menschen die interprofessionelle Vernetzung, eine angemessene Kommunikation, die Unterstützung von Entscheidungsprozessen und der Einbezug des persönlichen Umfelds gefordert werden,[8] dann wird deutlich, dass sich die Palliative-Care-Bewegung hinsichtlich der Verteilungskonflikte zugunsten eines egalitären, auf der Achtung der Menschenwürde basierenden Verständnisses engagiert. Angesichts der Kostenent-

---

4   Vgl. *Metz*, Compassion.
5   Vgl. *Siegmann-Würth*, Ethik 47–73.
6   Vgl. *BAG/GDK*, Leitlinien 9.
7   Vgl. *Dresske*, Herstellung; kürzlich wurde z. B. die «Société d'études thanatologiques de Suisse romande» gegründet; vgl. kritisch zu den Veränderungen *Gronemeyer*, Sterben.
8   Vgl. *BAG/GDK*, Leitlinien 11.

wicklung und der in den nächsten Jahren aufgrund der demografischen Entwicklung zunehmenden Sterbefälle[9] dürften diese Verteilungsfragen wichtiger werden und die gesellschaftspolitischen Debatten prägen.

1.2 Ethik in der Palliative Care

Die Ethik *in der* Palliative Care ist ebenso vielfältig, insofern sich in der alltäglichen Praxis nicht selten schwierige ethische Entscheidungen ergeben, namentlich am Lebensende der Patientinnen und Patienten. Zwei Themen werden gegenwärtig besonders diskutiert: Zum einen die Frage, ob und, wenn ja, inwiefern Palliative Care und die Beihilfe zum Suizid einander ausschliessen. Hier zeigt sich die Tendenz, beide nicht mehr alternativ einander gegenüberzustellen, sondern als sich ergänzende Konzepte zu interpretieren, die teilweise auf ähnlichen Werthaltungen beruhen.[10] Zum andern die Frage, wie die z. B. in der Onkologie verbreitete Praxis der palliativen Sedierung zu beurteilen sei. Bei der palliativen Sedierung, je nach Umständen auch kontinuierliche oder terminale Sedation genannt, geht es um eine Form der Symptomkontrolle auf dem Weg einer Bewusstseinseinschränkung durch Schlafmittel, also eine künstlich herbeigeführte Bewusstlosigkeit. Diese kann in Extremsituationen unerträglichen Leidens am Lebensende einem Schwerkranken oder Sterbenden Erleichterung verschaffen. Je nachdem, wann eine solche eingeleitet wird, ob sie definitiv ist, ob unterstützende Massnahmen wie die künstliche Beatmung oder die künstliche Ernährung eingestellt werden, gerät eine solche Handlung in die Nähe umstrittener Sterbehilfentscheide.[11] Entsprechend breit werden die Diskussionen geführt, wobei den medizinisch-ethischen Richtlinien der Schweizerischen Akademie der Medizinischen Wissenschaften (SAMW) eine wichtige Rolle zukommt.[12]

---

9 Der Bundesrat betont diese Entwicklung insbesondere im Zusammenhang mit der umstrittenen Neuregelung der Suizidbeihilfe, vgl. *Bericht des Bundesrates*, Palliative Care.

10 Vgl. *Hurst/Mauron*, Ethics; *Gudat-Keller*, Suizidwunsch. Auf Probleme in der klinischen Praxis aufmerksam machen: *Pereira u. a.*, Response.

11 Vgl. *Weixler*, Sedierung. In den Niederlanden wurde 2005 in über 7 Prozent aller Todesfälle eine «kontinuierliche tiefe Sedation» angewendet, wobei fast alle Betroffenen (94 Prozent) innerhalb einer Woche verstarben, vgl. *Rietjens u. a.*, Sedation.

12 Vgl. zur ethischen Einschätzung der palliativen Sedation: *SAMW*, Palliative Care 15 f.

2 Zum Selbstverständnis der Palliative-Care-Bewegung

Entstanden ist die Palliative-Care-Bewegung in kritischer Auseinandersetzung mit Fehlentwicklungen in der Gesundheitsversorgung und der Gesellschaft insgesamt, die sich mit Begriffen wie Fragmentierung, Individualisierung, Medikalisierung, Spezialisierung und Ökonomisierung andeuten lassen. Zu ihren Quellen zählen neben der Hospizbewegung mit ihrer neuen Aufmerksamkeit für die Schmerztherapie und das menschenwürdige Sterben[13] massgeblich die Psychosomatik bzw. die bio-psycho-soziale Medizin[14] und neuere spirituelle Bewegungen, die z. B. im Rahmen der New Age-Bewegung[15] Orientierung an einem ganzheitlichen Leben suchen.

Einer Medizin und Pflege, die sich einseitig als Reparaturwerkstatt für ausgefallene Körperfunktionen versteht, und Krankenhäusern, die von ihren Patienten Anpassung verlangen, um einen möglichst reibungslos funktionierenden Betrieb zu ermöglichen, stellt die Palliative-Care-Bewegung in Anknüpfung an das Ideal einer bio-psycho-sozialen Medizin ein alternatives, ganzheitliches Modell entgegen, das um die Dimension der Spiritualität erweitert wurde. Entgegen der Behauptung, Palliative Care gehe es um die Etablierung einer neuen medizinischen Teildisziplin – die durch Bestrebungen, einen neuen Facharzt und Lehrstühle zu etablieren, unterstützt wird – geht es im Kern der Palliative-Care-Bewegung um einen umfassenden Betreuungsansatz, letztlich ein neues Verständnis der Medizin als Ganzer.[16] Insofern ist Palliative Care zu einem guten Teil eine Protestbewegung, die ihr Profil in Auseinandersetzung mit Missständen und Einseitigkeiten einer nur biomedizinisch verstandenen Medizin und Gesundheitsversorgung entwickelt hat.

Da sich die kritisierten Entwicklungen gegenwärtig behaupten, wirkt eine allzu reibungslose Integration von Palliative Care in ein modernes Akutspital relativ verdächtig: Insofern im Zentrum der Patient oder die Patientin mit ihren Eigenheiten und nicht die Prozessoptimierung steht, stört Palliative Care vielmehr reibungslose Abläufe; die Idee interdisziplinärer Teamarbeit bringt klare Zuständigkeiten durcheinander und stellt steile Hierarchien infrage; die Anerkennung von Krankheit, Leiden und Sterben schliesslich

---

13 Vgl. *Saunders*, Hospiz.
14 Vgl. *Uexküll/Wesiack*, Integrierte Medizin.
15 Vgl. *Knoblauch*, Populäre Religion 100–119.
16 Vgl. *Kunz*, Palliative Care.

kontrastiert die in der Akutmedizin (u. a. bei den Patientinnen und Patienten) verbreitete Einstellung der Machbarkeit.

Die kritisierten Fragmentierungserscheinungen sind nicht neu. Bereits vor einhundert Jahren schrieb Rainer Maria Rilke angesichts des fabrikmässigen Sterbens im Pariser Hôtel Dieu:

«Voilà, votre mort, monsieur. Man stirbt, wie es gerade kommt; man stirbt den Tod, der zu der Krankheit gehört, die man hat (denn seit man alle Krankheiten kennt, weiß man auch, dass die verschiedenen letalen Abschlüsse zu den Krankheiten gehören und nicht zu den Menschen; und der Kranke hat sozusagen nichts zu tun).»[17]

Beispiele, die belegen, dass sich die kritisierten Fragmentierungserscheinungen im Bereich der Gesundheitsversorgung auch heute behaupten, lassen sich viele benennen. Wie im Grundriss eines modernen Universitätsspitals architektonisch erkennbar, besteht in der Medizin seit Jahren ein Trend zur Subspezialisierung: Im Bereich der Inneren Medizin beispielsweise sind in den USA inzwischen zwanzig Unterdisziplinen anerkannt, eine davon ist notabene die Palliative Care.[18] Sucht man im Universitätsspital Zürich nach Palliative Care, findet sich neben einem Kompetenzzentrum in Pädiatrischer Palliative Care zwar eine *interdisziplinäre* Einheit, die allerdings im Bereich der Radio-Onkologie angesiedelt ist und ausschliesslich die Onkologie umfasst.

Der Molekularbiologe Jens Reich konstatierte unlängst in einem Artikel, die Medizin habe auf die Fragen nach dem Altern, dem unvollkommenen Körper und dem Tod noch keine Antworten gefunden. Veränderungen der Medizin beschreibt er folgendermassen:

«Die Medizin entwickelt sich zur biologischen Steuerungstechnik. Die Medizin befindet sich in einem epochalen Umbruch. Sie entwickelt sich immer weiter fort von den Methoden und Konzepten ihrer Ursprungszeit hin zum genomisch-zellbiologischen Paradigma und zur elektronischen Steuerungstechnik. Mikro- und Nanoverfahren mit maßgeschneiderten Wirkstoffen ersetzen die grobschlächtigen Methoden der älteren Therapie.»[19]

An die Stelle einer personalen Medizin tritt offensichtlich eine elektronische Steuerungstechnik. Ist vom Tod die Rede, so geht es ausschliesslich um die Erkundung des Zelltods.

---

17 *Rilke*, Aufzeichnungen 12 f.
18 Vgl. *Cassel u. a.*, Specialization.
19 *Reich*, Leben 38.

Ein letztes Beispiel bieten die Auseinandersetzungen um die Einführung des neuen Vergütungssystems nach Fallpauschalen (SwissDRG = Swiss Diagnosis Related Groups), das 2012 in Schweizer Akutspitälern eingeführt wurde und als ein Symptom der Ökonomisierung des Gesundheitswesen verstanden werden kann.[20] Eugen Münch, Aufsichtsratsvorsitzender einer grossen, gewinnorientierten Krankenhausgesellschaft in Deutschland, hat es in einem Vortrag in St. Gallen auf den Punkt gebracht: Basis der alten Medizin sei die Einzelbeziehung auf Vertrauensbasis gewesen, die neue Medizin sei dagegen ein Massenphänomen ohne Vertrauensbeziehung, die vielmehr als Leistungsaustausch zu verstehen sei.[21]

Diese und ähnliche Beispiele lassen erahnen, warum Palliative Care gegenwärtig in aller Munde ist und von nahezu allen Seiten gefordert wird, z. B. vom Bundesrat, von allen politischen Parteien, Sterbehilfeorganisationen, christlichen Kirchen und der Akademie der Medizinischen Wissenschaften: Offensichtlich verweist sie als Gegenbewegung auf markante Defizite im Bereich der gesundheitlichen Versorgung, die momentan eher grösser denn kleiner werden. Der deutsche Soziologe Reimer Gronemeyer übergiesst die oben genannten Phänomene mit ätzender Kritik.[22] Zwar engagiert er sich seit Jahren für die Hospizbewegung, sieht jedoch nicht wenige Anzeichen dafür, dass auch diese Bewegung inzwischen die erwähnten Fehlentwicklungen nachvollziehe, namentlich das nach bestimmten Vorstellungen flächendeckend durchorganisierte Sterben, bei dem die Medizin die Hauptrolle spiele, und die nicht zuletzt deshalb von vielen begrüsst werde, weil hier Geld zu sparen sein könnte.

3 Reichweite und Grenzen der Palliative Care

Möglichkeiten, durch die lindernde Medizin, Pflege und Begleitung segensreich zu wirken, bestehen viele und werden teilweise auch realisiert. Dies geschieht ebenfalls an Orten, häufig in Geriatrien, Pflegeheimen oder Schmerzkliniken, die das, was sie tun, nicht unbedingt Palliative Care nennen. Auch wenn die Unterschiede in einzelnen Kantonen beeindruckend sind, lassen sich einige positive Beispiele für gelungene Initiativen anführen: Angefangen

---

20 Vgl. *Wild u. a.*, DRG.
21 Vgl. *Münch*, Vortrag.
22 Vgl. *Gronemeyer*, Sterben; *ders.*, Hospiz.

bei der Schaffung mobiler Palliative-Care-Teams wie in Winterthur oder im Tessin, über die Einrichtung spezifischer Kompetenzzentren wie im Spital in Affoltern am Albis, am Universitätsspital Zürich, am Centre hospitalier universitaire vaudois in Lausanne oder im Kantonsspital St. Gallen, über die Integration der Palliative Care in Aus-, Weiter- und Fortbildung von Ärzteschaft, Pflegenden, Sozialarbeiterinnen und Seelsorgerinnen, der Vernetzung bestehender Dienste wie im Netzwerk Palliative Care Zürich/Schaffhausen, dem Einbezug der Spitex und freiwilliger Helferinnen und Helfer, um stellvertretend einige zu nennen. Die Gründung der Schweizerischen Gesellschaft für Palliative Medizin, Pflege und Begleitung im Jahr 1988 und des Schweizerischen Vereins für Qualität in Palliative Care im Jahr 2010 haben wesentlich dazu beigetragen, dass die Nationale Strategie Palliative Care 2010–2012 zustandekommen konnte.

Daneben bleibt aber auch an Grenzen, Fehlverständnisse, überhöhte Erwartungen und Gefahren der Palliative Care zu erinnern. Die SAMW-Richtlinien zur Palliative Care bieten eine gute Übersicht:

«Zu den Missverständnissen gehört, dass:
- alle belastenden Symptome immer genügend gelindert werden können;
- jede lindernde Behandlung bereits Palliative Care ist;
- Palliative Care auf Sterbebegleitung reduziert wird;
- Palliative Care gleichbedeutend ist mit dem Verzicht auf kurative Behandlungsansätze.

Zu den überhöhten Erwartungen an Palliative Care gehört, dass:
- der Wunsch nach begleitetem Suizid oder aktiver Sterbehilfe in allen Situationen zurücktritt;
- das Sterben so beeinflusst werden kann, dass es immer zu einem friedlichen Sterben kommt.

Zu den Gefahren gehört, dass:
- sich Palliative Care auf das Verschreiben von Opiaten beschränkt;
- Palliative Care ausschliesslich an Spezialisten delegiert wird;
- Palliative Care zum Ersatz von sinnvollen kurativen Optionen wird;
- Palliative Care aufgrund ökonomischer Überlegungen zur Vorenthaltung von medizinisch indizierten Massnahmen eingesetzt wird.»[23]

---

23 *SAMW*, Palliative Care 4 f.

Auf zwei Fehldeutungen möchte ich unter den Titeln «Reduktionismus» und «Ideologisierung» näher eingehen. Zunächst besteht die Gefahr, Palliative Care im Sinne der biomedizinischen, allein an den Körper- und Organfunktionen ausgerichteten Medizin zu verstehen, die ihrerseits auf eine technisch versierte, qualitativ hochstehende Schmerztherapie reduziert ist. Dieser Reduktionismus übersieht, dass es um ein anderes Grundverständnis von Medizin überhaupt geht, das eingeschliffene Praktiken infrage stellt. Ein Sterben ohne Leiden ist weder möglich noch zu wünschen: Es ist unmöglich, sich den endgültigen Abschied von lieben Menschen ohne Verlustschmerz und Trauer vorzustellen. Das Leiden, das mit Endlichkeit und Tod verbunden ist, kann nicht behandelt werden, es muss vielmehr durchlitten werden. Erhard Weiher sagte einmal treffend: «Gegen *die* Leiden, gegen *die* Symptome kann man kämpfen, gegen *das* Leid, gegen die Trauer sind wir machtlos.»[24] Eine auf diese Weise falsch verstandene Palliative Care verspricht etwas, was sie niemals einlösen kann, nämlich die Abschaffung des Leids. Das heisst allerdings nicht, dass nicht alle Mittel einzusetzen sind, um Schmerzen zu bekämpfen, soweit der Betroffene dies wünscht. Das allerdings ist Teil jeder guten medizinischen Versorgung und deshalb noch nicht unbedingt Palliative Care.

Eine zweite Gefahr besteht in der Ideologisierung, indem Palliative Care im Sinne einer Überbetreuung missverstanden wird. Diese Ideologisierung wird in den teils heftig verlaufenden Sterbehilfe-Debatten und in Analogie zur Rede vom «acharnement thérapeutique» (dem therapeutischen Übereifer) bisweilen als «acharnement palliative» (palliativer Übereifer) bezeichnet. Falsch verstanden kann eine ganzheitliche, psychische, physische, soziale und auch spirituelle, d. h. geistige wie geistliche Begleitung («total care» in der Begrifflichkeit Cicely Saunders[25] in Anlehnung an eine offizielle WHO-Definition) auch im negativen Sinn vereinnahmend wirken. Jane Feinmann warnt zu Recht sowohl vor einer Überreglementierung als auch vor zu viel Spiritualität:[26] Sie plädiert gegen eine Spiritualität (zutreffender: eine den Menschen erdrückende Ideologie), die davon ausgeht, dass alle Sterbenden einen Sinn in ihrer letzten Lebensphase (zu) finden (haben) und schmerzfrei sterben können.

---

24 *Weiher*, Raum 9.
25 Vgl. *Saunders*, Personal.
26 Vgl. *Feinmann*, Breaking Down.

4   Nationale Strategie Palliative Care 2010–2012

Das ambitionierte Hauptziel der Nationalen Strategie wird folgendermassen umschrieben:

«Bund und Kantone verankern Palliative Care gemeinsam mit den wichtigsten Akteuren im Gesundheitswesen und in anderen Bereichen. Alle schwerkranken und sterbenden Menschen in der Schweiz erhalten damit ihrer Situation angepasste Palliative Care und ihre Lebensqualität wird verbessert.»[27]

Als sechs Handlungsfelder wurden die Bereiche Versorgung, Finanzierung, Sensibilisierung der Bevölkerung, Aus-, Weiter- und Fortbildung, Forschung und Umsetzung der Strategie festgelegt. In einer Zwischenbilanz von Juni 2011 werden insbesondere Bemühungen um den Aufbau einer guten Infrastruktur samt Qualitätssicherung, der Vernetzung, Information und Bildung hervorgehoben.[28] Zentral ist die Errichtung einer neuen Internetplattform (www.palliative.ch), die Bemühungen um eine geordnete Finanzierung im Rahmen des oben erwähnten SwissDRG-Systems und um den Aufbau von Forschungsplattformen. Eine zentrale strukturelle Herausforderung besteht dabei darin, dass die Gesundheitspolitik in der Kompetenz der Kantone liegt, die Nationale Strategie hingegen vom Bund aus koordiniert wird.

Ein wichtiger Meilenstein besteht in der Lancierung eines Nationalen Forschungsprogramms (NFP 67), dessen Forschung im Sommer 2012 in 27 Teilprojekten begonnen hat und auf fünf Jahre angelegt ist. Das Ziel des Forschungsprogramms besteht darin, «Handlungs- und Orientierungswissen für den Bereich der letzten Lebensphase zu erarbeiten und dieses Entscheidungsträgerinnen und -trägern im Gesundheitswesen, in der Politik und den Berufsgruppen, die sich mit der Betreuung von Menschen am Lebensende befassen, bereitzustellen. Konkret soll dieses Wissen dazu beitragen,

---

27 *BAG/GDK*, Strategie 4.
28 Vgl. *BAG/GDK*, Halbzeit. «Am 29. Juni 2011 hat der Bundesrat im Rahmen des Berichts ‹Palliative Care, Suizidprävention und organisierte Suizidhilfe› das Eidg. Departement des Innern (EDI) beauftragt, eine Weiterführung der Ende 2012 auslaufenden Nationalen Strategie Palliative Care zu prüfen.» (online unter www.ejpd.admin. ch/content/ejpd/de/home/dokumentation/mi/2011/2011-06-29.html [21.9.2012]). «Der Dialog ‹Nationale Gesundheitspolitik› hat am 19. April [2012] den Grundsatzentscheid getroffen, die ‹Nationale Strategie Palliative Care 2010–2012› nach 2012 weiterzuführen.» (online unter www.bag.admin.ch/themen/medizin/06082/index. html?lang=de [21.9.2012]).

- die Versorgungssituation für Menschen am Lebensende besser einschätzen und insbesondere Versorgungslücken oder problematische Versorgungssituationen identifizieren zu können;
- den Betroffenen sowie den Angehörigen der Behandlungsteams eine vertiefte Grundlage für angemessene Entscheidungen und Abläufe zur Verfügung zu stellen;
- Bedingungen einer gerechten und würdigen Ausgestaltung der gesundheitlichen Versorgung am Lebensende zu erkennen, notwendige rechtliche Regulierungen zu entwickeln und ethische Implikationen zu reflektieren;
- gesellschaftliche Entwicklungen besser zu verstehen und zukünftige Entwicklungen besser abschätzen zu können;
- die wissenschaftlichen Kompetenzen im Bereich der Lebensende- und Palliative-Care-Forschung zu stärken.»[29]

Der Bundesrat hat schliesslich in seinem Bericht zur Neuregelung der Suizidbeihilfe von Juni 2011 nochmals auf die Wichtigkeit des Ausbaus der Palliative Care in der Schweiz hingewiesen.[30] Bezeichnend ist, dass die Regierung ihren mit Spannung erwarteten Bericht unter den Titel «Palliative Care, Suizidprävention und organisierte Suizidhilfe» gestellt und damit der Palliative Care die oberste Priorität zugeordnet hat.

5 Fazit: Palliative Care und Seelsorge

Die grosse Aufmerksamkeit für Palliative Care ist eine einmalige Chance für die Seelsorge, in ihrer Arbeit wahrgenommen, akzeptiert und gefördert zu werden. Das Proprium einer christlichen Ethik liegt nicht zuletzt in der Bereitschaft, dort hinzuschauen, wo gewöhnlich alle wegsehen. Da dem Sterben in unserer Gesellschaft heute relativ grosse Aufmerksamkeit entgegengebracht wird, heisst das für eine christliche Ethik und Seelsorge, insbesondere denjenigen Menschen Aufmerksamkeit entgegenzubringen, die chronisch bzw. unter demenziellen oder psychischen Störungen leiden oder die beispielsweise in den Pflegeheimen in den nächsten Jahren die Folgen des Hausärztemangels zu befürchten haben. Damit dies gelingen kann, sind auch strukturelle Aspekte, die die interdisziplinäre Zusammenarbeit von Seelsorgenden

---

29 *SNF*, Lebensende 8.
30 Vgl. *Bericht des Bundesrates*, Palliative Care.

mit anderen involvierten Berufsgruppen betreffen, ebenso wichtig wie das politische Engagement zugunsten der Aufwertung der Palliative Care.[31]

Schliesslich sei noch einmal an die Bedeutung persönlicher Haltungen erinnert, deren Entwicklung neben den institutionellen Fragen nicht nur mit Blick auf die ursprüngliche Idee von Palliative Care wichtig ist. Neben der Empathie, der Fähigkeit, einem Menschen zuzuhören, auf ihn einzugehen, ihn in seiner Lebenswelt zu verstehen, geht es im Kern um die Integration eines grundlegenden Widerspruchs ins eigene Leben.[32] In der Sprache der Palliative Care ausgedrückt: Es geht um das Ideal der Ganzheitlichkeit, aber nicht um den Preis der Verdrängung der Endlichkeit, des Fragmentarischen, das uns Menschen wesentlich kennzeichnet. Alles Erdenkliche zu tun, um zu heilen, zu helfen, zu lindern, und gleichzeitig anzuerkennen, dass wir endliche und sterbliche Wesen sind, zu denen Leid, Trauer und Grenzen gehören: Das scheint mir die grösste Zumutung zu sein, mit der Palliative Care uns konfrontiert.

Literatur

Bundesamt für Gesundheit (BAG) / Gemeinsame Konferenz der kantonalen Gesundheitsdirektorinnen und -direktoren (GDK): Nationale Leitlinien Palliative Care, Bern 2010.

Bundesamt für Gesundheit (BAG) / Gemeinsame Konferenz der kantonalen Gesundheitsdirektorinnen und -direktoren (GDK): Nationale Strategie Palliative Care 2010–2012, Bern 2009.

Bundesamt für Gesundheit (BAG) / Gemeinsame Konferenz der kantonalen Gesundheitsdirektorinnen und -direktoren (GDK): Nationale Strategie Palliative Care 2010–2012: Halbzeit. Aktueller Stand der Umsetzung und Ausblick, Bern 2011.

Begemann, Verena: «Der Tod geht tagein, tagaus neben mir». Abschiedlichkeit und Gelassenheit als wegweisende Haltung in der Sterbebegleitung, in: Wege zum Menschen 60 (2008) 546–556.

Bericht des Bundesrates: Palliative Care, Suizidprävention und organisierte Suizidhilfe, Bern 2011.

Cassel, Christina K. u. a.: Specialization, Subspecialization, and Subsubspecialization in Internal Medicine, in: New England Journal of Medicine 364 (2011) 1169–1173.

Charbonnier, Ralph: Seelsorge in der Palliativversorgung. Konzeptionelle, kommunikative und organisatorische Aspekte einer berufsübergreifenden Zusammenarbeit, in: Wege zum Menschen 60 (2008) 512–528.

---

31 Vgl. *Charbonnier*, Seelsorge; *Roser*, Spiritual.
32 Vgl. *Begemann*, Tod.

Dresske, Stefan: Die Herstellung des «guten Sterbens». Arbeit an der Identitätssicherung im Hospiz, in: *Saake, Irmhild/Vogd, Werner (Hg.):* Moderne Mythen der Medizin. Studien zur organisierten Krankenbehandlung, Wiesbaden 2008, 215–235.

Feinmann, Jane: Breaking Down the Barriers to a Good Death, in: The Lancet 360 (2002) 1846.

Gronemeyer, Reimer: Hospiz, Hospizbewegung und Palliative Care in Europa, in: *Knoblauch, Hubert/Zingerle, Arnold (Hg.):* Thanatosoziologie. Tod, Hospiz und die Institutionalisierung des Sterbens, Berlin 2005, 207–217.

Gronemeyer, Reimer: Sterben in Deutschland. Wie wir dem Tod wieder einen Platz in unserem Leben einräumen können, Frankfurt a. M. 2007.

Gudat Keller, Heike: Suizidwunsch und Palliative Care, in: *Rehmann-Sutter, Christoph u. a. (Hg.):* Beihilfe zum Suizid in der Schweiz. Beiträge aus Ethik, Recht und Medizin, Bern u. a. 2006, 129–140.

Hurst, Samia A./Mauron, Alex: The Ethics of Palliative Care and Euthanasia. Exploring Common Values, in: Palliative Medicine 20 (2006) 107–112.

Knoblauch, Hubert: Populäre Religion. Auf dem Weg in eine spirituelle Gesellschaft, Frankfurt a. M. 2007.

Kunz, Roland: Palliative Care: Keine neue medizinische Spezialität, sondern ein umfassender Betreuungsansatz, in: Schweizerische Ärztezeitung 87 (2006) 1106–1114.

Metz, Johann Baptist: Compassion. Zu einem Weltprogramm des Christentums im Zeitalter des Pluralismus der Religionen und Kulturen, in: *ders./Kuld, Lothar/Weissbrod, Adolf (Hg.):* Compassion. Weltprogramm des Christentums. Soziale Verantwortung lernen, Freiburg i. Br. 2000, 9–18.

Monteverde, Settimio: Ethik und Palliative Care – Das Gute als Handlungsorientierung, in: *Knipping, Cornelia (Hg.):* Lehrbuch Palliative Care, Bern 2007, 519–535.

Münch, Eugen: Vortrag am 5. Gesundheitssymposium in St. Gallen am 17.1.2008, unveröffentlichte Folien.

Pereira, Jose u. a.: The Response of a Swiss University Hospital's Palliative Care Consult Team to Assisted Suicide Within the Institution, in: Palliative Medicine 22 (2008) 659–667.

Reich, Jens: Leben und Vergehen. Die Medizin hat Wunder vollbracht. Aber auf drei zentrale Fragen hat sie noch keine Antwort: nach dem unvollkommenen Körper, dem Alter und dem Tod, in: Die Zeit, 19.3.2008, Nr. 13, 38.

Rietjens, Judith u. a.: Continuous Deep Sedation for Patients Nearing Death in the Netherlands: Descriptive Study, in: British Medical Journal 336 (2008) 810–813.

Rilke, Rainer Maria: Die Aufzeichnungen des Malte Laurids Brigge, Frankfurt a. M. 1982.

Roser, Traugott: Spiritual Care. Ethische, organisationale und spirituelle Aspekte der Krankenhausseelsorge. Ein praktisch-theologischer Zugang, Stuttgart 2007.

Saunders, Cicely: A Personal Therapeutic Journey, in: British Medical Journal 313 (1996) 1599–1601.

Saunders, Cicely: Hospiz und Begleitung im Schmerz. Wie wir sinnlose Apparatemedizin und einsames Sterben vermeiden können, Freiburg i. Br. 1993.

Schweizerische Akademie der Medizinischen Wissenschaften (SAMW): Palliative Care. Medizinisch-ethische Richtlinien und Empfehlungen, Basel 2006.

Schweizerischer Nationalfond (SNF): Lebensende. Nationales Forschungsprogramm (NFP) 67. Ausführungsplan, Bern 2011.

Siegmann-Würth, Lea: Ethik in der Palliative Care. Theologische und medizinische Erkundungen, Bern 2011.

ten Have, Henk/Clark, David (Hg.): The Ethics of Palliative Care. European Perspectives, Buckingham/Philadelphia 2002.

Uexküll, Thure von/Wesiack, Wolfgang: Integrierte Medizin als Gesamtkonzept der Heilkunde: ein bio-psychosoziales Modell, in: *Uexküll, Thure von:* Psychosomatische Medizin. Modelle ärztlichen Denkens und Handelns, *Adler, Rolf H. u. a. (Hg.):* München/Jena 2003, 3–42.

Weiher, Erhard: Raum für das «Nichtmachbare». Über den Umgang mit Endlichkeit und Tod im «gesundheitsfördernden Krankenhaus». Vortrag beim Studiennachmittag im Otto Wagner Spital in Wien, 18. Mai 2006, online unter www.seelsorge-ows.at/downloads/nichtmachbar.pdf (21.9.2011).

Weixler, Dietmar: Palliative Sedierung, in: *Knipping, Cornelia (Hg.):* Lehrbuch Palliative Care, Bern ²2007, 576–587.

Wild, Verina/Pfister, Eliane/Biller-Andorno, Nikola (Hg.): Diagnosis Related Groups (DRG) und Ethik. Ethische Auswirkungen von ökonomischen Steuerungselementen im Gesundheitswesen, Basel 2011.

Religiös-spirituelle Begleitung (Spiritual Care) und die Erfassung von Spiritual Pain bei schwerkranken Menschen im Akutspital

Lisa Palm

1 Ausgangslage

Die Bedeutung und Wertschätzung von Palliative Care erfährt gegenwärtig einen Wandel, dies sowohl bei den Verantwortlichen des Gesundheitswesens, den Mitarbeitenden in den Spitälern, Heimen und der ambulanten Pflege als auch in der Öffentlichkeit. Anstoss dazu gibt die «Nationale Strategie Palliative Care 2010–2012»[1], bei der Bund, Kantone und andere Akteure im Gesundheitswesen zusammenarbeiten, damit jeder Mensch in der Schweiz eine angemessene, individuelle Begleitung und Behandlung am Lebensende erhält, die den internationalen Qualitätsstandards entspricht. Besonders hervorzuheben ist in diesem Zusammenhang der Paradigmenwechsel in den Akutspitälern: Palliative Care wird nicht mehr nur im Widerspruch zur kurativen Medizin gesehen, sondern als Erweiterung und Professionalisierung der modernen Medizin und Pflege. Interdisziplinäre Arbeitsgruppen arbeiten in unterschiedlichen Institutionen an der Erstellung und Umsetzung palliativer Leitlinien. Beispiele sind: Schulung und fachgerechte Anwendung der palliativen Symptomtherapie, Assessment-Instrumente zur Erfassung palliativer Symptome und Bedürfnisse, Förderung der interprofessionellen Vernetzung, Unterstützung der Angehörigen und professionelle, religiös-spirituelle Begleitung durch gut ausgebildete Seelsorgende bzw. Theologen. Der unheilbar kranke Mensch soll im Akutspital nicht nur gute medizinische Versorgung erhalten, sondern, zusammen mit seinen Angehörigen, auch eine der Krankheitssituation entsprechende optimale ganzheitliche Unterstützung.

Die Begleitung durch erfahrene Seelsorgende ist in dieser Situation besonders wichtig, da in der Regel die Bedeutung religiös-spirtueller, philosophischer Fragen – gegenläufig zum Abbau körperlicher Ressourcen – zunimmt. Die Weltgesundheitsorganisation (WHO) hat in ihrer Definition von Palliative

---

1 Online unter www.bag.admin.ch/themen/medizin/06082/ (21.9.2012).

Care schon vor Jahren die Bedeutung der spirituellen Dimension in der Begleitung am Lebensende beschrieben.[2] Auch die gegenwärtig aktuellen, auf der Grundlage der Nationalen Strategie formulierten «Nationalen Leitlinien Palliative Care»[3] thematisieren die Wichtigkeit der religiös-spirituellen Unterstützung. So wird in Leitlinie 3 hervorgehoben:

> «Die spirituelle Begleitung leistet einen Beitrag zur Förderung der subjektiven Lebensqualität und zur Wahrung der Personenwürde angesichts von Krankheit, Leiden und Tod. Dazu begleitet sie die Menschen in ihren existenziellen, spirituellen und religiösen Bedürfnissen auf der Suche nach Lebenssinn, Lebensdeutung und Lebensvergewisserung sowie bei der Krisenbewältigung. Sie tut dies in einer Art, die auf die Biografie und auf das persönliche Werte- und Glaubenssystem Bezug nimmt. Dies setzt voraus, dass die existenziellen, spirituellen und religiösen Bedürfnisse erfasst werden.»[4]

2 Die Bedeutung der religiös-spirituellen Begleitung (Spiritual Care)

Im Folgenden sollen zunächst ein Fallbeispiel Einblick in die religiös-spirituelle Begleitung innerhalb eines Akutspitals vermitteln (2.1) und allgemeine Kriterien für diese beschrieben werden (2.2 und 2.3). Anschliessend lege ich ein Assessment-Instrument zur Erfassung von Spiritual Pain bei meist sehr kurz hospitalisierten Patienten eines Akutspitals vor (3.1 und 3.2).

2.1 Begegnung mit und Begleitung von Frau F.

Nach Rücksprache mit der Pflege besuche ich Frau F., eine 62-jährige Patientin, die seit vier Jahren an einer Tumorerkrankung mit Metastasen leidet und nun zur palliativen Symptomtherapie ins Spital eingetreten ist. Sie ist verheiratet, hat eine erwachsene Tochter und bezeichnet sich selbst als katholisch, aber nicht als regelmässige Kirchgängerin.

Bei meinem ersten Besuch ist Frau F. sehr erschöpft. Sie liegt auf dem Bett mit geschlossenen Augen, und ich bin mir bei der Begrüssung nicht sicher, ob sie mich

---

2 Online unter www.who.int/cancer/palliative/definition/en/ (21.9.2012).
3 *BAG/GDK*, Leitlinien.
4 A. a. O. 14.

bewusst wahrnimmt. Ich erkläre ihr in kurzen Sätzen, dass ich Theologin, hier im Spital Seelsorgerin und jederzeit gerne für sie und ihre Familie da sei. Erst bei meiner Verabschiedung öffnet sie kurz ihre Augen. Drei Tage später erhalte ich von der verantwortlichen Pflege einen Anruf mit der Bitte von Frau F., sie möglichst bald zu besuchen. Sie sei heute etwas stärker und würde sich freuen, mit mir zu sprechen. Beim Besuch erzählt sie mir von vielen Ereignissen ihres Lebens, von Glück und Erfüllung, aber auch von der schmerzhaften Erfahrung des Krankseins. Von ihrer Familie fühle sie sich sehr getragen. Schon vor ihrer Erkrankung sei für sie eine bewusste Gottesbeziehung sehr wichtig gewesen. Gott sei für sie ein strahlendes, stärkendes Licht, auf das sie sich ausrichte, wenn sie Angst oder Schmerzen habe. Sie wünsche sich, dass ich sie regelmässig besuche und sie darin unterstütze, sich im Gebet auf das Licht auszurichten. In den folgenden drei Wochen besuche ich Frau F. regelmässig zu kurzen Gesprächen und zu geführten Meditationen, die ich jeweils mit einem Gebet abschliesse. Die letzte Bitte kurz vor ihrem Tod ist, dass ihre Familie im Patientenzimmer Abschied nehmen könne und dass ich danach eine Abschiedsfeier mit einer schon eingeübten Lichtmeditation gestalte.

An diesem Beispiel zeigt sich Bedeutsames: Für Frau F. ist die eigene religiös-spirituelle Einübung zu einer wichtigen Ressource geworden, die ihr auch in der Krankheit Hoffnung und innere Kraft gab. Während der Gebetsmeditation erfuhr sie sich als «heiler Mensch», der in «Ganzheit» lebt – trotz schwerer Erkrankung, Schwäche und Abhängigkeit. Meine Präsenz als Seelsorgerin unterstützte sie, sich auf ihre religiös-spirituellen Ressourcen auszurichten, obwohl sie unter grosser Erschöpfung litt. Gesprächsnotizen halfen mir, noch nicht abgeschlossene Themen aus vergangenen Gesprächen «zu hüten» und beim nächsten Besuch in Erinnerung zu rufen. Der Gedanke an die Abschiedsfeier mit der Familie, kurz nach ihrem Tod, gab ihr die Ruhe und Zuversicht, dass ihre Familie – trotz Schmerz und Trauer – auch Trost und Halt finden würde.

In diesem Kontext beschreibt Erhard Weiher die spirituelle Begleitung als Kunst,

> «die dem Patienten eigene Beziehung zu dem, was er als Geheimnis verspürt, wahrzunehmen, sie anzuerkennen, bei Bedarf auf sie einzugehen und sie zu würdigen, ohne sie zunächst verändern, deuten oder bereits kanalisieren zu wollen. Dann kann dieses für den Patienten ‹Heilige› als Ressource zugänglicher werden und seine tragende Kraft verstärken.»[5]

---

5 *Weiher*, Begleitung 445.

2.2 Voraussetzungen einer religiös-spirituellen Begleitung (Spiritual Care)

Die in diesem Fallbeispiel thematisierten Aspekte lassen sich in einigen Kernsätzen religiös-spiritueller Begleitung zusammenfassen und ergänzen:

- Der Patient bzw. die Patientin und gegebenenfalls seine bzw. ihre Angehörigen bestimmen Zeitpunkt, Länge, Inhalt und Intensität der Begleitung (Respekt vor der Autonomie, Nähe und Distanz).
- Es gibt seitens der Seelsorge kein bevorzugtes Gesprächsthema; je nach Situation des Patienten und Vertrautheit in der Beziehung stehen die Lebens-, Krankheits- oder Beziehungsgeschichte und die damit verbundenen Emotionen und Konflikte oder auch ein religiös-spirituelles Thema im Vordergrund.
- Das Gespräch darf auch «scheinbar belanglos» sein.
- Die seelsorglich Handelnden sind in spezifischer Gesprächsführung geschult (z. B. Clinical Pastoral Training) und in der Lage, Gespräche kompetent zu gestalten und zu reflektieren.
- Die seelsorglich Handelnden verfügen über eine umfassende christlich-theologische, philosophische und interreligiöse Ausbildung und können ihre Begleitung mithilfe von Texten, Gebeten, Segensworten oder Ritualen patientengerecht gestalten.

2.3 Aufgaben und Schwerpunkte in der religiös-spirituellen Begleitung

- Da sein, offen sein, aktives Zuhören: Dies erfordert eine bewusste geistige Sammlung und Zentrierung vor und in der Begegnung mit den Patienten und ihren Angehörigen. Im Patientenzimmer setzt sich die Seelsorgerin bewusst auf einen Stuhl und signalisiert Präsenz: «Ich habe Zeit für sie, auch im schnelllebigen Alltag des Akutspitals! Ich höre ihnen gerne zu und suche mit ihnen nach Antworten und Sinndeutung.»
- Zeuge des Erzählens, Trauerns, Haderns, Ringens und Kämpfens sein: Die belastenden Emotionen werden folglich nicht abgeschwächt oder kleingeredet. In der seelsorglichen Begegnung soll der Patient sich als «ganzer Mensch» aufgehoben fühlen. Ziel des Gesprächs ist nicht primär aufzumuntern, sondern empathisch zu hören, da zu sein und auszuhalten (*caring*).

- Mitsein beim Erzählen, Sich-Freuen, Hoffen und Lieben: Dies meint, keine Illusionen zu wecken, aber «das Gute» zu bestärken: Viele Patienten wissen intuitiv genau über ihr Befinden Bescheid. Sie schätzen es, in der für sie verbleibenden Zeit dem Guten in ihrem Leben Raum zu geben. Ein humorvoller Blick und auch der behutsame Umgang mit kleinen, scheinbar belanglosen Dingen werden geschätzt.
- Auf symbolische Kommunikation achten: Vermeintlich nebensächliche Äusserungen und Zeichen können im Zusammenhang der eigenen Biografie höchst bedeutungsvoll sein. Deshalb entwickeln Seelsorgende für die im Gespräch geäusserten «Spuren» der Sinnsuche, Lebensdeutung und -bewältigung Achtsamkeit und Resonanz.
- Situationsgerechte Unterstützung durch Gebet, Zeichen und Rituale anbieten: Um die veränderte Lebenssituation, den Verlust und das Abschiednehmen zu begleiten bzw. schrittweise zu bewältigen, werden gemeinsames Gebet, schlichte Segensfeiern, die Feier der Krankenkommunion (Abendmahlsfeier) und die Krankensalbung, schliesslich auch die Gestaltung einer Abschiedsfeier sowohl von Patienten wie von Angehörigen gerne angenommen. Zeichen sind oft willkommener und aussagekräftiger als Worte.

3 Erfassung der religiös-spirituellen Befindlichkeit und Spiritual Pain

In den meisten Akutspitälern wird im Anamnesegespräch die Religions- oder Konfessionszugehörigkeit des Patienten bzw. der Patientin aufgenommen und gegebenenfalls auch der Name einer religiösen Bezugsperson dokumentiert. Diese Angaben sind bei einer kurzen Hospitalisation in der Regel ausreichend. Allerdings stehen die meisten Mitarbeitenden im Spital der regelmässigen Erfassung (Assessment) religiös-spiritueller Ressourcen und Bedürfnisse wie auch der spirituellen Not und Leiden (Spiritual Pain) schwerkranker, der Palliativpflege überantworteter Patienten ratlos gegenüber. Zudem fehlt ein professionelles Instrument der Erfassung, das der kurzen Verweildauer im Akutspital angepasst ist. Dadurch wird die Frage nach der religiös-spirituellen Dimension oftmals als wenig fassbar, ja, als diffus und abgehoben wahrgenommen und deshalb nicht selten weggelassen. Dies ist deshalb erstaunlich, weil Cicely Saunders[6] schon 1967 die Wichtigkeit der spirituellen Dimension

---

6 Vgl. *Saunders*, Spiritual pain 29–32,

in der Pflege schwerkranker Patienten beschrieben hat, dies mit Blick auf das Faktum des «den ganzen Menschen erfassenden Schmerzes» (Total Pain). Deshalb fordert nicht zuletzt auch die 2002 publizierte WHO-Definition von Palliative Care ausdrücklich die professionelle Erfassung (Assessment) von Spiritual Pain.[7]

Entsprechend der aktuellen schweizerischen «Nationalen Leitlinien Palliative Care» haben Spitalseelsorgende des Kantons Zürich[8] auf Basis einer Praxis-Erhebung ein Assessment-Modell zur Erfassung von Spiritual Pain für das Akutspital entwickelt. Es berücksichtigt die dort gegebenen schnellen Abläufe und die kurze Hospitalisationsdauer, aber auch den Anspruch der Pflegenden, dass ein solches Modell aussagekräftig und zuverlässig, jedoch nicht aufwendig und zeitintensiv sein soll.

Das folgende Assessment-Instrument zur Erfassung von Spiritual Pain im Kontext eines Akutspitals ist als Wahrnehmungsraster gestaltet.[9] Im Zentrum der Erfassung stehen drei Themen: 1. Verlust von Lebenssinn, 2. Verlust von Verwurzelung und Identität, 3. Verlust von Gottesbeziehung und Transzendenzbezug. Diesen drei Kategorien wurden einzelne, in der Regel beobachtbare Phänomene zugeordnet.

Als Erläuterung und zum Zweck besseren Verstehens sind die besagten Kategorien mit möglichen Fragestellungen und Patientenaussagen ergänzt. Sie sollen als Impulse dienen, lassen sich also nicht schematisch auf alle Patientensituationen übertragen. Die Erfassung spiritueller Befindlichkeit ist nämlich komplex, erfordert einen Transfer und sollte daher von erfahrenen Fachpersonen durchgeführt werden. Dieses Assessment wird im Laufe der ersten drei Hospitalisationstage erhoben, der Klinikseelsorge mitgeteilt, danach regelmässig überprüft und dokumentiert. Die hier formulierten – wie auch andere individuelle – Ziele dienen der seelsorgeinternen Planung und Dokumentation.

---

7 Online unter www.who.int/cancer/palliative/definition/en (21.9.2012).
8 Vgl. online unter www.spitalseelsorgezh.ch/palliativseelsorge (21.9.2012).
9 Das Modell ist nicht geeignet als Anamnese beim Spitaleintritt, sondern baut auf diese auf. Als Eintrittsanamnese hingegen eignet sich ein halbstrukturiertes Interview, z.B. in Form des so genannten SPIR-Leitfadens, wie ihn Eckhard Frick entwickelt hat, online unter www.hfph.mwn.de/lehrkoerper/lehrende/frick/interviewleitfaden-spir-herunterladen/view (21.9.2012).

Wahrnehmungsraster zur Erfassung von Spiritual Pain (Assessment-Instrument)

Themenbereiche zu Spiritual Pain werden in den ersten drei Tagen erhoben und danach regelmässig überprüft. Bitte nicht als Checkliste einsetzen!

	Existenzieller Themen-/Lebensbereich 1. Verlust des Lebenssinns	Existenzieller Themen-/Lebensbereich 2. Verlust von Verwurzelung und Identität	Existenzieller Themen-/Lebensbereich 3. Verlust der Gottesbeziehung und Transzendenzbezugs
Beobachtbare Phänomene:	*Die Patientin/der Patient:* ☐ thematisiert die Absurdität des Lebens und der menschlichen Beziehungen. ☐ spricht nicht oder nur als hoffnungslose Option über ihre/seine Zukunft. ☐ lässt Therapieangebote beteiligungslos über sich ergehen. ☐ versucht der Situation zu entfliehen, und setzt nicht zu erfüllende Erwartungen in immer neue Therapien, bricht diese aber nach kurzer Zeit wieder ab. ☐ Anderes	*Die Patientin/der Patient:* ☐ spricht von einer «verpassten Chance/Erfüllung» in unterschiedlichen Lebensbereichen. ☐ spricht abwertend über sich und über ihre/seine Zukunft. ☐ lehnt Besuche und/oder angebotene Beziehungen meistens oder generell ab und zieht sich ganz in sich zurück. ☐ verhält sich unruhig und äussert verbal oder nonverbal Angst. ☐ reagiert mit Aggressionen auf Angebote seiner Umgebung (Angehörige / Mitarbeitende im Spital). ☐ Anderes	*Die Patientin/der Patient:* ☐ spricht von Gott als dem Abwesenden und sagt, dass sie/er sich von Gott verlassen fühle. ☐ äussert vielfältigste Ängste, z.B. den Boden ganz zu verlieren, vor einem unendlichen Abgrund, vor dem Tod. ☐ zieht sich völlig zurück und äussert, wenn überhaupt, Verzweiflung, Hoffnungslosigkeit und Schuld. ☐ Anderes
Ziele	*Die Patientin/der Patient:* ☐ zeigt Bereitschaft, **Fragen nach Lebenssinn, Sinnlosigkeit, Verlust, Trauer** zuzulassen, ☐ darüber zu sprechen, ☐ sich emotional damit zu befassen und ☐ dadurch sein/ihr Leben trotz schwerer Krankheit und eingeschränkter Autonomie als wertvoll und sinnvoll zu erfahren.	*Die Patientin/der Patient:* ☐ zeigt Bereitschaft, **Fragen zum veränderten Selbstbild und zur eingeschränkten Lebensperspektive** zuzulassen, ☐ darüber zu sprechen und ☐ sich emotional damit zu befassen. *Die Patientin/der Patient:* ☐ erfährt dadurch ein Gefühl von «Ganzheit» und kann offene Wünsche/Pläne umsetzen. ☐ kann sich und seine Mitwelt wieder wertschätzen. ☐ entschliesst sich unfertige «Geschichten» zu klären und, wenn möglich, Vergebung anzubieten oder anzunehmen.	*Die Patientin/der Patient:* ☐ zeigt Bereitschaft, **Gott (eine transzendente Dimension)** zuzulassen, ☐ darüber zu sprechen und ☐ sich emotional damit zu befassen. *Die Patientin/der Patient:* ☐ findet Halt und kann trotz Ängsten wieder vertrauen; er/sie erfährt sich teils oder weitgehend getragen. ☐ kann das eigene Sterben bejahen und eine vertrauensvolle Haltung entwickeln. ☐ begrüsst angebotene und eigene Gebete, Meditationen, Rituale.

Fragestellungen und Patientenaussagen in der Begleitung

Fragestellungen und Patientenaussagen dienen der Konkretisierung der existenziellen Themen-/Lebensbereiche

Existenzieller Themen-/Lebensbereich 1. Verlust des Lebenssinns	Existenzieller Themen-/Lebensbereich 2. Verlust von Verwurzelung und Identität	Existenzieller Themen-/Lebensbereich 3. Verlust der Gottesbeziehung und des Transzendenzbezugs
• Welchen Sinn hat mein Leben mit eingeschränkter Autonomie und Abhängigkeit, mit schwer zu ertragenden Symptomen überhaupt noch? • Warum erkranke *gerade ich* an dieser Krankheit? • Warum erkranke ich *gerade jetzt?* • Warum kann ich nicht sterben? Was hat dieses Leiden noch für einen Sinn? • Warum lässt Gott diese Krankheit/dieses Leiden zu?	• Wer bin ich nun – krank, und abhängig? Für wen hat mein Leben noch einen Wert? • Wer erkennt und liebt mich trotz meiner Abhängigkeit, Krankheit und Schwäche? • Was bleibt, wenn ich nicht mehr bin? • Ich fühle mich einsam und isoliert, trotz vielen angebotenen Kontakten und Beziehungen, und verschliesse mich dem Schmerz und der Liebe. • Wo/wie finde ich Linderung meiner Halt- und Ruhelosigkeit? (psychische und spirituelle Heimatlosigkeit) • Ich habe Angst, die Einheit und Verwurzelung in meinem eigenen Sein zu verlieren.	• Was ist, wenn ich sterbe ...? Falle ich ins «Nichts» – oder in Gottes gütige Arme? (Abgrund oder Aufgehobensein)? • Ich habe Angst, den Boden unter meinen Füssen zu verlieren! • Warum kann ich keine Freude mehr empfinden? Jeglicher Sinn für Schönheit und Glück (Kunst, Musik) ist mir abhanden gekommen! • Mein Leben war sinnlos ...! Es gibt nichts mehr, was mich trägt und was einen Wert für mich hat. • Werde ich durch die Krankheit nun bestraft? Wie kann ich diese (...) Schuld wiedergutmachen? • Wo bist du, Gott, jetzt, wo ich dich so dringend brauche? • Ich fühle mich völlig abgeschnitten von der «inneren Verwurzelung» und von Gott. • Bin ich schuld, dass du, Gott, mich verlassen/mir gebrochen hast? • Ich habe meinen ganzen Glauben an Gott verloren und leide darunter. • Die Hoffnung auf ein Leben nach dem Tod war nur Selbstbetrug – jetzt bin ich völlig verlassen!
	«Unfertige Lebensthemen»: Beziehungen: • Warum habe ich mir nicht mehr Zeit genommen für ...? • Nie habe ich/haben wir darüber gesprochen ...! • Hätte ich nur darüber gesprochen/Vergebung angeboten ...! • Wie/wann kann ich es wiedergutmachen? **«Unfertige Lebensthemen»: Biografie:** • So Vieles hätte ich/hätten wir gerne noch erlebt ...! • Hätte ich nur früher ...! • Warum habe ich/haben wir im Leben die falschen Prioritäten gesetzt?	

Erstellt von Lisa Palm, lic. theol., Universitätsspital, ZH.
Seelsorge in Palliative Care. Forum Pastoral, Bd. 5. Edition NZN bei TVZ 2012.

4 Zusammenhang zwischen Spiritual Pain und Total Pain

Die in diesem Wahrnehmungsraster vorgenommene Auswahl und Beschreibung der drei Themenbereiche soll nicht zur Annahme führen, Spiritual Pain sei ein isoliertes Phänomen. Vielmehr muss Spiritual Pain im engen Zusammenhang mit der Erfahrung von Total Pain[10] gesehen und verstanden werden.

4.1 Grundverständnis von Total Pain

Total Pain bezeichnet die schmerzhafte Auseinandersetzung schwerkranker Patienten mit dem Verlust ihrer Lebensfunktionen und Autonomie sowie ihre Konfrontation mit schwer zu lindernden Symptomen. Dazu kommen Veränderungen bezüglich ihrer sozialen Rolle, ausserdem Trauer und Abschiednehmen im Hinblick auf das bevorstehende Lebensende. Der Begriff Total Pain spiegelt demnach die Vernetzung komplexer physischer, psychischer, sozialer wie kultureller Probleme wider. Diese umfassen den Menschen in seiner Ganzheit und verweisen so auf die spirituelle Dimension, selbst wenn sich der betroffene Mensch nicht als religiös bezeichnen würde. In diesem Zusammenhang schreibt Erhard Weiher:

> «Wenn Spiritualität der innerste integrierende und motivierende Geist im Menschen bedeutet, dann reicht jede tiefe Leiderfahrung auch in dieses Zentrum des Menschen hinein.»[11]

> «Wenn Spiritualität die Beziehung ist, durch die sich der Mensch mit dem Geheimnis des Lebens in Verbindung weiß, dann entstehen spirituelle Schmerzen in einem impliziten Sinn überall da, wo sich der Mensch in seiner Verbindung zum Geheimnis des Lebens bedroht oder abgeschnitten sieht.»[12]

4.2 Begegnung mit und Begleitung von Herrn E.

Das folgende Beispiel vermittelt einen Einblick in die Ganzheitlichkeit bzw. Komplexität der Total-Pain-Erfahrung sowie in die Möglichkeit seelsorgerlicher Begleitung als Hilfe zu ihrer Bewältigung.

---

10 Vgl. *BIGORIO 2008*, Empfehlungen zu Palliative Care 2.
11 *Weiher,* Das Geheimnis des Lebens 195.
12 A. a. O. 198

Herr E. ist 69 Jahre alt, ein stattlich wirkender Mann, der bis zu seiner Pensionierung eine Leitungsposition im Bereich Tourismus innehatte und mit der Diagnose «metastasierendes Prostatakarzinom» wiederholt hospitalisiert wurde. Als praktizierender Katholik wünschte er schon bei früheren Spitalaufenthalten die Begleitung der Seelsorge und bat regelmässig um die Feier der Krankenkommunion. Daher konnte ich die Begleitung auf einer bereits bestehenden Vertrauensbasis aufnehmen, wobei die Angehörigen einbezogen waren.

Herr E. begrüsst mich bei meinem ersten Besuch mit meinem Namen und will unbedingt auf dem Bettrand sitzen, obwohl er sehr geschwächt ist. Nach einem kurzen Versuch muss er sich wieder hinlegen. Er beginnt zu erzählen, dass er unter Atemnot und heftigen Schmerzen leide. Bei der Verordnung neuer Schmerzmittel sei es zuhause wiederholt zu massiver Bewusstseinstrübung und Verwirrtheit gekommen. Er betont, dass er sehr darunter leide, dass er nun auch inkontinent sei. Dies sei unwürdig, er schäme sich und leide unter der Angst, in Zukunft die Kontrolle über seinen Körper ganz zu verlieren. So vieles hätte er nach der Pensionierung mit seiner Frau noch unternehmen wollen, nun sei er hilfsbedürftig wie ein kleines Kind, sehe keinen Sinn mehr im Leben und reagiere deshalb oft aggressiv. Zuhause sei es deshalb immer mehr zu Spannungen gekommen. Immer wieder kämpft Herr E. mit den Tränen. Die Abhängigkeit und das veränderte Rollen- und Selbstbild machen ihm nach eigenen Aussagen noch mehr zu schaffen als die körperlichen Beschwerden. Er spricht über den Tod, dass er sich danach sehne, zugleich aber auch Angst davor habe. Im jetzigen Zustand sehe er keinen Sinn mehr, fühle sich verzweifelt und hoffnungslos. Wiederholt fängt er an, hemmungslos zu weinen. In dieser verzweifelten Situation verweile ich still bei ihm.

Anderntags will er nicht sprechen. Erst nach einigen weiteren Besuchen öffnet er sich wieder und wünscht, dass wir über das Ende des Lebens reden. In der darauf folgenden Begegnung spricht er konzentriert und offen über seine Angst vor der Zukunft, seine Sorge um die Familie und seine Vorstellungen bezüglich des Sterbens. Er bittet mich, ihn regelmässig zu besuchen, mit ihm zu beten und kurze Kommunion- und Segensfeiern zu gestalten.

In der beschriebenen Begleitung stand im Vordergrund, dass Herr E. neben schweren und belastenden körperlichen Symptomen vor allem unter der fast vollständigen körperlichen Abhängigkeit, seinem veränderten Selbstbild und der damit verbundenen Vorstellung gesellschaftlicher Bewertung litt. Lange konnte er sich selbst in der Rolle des schwachen, abhängigen, langsam sterbenden Menschen nicht annehmen und reagierte abwechselnd mit Verzweiflung, Aggression und der zeitweiligen Ablehnung sämtlicher Kontakte. Wichtig für die seelsorgerliche Begleitung war das behutsame Abwägen zwischen dem schlichten Dasein bzw. Hören und dem gemeinsamen Suchen nach Antworten bzw. dem Anbieten religiöser Zeichen. So konnte Herr E. trotz fortschreitender Krankheit und Abhängigkeit Spuren eines Lebenssinns (wieder) erkennen und tragende, wertschätzende Beziehungen zu sich und der Mitwelt aufrechterhalten.

5   Abschliessende Überlegungen

Die erste Intention des vorliegenden Beitrages lag darin, Einblick in die behutsame Arbeit von Spitalseelsorgenden im Alltag des Akutspitals zu geben und professionelle Kriterien der religiös-spirituellen Begleitungen darzulegen. Sorgfältig ausgewählte und fundiert aus- wie weitergebildete Theologinnen und Theologen werden auch in Zukunft die wichtigsten Experten in der religiös-spirituellen Begleitung von Patientinnen und Patienten und deren Angehörigen sein. Es ist wichtig, dass deren Arbeit auch in der Gesellschaft transparent ist.

Das zweite Interesse bestand im Erarbeiten und Vorstellen eines Assessment-Instrumentes zur Erfassung von spiritueller Not und Leiden (Spiritual Pain) speziell für den Kontext eines Akutspitals. Damit verbindet sich die Hoffnung, dass dieses Instrument zur professionellen, zugleich behutsamen Einschätzung und Begleitung der oftmals komplexen spirituellen Situation schwerkranker Menschen beiträgt. Menschen sollen sich am Lebensende in ihren existenziellen, spirituellen und religiösen Bedürfnissen und Nöten nicht allein gelassen fühlen, sondern bei ihrer Suche nach Sinn, Lebensdeutung, Lebensvergewisserung und Gottesbeziehung sowie bei der Bewältigung ihrer Krisen kompetente Unterstützung finden.

Hier unbehandelt bleiben weitere wichtige Themen dieses Zusammenhangs, etwa die Erfassung von spirituellen Ressourcen und spirituellem Wohlbefinden, die spezifische Situation von Bewohnern in Langzeitinstitutionen, die häusliche Begleitung schwerkranker Menschen und ihrer Angehörigen sowie die religiös-spirituelle Begleitung von schwerkranken Kindern.

Literatur

Bundesamt für Gesundheit (BAG) / Schweizerische Konferenz der kantonalen Gesundheitsdirektorinnen und -direktoren (GDK): Nationale Strategie Palliative Care 2010–2012, Bern 2010, online unter www.bag.admin.ch/themen/medizin/06082 (3.1.2012).

Bundesamt für Gesundheit (BAG) / Schweizerische Konferenz der kantonalen Gesundheitsdirektorinnen und -direktoren (GDK): Nationale Leitlinien Palliative Care, Bern 2010, online unter www.bag.admin.ch/themen/medizin/06082/10907/10974/index.html? lang=de (3.1.2012).

Frick, Eckhard: SPIR – halb strukturiertes klinisches Interview zur Erhebung einer «spirituellen Anamnese», online unter www.hfph.mwn.de/lehrkoerper/lehrende/frick/interviewleitfaden-spir-herunterladen/view (3.1.2012).

Saunders, Cicely: Spiritual pain, in: Journal of Palliative Care, 1988; 4(3) sept: 29–32.

Schweizerische Gesellschaft für Palliative Medizin, Pflege und Begleitung (palliative ch), BIGORIO 2008: Empfehlungen zu Palliative Care und Spiritualität. Konsens zur «best practice» für Palliative Care in der Schweiz, online unter www.palliative.ch/fileadmin/ user_upload/palliative/fachwelt/E_Standards/E_12_1_bigorio_2008_Spiritualitaet_ de.pdf (30.4.2012).

Weiher, Erhard: Das Geheimnis des Lebens berühren, Spiritualität bei Krankheit, Sterben, Tod. Eine Grammatik für Helfende, Stuttgart 2008.

Weiher, Erhard: Spirituelle Begleitung in der palliativen Betreuung, in: *Knipping, Cornelia (Hg.):* Lehrbuch Palliative Care, Bern ²2007.

World Health Organization: National Cancer Control Programmes. Policies and managerial guidelines, online unter www.who.int/cancer/publications/nccp2002/en/index.html (21.9.2012).

Spiritualität im Kontext moderner Medizin

Simon Peng-Keller

Das Verhältnis zwischen Spiritualität und moderner Medizin[1] ist angespannt und herausfordernd. Im schnellen und technisierten Alltag eines Grossspitals gleichen spirituelle Haltungen und Vollzüge einem Mahnmal der Langsamkeit und des Nicht-Tuns, das je nach Standpunkt irritiert oder als wohltuend empfunden wird. Im Anschluss an eine neue Beschreibung menschlicher Bedürfnisse durch die Weltgesundheitsorganisation (WHO) wurde in den letzten Jahren besonders im Zusammenhang mit Palliative Care betont, dass zur medizinischen Versorgung auch die Berücksichtigung der «spirituellen Dimension» gehöre und dass es neben der medizinischen Versorgung auch einer Spiritual Care bedürfe. Was damit genau bezeichnet wird, ist oft unklar. Ein Medizinstudent antwortete auf die Frage, was er unter Spiritualität verstehe: «Ist das nicht Voodoo oder so?»[2] Dass auch unter besser informierten Zeitgenossen nur wenigen bewusst ist, dass der Begriff der Spiritualität christliche Wurzeln[3] hat, verweist, zumindest aus theologischer Sicht, auf einen bedenklichen kulturellen Gedächtnisschwund.

Der vorliegende Beitrag möchte vor diesem Hintergrund einen Überblick geben über die aktuellen Diskussionen um Spiritualität im Kontext heutiger

---

1 Mit dem Begriff der «modernen Medizin» ist im Folgenden die These verbunden, dass die heutige Medizin im Allgemeinen noch weitgehend den Idealen der klassischen Moderne verpflichtet und auch verhaftet ist. Nach *Weiher*, Geheimnis 38, lebt sie «von dem Glauben, alle Störungen und Begrenzungen des Lebens seien im Prinzip allein mit wissenschaftlichen und technischen Mitteln zu überwinden.»

2 *Weiher*, Geheimnis 21.

3 Genauere Angaben finden sich in: *Peng-Keller*, Spiritualität. Diese Ausweitung des Spiritualitätsbegriffs ist im deutschsprachigen Raum wenige Jahrzehnte alt. Noch 1962 konnte das dtv Brockhaus Lexikon «Spiritualität» folgendermassen umschreiben: «kath. Kirche: die christliche Frömmigkeit, insofern sie als Werk des Geistes Gottes unter Mitwirkung des Menschen verstanden wird; auch personale Aneignung der Heilsbotschaft» (zit. nach *Büssing*, Spiritualität 12).

Medizin. Ich untersuche zunächst, was gegenwärtig unter «Spiritualität» im klinischen Kontext verstanden wird (1) und erkunde das Verhältnis von Spiritual Care und kirchlicher Seelsorge (2). Danach arbeite ich einige Kennzeichen einer kontextsensiblen spirituellen Begleitung von kranken, sterbenden und trauernden Menschen heraus (3). Am Schluss steht eine kurze Überlegung zu einer christlich akzentuierten Spiritual Care (4).

1   Spiritualität und Spiritual Care

Eine hilfreiche Umschreibung für «Spiritualität» im klinischen Kontext legte vor Kurzem der Arbeitskreis *Spirituelle Begleitung* der Deutschen Gesellschaft für Palliativmedizin vor:

> «Unter Spiritualität kann die innere Einstellung, der innere Geist wie auch das persönliche Suchen nach Sinngebung eines Menschen verstanden werden, mit dem er Erfahrungen des Lebens und insbesondere auch existenziellen Bedrohungen zu begegnen versucht.»[4]

Diese Umschreibung ist bewusst offen formuliert. Der «innere Geist» kann als diskreter Hinweis auf Gottes Präsenz im Menschen verstanden werden. Sie kann aber ebenso humanistisch gedeutet werden als das, was den Menschen zuinnerst inspiriert und trägt. Im Kontext moderner Medizin wird meist in solch weitem und unbestimmtem Sinne von Spiritualität gesprochen. In dieser Bedeutung ist Spiritualität ein «Breitbandbegriff» (E. Frick). Eine solche Rede von Spiritualität kann sowohl (in einem positiven Sinne) als offen als auch (im negativen Sinne) als diffus empfunden werden. Unbestimmtheit kann heilsame Unterscheidungen verwischen und Menschen, die in Krankheits- und Krisensituationen um ihr Gleichgewicht ringen, unnötig verunsichern. In der unbestimmten Rede von Spiritualität liegt aber zugleich eine Chance. Angesichts des weltanschaulich-religiösen Pluralismus bedeutet die unbestimmt-offene Rede von Spiritualität der Versuch, dem Anderen und dem Geist, der ihn erfüllt, respektvoll Raum zu geben. Zugleich entspricht sie der heute vielfach zu beobachtenden «Amalgamierung des Religiösen», des Zusammenfliessens verschiedener religiöser und spiritueller Traditionen:

---

4   www.dgpalliativmedizin.de/arbeitskreise/ak-spirituelle-begleitung.html (15.3.2011).

«Diese Vermischung kann gerade im ernsthaften Krankheitsfall deutlicher zutage treten, wenn unabhängig von der Religionszugehörigkeit alle möglichen Heilungswege als Hoffnungsschimmer empfunden werden.»[5]

Nach Traugott Roser kann durch eine weite Fassung des Spiritualitätsbegriffs und die entsprechende Rede von «spirituellen Bedürfnissen» dafür Sorge getragen werden,

«dass auch in der Situation einer lebensbedrohlichen Erkrankung der Patient nicht medikalisiert und nicht der Definitionsmacht medizinischer Diagnostik und Prognostik im totalen System Krankenhaus überlassen wird»[6].

Der Begriff erfüllt insofern eine Platzhalterfunktion. Im Anschluss an die bereits erwähnte Entscheidung der WHO, auch die spirituelle Dimension zu den Grundbedürfnissen zu zählen, denen ein Gesundheitssystem Rechnung zu tragen hat, fordern die 2010 publizierten Leitlinien zur Palliativpflege des Bundesamtes für Gesundheit die Erfassung der «existenziellen, spirituellen und religiösen Bedürfnisse der Beteiligten»[7]. Auch in diesem offenen Sinne ist Spiritualität ein werthaltiger Begriff. Die Menschen, die ihn für sich gebrauchen, bringen damit zum Ausdruck, «was sie inspiriert und auf welchen Horizont sie sich beziehen». Er antwortet auf die Frage: «Wo brennt dein Herz?»[8]

Hilfreiche Instrumente für diese Aufgabe stehen bereits seit einiger Zeit zur Verfügung. Um den hochgradig individualisierten spirituellen Bedürfnissen von Patientinnen und Patienten angemessen entsprechen zu können, wurden in den letzten Jahren verschiedene Modelle einer spirituellen Anamnese entwickelt. Im Anschluss an Christine Puchalski[9] entwarf der in München lehrende Arzt und Jesuit Eckhard Frick eine Modellvorgabe für eine solche spirituelle Anamnese. Sie läuft unter der einprägsamen und sinnreichen Abkürzung SPIR

---

5   *Müller*, Spiritualität 203.

6   *Roser*, Spiritual Care 252.

7   *BAG/GDK*, Leitlinien 14.

8   *Weiher*, Mehr als Begleiten 83.87.

9   *Puchalski*, Spirituality 292 f. Vgl. online unter www.gwumc.edu/gwish/clinical/fica. cfm (16.4.2011); *Puchalski u. a.*, Improving 893. Puchalskis Modell läuft unter der Abkürzung FICA und erfragt die spirituellen Überzeugungen (**F**aith, belief, meaning), deren Lebensrelevanz (**I**mportance/**I**nfluence) und die Zugehörigkeit zu religiösen und spirituellen Gemeinschaften (**C**ommunity). Schliesslich wird auch danach gefragt, wie die zuständigen Ärzte, Pflegenden und Seelsorgenden mit den spirituellen Bedürfnissen umgehen sollen (**A**ction in Care).

und fragt nach der spirituellen Überzeugung, dem Platz und Einfluss dieser Überzeugungen im Leben der Patienten, nach der Integration in eine religiöse oder spirituelle Gemeinschaft und der Rolle der professionellen Helfer.[10]

Eine kompetent durchgeführte spirituelle Anamnese trägt dazu bei, dass die professionellen Helfer in bewusster Weise auf die spirituellen Bedürfnisse ihrer Patientinnen und Patienten eingehen können. Zudem gibt sie den Betroffenen die Gelegenheit, sich zu artikulieren und sich so besser zu verstehen. Im Erzählen ihrer religiösen und spirituellen Überzeugungen und Wünsche können sie sich selbst Klarheit darüber verschaffen, welche Bedeutung sie – in der aktuellen Situation – der spirituellen Dimension einräumen möchten. Bisherige Studien zeigen auch, dass eine spirituelle Anamnese das Arzt-Patient-Vertrauen deutlich erhöht.[11]

Neben einer spirituellen Anamnese im umfassenderen Sinne empfiehlt ein 2009 in den USA veröffentlichter Bericht zur Spiritual Care ein einfaches spirituelles Screening, das ohne grossen Zeitaufwand von Ärzten und Pflegenden durchgeführt werden kann.[12] Da auch ein solches Screening erlernt werden muss, zieht die Forderung nach angemessenen Formen der Spiritual Care einen Ausbildungsbedarf nach sich, der im Schweizerischen Kontext bisher noch kaum wahrgenommen wird. Der in Klagenfurt tätige Theologe Stefan Dinges schreibt aus österreichischer Perspektive:

«Der Bedarf expliziter, organisational verankerter Spiritualität ist so groß, dass die Seelsorge allein ihn nicht abdecken wird. So ist es notwendig, Menschen aus anderen Berufen nachhaltig an der Umsetzung und Gestaltung von Spiritualität im Krankenhaus zu beteiligen.»[13]

Was eine solche Spiritual Care alles umfassen soll und wer für sie im Einzelnen zuständig ist, ist gegenwärtig noch ungeklärt. Die Standardmedizin und -pflege und die entsprechenden Ausbildungsgänge beschränken sich nach wie vor weitgehend auf die kurative Seite. Die palliative Dimension, die nicht erst im Sterbeprozess bedeutsam wird, findet bisher zu wenig Beachtung. So wird beispielsweise kaum vermittelt, wie die Trauerprozesse unterstützt werden können, die bei schweren Krankheiten und beim Sterben auftreten: «Weil Trauer keine Krankheit ist, gilt auch niemand dafür als zuständig.»[14]

---

10 *Frick*, Spiritual Care 235.
11 Vgl. *Puchalski*, Spirituality; *Koenig*, Spirituality; *Büssing*, Befragungsergebnisse 82.
12 *Puchalski*, Improving 891 ff.
13 *Dinges*, Herausforderung 161.
14 *Weiher*, Geheimnis 250.

2 Spiritual Care und kirchliche Seelsorge

Eine Seelsorge, die sich als christlich versteht, sieht sich heute mit der komplexen Herausforderung konfrontiert, dem Spiritualitätsbedarf moderner Medizin, der sich im Begriff der Spiritual Care herauskristallisiert hat, in profilierter Weise entgegenzukommen. Neben ihrer primären Aufgabe, die Angehörigen ihrer Glaubensgemeinschaft in Krankheit, Sterben und Trauer zu begleiten, wachsen ihr auch Begleitungsaufgaben gegenüber Menschen zu, die anderen religiösen Kulturen angehören oder die sich zwar nicht als religiös, aber als spirituell bezeichnen.[15] Im Laufe der religiös-spirituellen «Amalgamierung» – auch innerhalb der Kirchen – sind solche Unterscheidungen ohnehin fliessend geworden. Die klassische kirchliche Seelsorge wird dabei mit ähnlichen Alternativen konfrontiert wie die Schulmedizin in ihrem Bereich. Im Spannungsfeld zwischen einer naturwissenschaftlich geprägten Medizin, den weitgespannten spirituellen Bedürfnissen und Vorstellungen ihrer Patientinnen und Patienten und dem Wunsch, das eigene christliche Profil nicht zu verlieren, steht die klinische Seelsorge gegenwärtig vor schwierigen Balanceakten.

Um nur ein Beispiel zu nennen: Muss ich als Seelsorger den Reinkarnationsglauben teilen, um einen Menschen in Todesnähe, der davon überzeugt ist, gut begleiten zu können? Nicht unbedingt, meine ich. Ich erinnere mich an eine als verschlossen geltende Patientin, die gehört hatte, dass ich mich in besonderer Weise für Mystik interessiere. Das war für sie Ermutigung genug, um sich mir im Gespräch zu öffnen. Die «Mystik», für die *sie* sich interessierte, lag weit von meinem eigenen Interesse entfernt. Doch war eine Gesprächsbrücke geschaffen, über deren Tragfähigkeit ich erstaunt war. Nach Erhard Weiher ist es

> «in einer Zeit der Multikulturalität [...] eminent wichtig, Menschen so zu begleiten, dass sie im Geist ihrer Kultur und ihrer Religion sterben und trauern können. Nur dann wird ihr Sterben ‹gut›, nur dann hat der Tod einen ‹Sinn›, wenn sie ihn im Deutungsrahmen ihrer Weltanschauung vollziehen und von einem höchsten Prinzip her gesegnet wissen.»[16]

Wenn die vielfältigen Formen von Spiritualitäten «Inseln und Inselchen in einem Meer deutungsbedürftigen Lebens» gleichen, so muss eine Seelsorge,

---

15 Vgl. *Büssing*, Befragungsergebnisse.
16 *Weiher*, Geheimnis 306.

die in diesem Meer kundig navigieren möchte, danach fragen, wie sie «an diesen Inseln anlanden kann».[17]

Dass kirchliche Seelsorgerinnen und Seelsorger kompetent und beauftragt sein sollen zu konfessions-, religions- und spiritualitätsübergreifender Begleitung, kann natürlich bestritten werden. Es versteht sich von selbst, dass ein Angebot zu einer solchen Begleitung wirklich als Angebot erkennbar sein muss, das man ohne Folgen ablehnen kann. Eine spiritualitäts- und religionsübergreifende Seelsorge ist möglich, weil spirituelle Reifungsprozesse in mancherlei Hinsicht nicht an bestimmte religiöse Zugehörigkeiten gebunden sind. Der Arzt und Theologe Walter Schaupp führt eine lange Liste von Themen an, die man in einem übergreifenden Sinne als spirituelle Aufgaben bezeichnen könnte:

«Eigene Lebenswünsche loslassen können; Unfertiges annehmen können; klarer sehen, was im Leben das Entscheidende gewesen ist; sich mit dem eigenen Leben und mit Lebensschuld versöhnen; auch und gerade in der Gebrochenheit der Krankheit einen inneren Halt finden; das eigene Gottesbild klären; das eigene Leben in die Hände einer unbegreiflichen göttlichen Macht und eines liebenden Gottes legen können.»[18]

Spirituell erfahrene und gut ausgebildete Seelsorgerinnen und Seelsorger können Menschen bei solchen Aufgaben, vor die sie durch die Konfrontation mit Krankheit und Tod gestellt werden, auch dann kompetent begleiten, wenn diese nicht zu ihrer religiösen Gemeinschaft gehören oder sich nicht als religiös oder spirituell bezeichnen.

Aus der Perspektive der Seelsorgenden und der kirchlichen Entscheidungsträger ist dabei ein Doppeltes zu bedenken. Zum einen gehört ein qualifiziertes Angebot an spiritueller Begleitung, das auch nicht kirchlich gebundenen Menschen offen steht, zur diakonischen Aufgabe der Kirchen heute. Christliche Seelsorgerinnen und Seelsorger sind, wo immer sie tätig sind, von ihrem christlichen Selbstverständnis – nach dem Mass ihrer Möglichkeiten – zu solcher Diakonie verpflichtet. Sie begleiten «Menschen an der Ohnmachtsgrenze»[19]. Ohne dass ein solches Angebot instrumentalisiert werden darf, ist zum anderen zu bedenken, ob die Kirchen sich nicht aktiver in der Ausgestaltung einer zukunftsfähigen Spiritual Care beteiligen sollten. Sie könnte, statt ihren rückläufigen Einfluss zu beklagen, auf ihre Weise dazu beitragen, dass diese, von der

---

17 *Weiher*, Mehr als Begleiten 81.
18 *Schaupp*, Spirituelle Dimensionen 166.
19 *Schneider-Harpprecht*, Ressourcen 208.

gegenwärtigen Medizin in der Schweiz vernachlässigte Aufgabe, mit mehr Entschiedenheit angegangen würde. Der Spitalseelsorge könnte dabei zunehmend die «Rolle des Katalysators» zukommen, die «Spiritualität anfragbar und besprechbar und damit auch argumentierbar» macht.[20]

3 Spirituelle Begleitung bei Krankheit, Sterben und Tod

Die vom Bundesamt für Gesundheit 2010 veröffentlichten «Nationalen Leitlinien» für die Palliativpflege fordern, dass Menschen in ihrer letzten Lebensphase «in ihren existenziellen, spirituellen und religiösen Bedürfnissen auf der Suche nach Lebenssinn, Lebensdeutung und Lebensvergewisserung sowie bei der Krisenbewältigung» zu begleiten seien. Dabei soll auf die «Biografie und das persönliche Werte- und Glaubenssystem» Bezug genommen werden. Zudem sollen «Interventionen und der Zugang zu adäquaten Angeboten im Bereich der spirituellen Begleitung»[21] regelmässig im Betreuungsteam thematisiert und eine Kontinuität in der Begleitung gewährleistet werden.

Spirituelle Begleitung, die sich – in diesem weiten Sinne – nicht auf die Palliativpflege beschränkt, kann *auch* von kirchlich beauftragten Seelsorgerinnen und Seelsorgern wahrgenommen werden, doch ebenso von anderen Berufsgruppen, von freiwilligen Helferinnen und Helfern und Angehörigen.[22] Je nach fachlicher Kompetenz und Zuständigkeit wird sie ein anderes, rollenspezifisches Gesicht bekommen und von der konkreten Spiritualität der Begleitperson geprägt sein. In unterschiedlicher Weise verbinden sich dabei aktive Vollzüge (unterstützende Handlungen, Rituale etc.) mit der Bereitschaft, Not und Leiden wahrzunehmen und auszuhalten.[23]

In einem multikulturellen Kontext hat sich eine solche spirituelle Begleitung zu orientieren an der Spiritualität des leidenden Menschen, der in seiner Krankheit oder seinem Sterben unterstützt werden soll. Dass eine solche Begleitung von einem weiteren Umfeld mitgetragen wird, hat Tradition. Die Ordensfrauen und Diakonissen, die die Krankenpflege in der Schweiz bis vor wenigen Jahrzehnten massgeblich prägten, verstanden ihre Aufgabe meist als

---

20 *Dinges*, Herausforderung 162. Kritisch gegenüber einer Integration der Seelsorge in ein ganzheitliches Behandlungskonzept äussert sich *Karle*, Perspektiven.

21 *BAG/GDK*, Leitlinien 14.

22 Dass dies keine neue Idee ist, zeigt die spätmittelalterliche, volkssprachliche ars-moriendi-Literatur, die sich auch an Laien richtete. Vgl. *Illhardt*, Ars moriendi 173.

23 Vgl. *Waaijman*, Spirituality.

geistliche Berufung und hatten keine Scheu, am Krankenbett zu beten und ihren Patientinnen und Patienten religiösen Trost zuzusprechen.

Es braucht gewisse Rahmenvoraussetzungen, damit die heutige Medizin ihrer Aufgabe nachkommen kann, kranken und sterbenden Menschen eine spirituelle Begleitung zu ermöglichen. Es stellt sich insbesondere die Frage, wie dafür gesorgt werden kann, dass auch bei einem drohenden Lebensende nicht nur «im beschleunigten Krisenmodus gearbeitet [wird], sondern durch Entschleunigung für die Möglichkeit des Abschiedes gesorgt werden»[24] kann. Zu den Rahmenbedingungen, die die spirituelle Begleitung fördern oder behindern, gehört auch das Selbstverständnis der jeweiligen medizinischen Institution und der beteiligten Berufsstände sowie deren Bereitschaft zur Zusammenarbeit. Aufgrund eines Forschungsprojektes, in dem er über 230 Stationsleitungen in Schweizer Kliniken befragte, kommt Urs Winter-Pfändler zum Schluss, dass «Pflegende [...] mehrheitlich ein eher umfassendes Pflegeverständnis [...] haben, welches auch spirituelle/religiöse Aspekte einschließt»[25]. Das zeigt sich nicht allein in ihrer Bereitschaft, in bestimmten Situationen Seelsorgerinnen und Seelsorger beizuziehen, sondern ebenso dann, wenn sie selbst die Aufgabe übernehmen, Patientinnen und Patienten durch kritische Situationen zu begleiten. So können Hebammen bei Fehlgeburten zu Trauerbegleiterinnen werden. Ich bin davon beeindruckt, mit welcher Ruhe und Selbstverständlichkeit erfahrene Pflegefachfrauen mit Sterbenden und ihren trauernden Angehörigen umzugehen wissen. Auch wenn sie selbst diesen Begriff für sich meist nicht in Anspruch nehmen, praktizieren sie durch ihr achtsames und beruhigendes Mitgehen Spiritual Care.

4   Achtsamkeit und Sinn für das Geschenkhafte

Oft dürfte es sich dabei auf Seiten der Pflegenden oder Ärzte um eine *implizite* Spiritualität handeln. Wie Umfragen zeigen, sind jedoch Ansätze zu einer spirituellen Praxis – Meditation, Gebet, Rituale, ganzheitliche Lebensgestaltung usw. – häufiger, als man es in einer säkular geprägten Gesellschaft erwarten würde.[26] In der Kunst der Achtsamkeit, die der Einübung bedarf, um sich in

---

24 *Dinges*, Herausforderung 162.
25 *Winter-Pfändler*, Vernetzung 18.
26 Vgl. *Knoblauch*, Populäre Religion 152 ff.

Stresssituationen zu bewähren, haben diese unterschiedlichen spirituellen Übungswege einen gemeinsamen Nenner. Vielen, die heute im medizinischen Kontext tätig sind, mag Tai Chi oder die buddhistisch inspirierte und medizinisch erprobte *Mindfulness-Based Stress Reduction* einen einfacheren Zugang zu einer spirituellen Haltung der Achtsamkeit ermöglichen, als klassische Formen christlicher Meditation und Kontemplation, die solche Achtsamkeit ebenfalls kultivieren. Der Geist des methodisch orientierten Übens, der viele Formen des Buddhismus kennzeichnet, entspricht jedenfalls dem heutigen Bedürfnis nach klarer Anleitung.

Auch die christliche Tradition kennt bewährte Übungswege und ein Methodenbewusstsein. Doch legt sie den Akzent weniger auf die methodische Einübung des eigenen Geistes. Sie betont insgesamt stärker das Vertrauen und den Sinn fürs Geschenkhafte als spirituelle Grundhaltungen. Beides lässt sich nicht aktiv herbeiführen, sondern nur indirekt erschliessen. Sich dem Leben anzuvertrauen, das uns durch Krisen, Krankheit und Tod hindurch gegeben ist, wird uns nicht schon dadurch möglich, dass uns Menschen zum Loslassen ermutigen.[27] Es kann uns jedoch durch die Art und Weise zugänglich werden, wie sie leben und arbeiten. Spirituell zu leben und zu arbeiten bedeutet in diesem Sinne, sich dem ebenso verlässlichen wie unverfügbaren Geist Gottes anzuvertrauen, sich von ihm bewegen und inspirieren zu lassen. Die europäische Spital- und Hospizkultur verdankt sich, geschichtlich gesehen, in hohem Masse diesem Geist, der das verletzte und gebrechliche Leben heilsam umfängt und Menschen zu tätigem Mitgefühl bewegt. In dieser Inspiration, ohne die es kein Spitalwesen in der uns heute vertrauten Form gäbe, dürfte auch der spezifisch christlich-spirituelle Beitrag für die heute anstehende Aufgabe liegen, eine angemessene Form von Spiritual Care in den öffentlichen medizinischen Institutionen der Schweiz zu verankern.

---

27 *Weiher*, Geheimnis 253 f., warnt davor, im Rahmen von Spiritual Care vorschnell und zu leichtfertig vom Loslassen zu sprechen. Abschied ist nur auf der Basis des angeeigneten Lebens möglich, Loslassen nur aufgrund von erfahrener Verlässlichkeit: «Der Sterbende muss in der Kraft seines Selbst ‹gehen› dürfen. Er muss sich mit seinem Selbst dem Geheimnis anvertrauen und dieses ‹sich› und ‹selbst› gerade nicht loslassen.» Durch Artikulation von Werten und Erfahrungen wird «die Welt, von der sich der Sterbende verabschieden muss, belebt [...] Dann wird die Angst geringer, ins Leere und Bodenlose zu stürzen.»

Literatur

Bundesamt für Gesundheit (BAG) / Schweizerische Konferenz der kantonalen Gesundheitsdirektorinnen und -direktoren (GDK): Nationale Leitlinien Palliative Care, Bern 2010.

Büssing, Arndt: «Spiritualität» – Worüber reden wir?, in: *ders. u. a. (Hg.):* Spiritualität, Krankheit und Heilung – Bedeutung und Ausdrucksformen der Spiritualität in der Medizin, Frankfurt a. M. 2006, 11–25.

Büssing, Arndt: Befragungsergebnisse zu spirituellen/religiösen Einstellungen, Bedürfnissen und Ausübungsformen von Patienten, in: *ders. u. a. (Hg.):* Spiritualität, Krankheit und Heilung – Bedeutung und Ausdrucksformen der Spiritualität in der Medizin, Frankfurt a. M. 2006, 69–84.

Dinges, Stefan: Von der Herausforderung, Spiritualität im Krankenhaus zu verorten, in: *Körtner, Ulrich H. u. a. (Hg.):* Spiritualität, Religion und Kultur am Krankenbett, Wien 2009, 153–164.

Frick, Eckhard: Spiritual Care – nur ein neues Wort?, in: Lebendige Seelsorge 60 (2009) 233–236.

Illhardt, Franz Josef: Ars moriendi – aktuelle Wiederentdeckung, in: *Wittwer, Héctor u. a. (Hg.):* Sterben und Tod. Ein interdisziplinäres Handbuch, Stuttgart 2010, 170–174.

Karle, Isolde: Perspektiven der Krankenhausseelsorge. Eine Auseinandersetzung mit dem Konzept des Spiritual Care, in: Wege zum Menschen 62 (2010) 537–555.

Knoblauch, Hubert: Populäre Religion. Auf dem Weg in eine spirituelle Gesellschaft, Frankfurt a. M. 2009.

Koenig, Harold G.: Integrating Spirituality into Medical Practice. A New Era in Medicine, in: *Büssing, Arndt u. a. (Hg.):* Spiritualität, Krankheit und Heilung – Bedeutung und Ausdrucksformen der Spiritualität in der Medizin, Frankfurt a. M. 2006, 232–241.

Müller, Sigrid: Spiritualität am Krankenbett – Motivation, Grundlage, Kriterien und Ziel aus einer christlichen Perspektive, in: *Körtner, Ulrich H. u. a. (Hg.):* Spiritualität, Religion und Kultur am Krankenbett, Wien 2009, 200–209.

Peng-Keller, Simon: Einführung in die Theologie der Spiritualität, Darmstadt 2010.

Puchalski, Christina: Spirituality and End-of-Life Care. A Time for Listening and Caring, in: Journal of Palliative Medicine 5 (2002) 289–294.

Puchalski, Christina u. a. (Hg.): Improving the Quality of Spiritual Care as a Dimension of Palliative Care, in: Journal of Palliative Medicine 12 (2009) 885–904.

Roser, Traugott: Spiritual Care. Ethische, organisationale und spirituelle Aspekte der Krankenhausseelsorge, Stuttgart 2007.

Schaupp, Walter: Spirituelle Dimension des Krankseins. Der christliche Patient, in: *Körtner, Ulrich H. u. a. (Hg.):* Spiritualität, Religion und Kultur am Krankenbett, Wien 2009, 165–175.

Schneider-Harpprecht, Christoph: Ressourcen und Entwicklungsmöglichkeiten im Berufsfeld der Krankenhausseelsorge, in: *ders. (Hg.):* Zukunftsperspektiven für Seelsorge und Beratung, Neukirchen-Vluyn 2000, 201–213.

Weiher, Erhard: Mehr als Begleiten. Ein neues Profil für die Seelsorge im Raum von Medizin und Pflege, Mainz 1999.

Weiher, Erhard: Das Geheimnis des Lebens berühren. Spiritualität bei Krankheit, Sterben, Tod. Eine Grammatik für Helfende, Stuttgart [2]2009.

Waaijman, Kees: Spirituality in Care in the Interaction between the Provider and Seeker of Care, in: *Bouwer, Johann (Hg.):* Spirituality and Meaning in Health Care. A Dutch Contribution to an Ongoing Discussion, Löwen 2008, 11–28.

Winter-Pfändler, Urs: Vernetzung als Schlüssel zu einer guten Zusammenarbeit, in: Krankenpflege 3/2011, 18–21.

Die Spital- und Klinikseelsorge als Gesprächsseelsorge in einer religionspluralen Gesellschaft

Manfred Belok

In der Spital- und Klinikseelsorge wird vor allem die Gesprächsseelsorge, in Anwendung der von Carl R. Rogers begründeten klientenzentrierten Gesprächspsychotherapie und seiner Basisvariablen Empathie, Wertschätzung und Kongruenz favorisiert. Beide, die Spital- und Klinikseelsorge wie die klientenzentrierte Gesprächspsychotherapie, verbindet die Sorge um den kranken und leidenden Menschen. In der jeweiligen Sicht vom Menschen gibt es Gemeinsames, Unterscheidendes, aber auch Trennendes wahrzunehmen. Dies zu benennen, schärft das Seelsorge-Profil und kommt der interprofessionellen Zusammenarbeit von Seelsorge und Psychotherapie zugute. Zudem muss die Spital- und Klinikseelsorge, die sich in der Begegnung mit Menschen explizit von einem christlichen Menschenbild leiten lässt, dem Rechnung tragen, dass sich der gesellschaftliche Kontext, in dem sie agiert, verändert hat, von einem einst überwiegend christlich geprägten in einen einerseits weitgehend säkularen und andererseits zunehmend multireligiösen bzw. religionspluralen. Dies spiegelt sich auch in den Patientinnen und Patienten eines Spital- und Klinikaufenthaltes heute unübersehbar wider. Es ist daher zu fragen: (1) Wie sieht der Grundauftrag und die theologische Grundausrichtung der Spital- und Klinikseelsorge aus? (2) Wie realisiert sich diese in einer zunehmend religionspluralen Gesellschaft wie der Schweiz? Und worin (3) zeigt sich das Gemeinsame, das Unterscheidende, aber auch das Trennende im Ansatz einer theologischen Anthropologie im Vergleich zum Ansatz der Anthropologie von Carl R. Rogers?

1 Der Grundauftrag und die theologische Grundausrichtung der Spital- und Klinikseelsorge

1.1 Lebenshilfe durch Glaubenshilfe

Das Krankenhaus ist ein Ort, in dem sich menschliche Krisen und Konflikte konzentrieren und zuspitzen. In diesen Krisen brechen seelische und geistliche Nöte auf und werden offen sichtbar. Der Grundauftrag der Spital- und Klinikseelsorge als einem Spezialbereich der «Seelsorge in Lebenskrisen»[1] ist die seelsorgliche Begleitung von kranken, schwerstkranken und sterbenden Menschen und setzt bei den Seelsorgerinnen und Seelsorgern eine hohe psychische Belastbarkeit und Kommunikationskompetenz voraus sowie die Fähigkeit, sich auf die je individuelle Situation der Einzelperson menschlich und geistlich einlassen zu können. Die Spital- und Klinikseelsorgenden wissen sich in ihrem Tun sowohl dem Bedürfnis der Menschen als auch dem Auftrag des Evangeliums verpflichtet,[2] d. h.: Sie möchten den Menschen beistehen und ihnen helfen, ihre persönliche Krankheitssituation zu deuten[3] und zu bewältigen. Und sie möchten durch ihre Präsenz bezeugen, dass Gott den Menschen auch und gerade in Krankheit, Leiden, Sterben und Tod nahe ist und sich ihnen zuwendet. Dies soll durch Krankenbesuch, Gespräch, Gebet, Kommunionfeiern und Gottesdienste zum Ausdruck kommen, wobei sie darauf achten, was in der konkreten Situation jeweils angemessen erscheint oder von der Patientin bzw. vom Patienten ausdrücklich gewünscht wird.

Christliche Seelsorge will «Lebenshilfe durch Glaubenshilfe» sein, und ihr Proprium zeigt sich, so Ulrich Eibach, Ethiker und Krankenhausseelsorger am Universitätsklinikum Bonn,

> «daran, was sie angesichts der Unheilbarkeit und des Todes zu sagen hat, vor allem daran, dass sie zu einem Glauben hinführt, der sich gerade in der Situation der Unheilbarkeit als tragende Kraft erweist, auch mit einer unheilbaren Krankheit zu leben. Das besagt nicht, dass Seelsorger in ihrer Tätigkeit nicht die heilenden Kräfte im Menschen und die Hoffnung bestärken sollen. Sie sollen im Krankenhaus nicht Anwälte des Todes sein, sondern vielmehr Anwälte des Lebens. Aber nicht primär eines Lebens, das letztlich immer vom Tod besiegt wird, sondern eines Lebens aus Gott, das der Tod nicht besiegen kann und das das Innere der Menschen

---

1 Vgl. *Belok/Kropač*, Lebenskrisen.
2 Vgl. *Famos*, Kirche.
3 Vgl. *Thomas/Karle*, Krankheitsdeutung.

so heilt, dass er gegen die Krankheit mit medizinischen und geistlichen Mitteln kämpfen, sie aber auch annehmen und tragen kann. Dieser Glaube hat für den ‹inneren› Menschen wahrhaft heilende Kraft, die ihn davor bewahrt, dass er in Krankheit und Sterben, in Schwermut und dem Gefühl der Verlassenheit von Gott und Menschen versinkt, in Angst, Verzweiflung und Ohnmacht umkommt und sich verzweifelt an Mittel der Medizin, der Alternativmedizin und der ‹Pseudomedizin› klammert. Denn Verzweiflung und abgründige Angst sind die eigentliche Krankheit zum Tode, der ‹Stachel› und Sieg des Todes über das Leben. Insofern ist auch der Glaube ein Widerstand gegen die Krankheit, aber kein verzweifelter und ohnmächtiger Widerstand, kein Überspielen der Ohnmacht mit illusionärer Macht, sondern ein Widerstand, der aus dem ‹ewigen Leben› geboren wird und der eben deshalb auch dazu befähigt, die innere Tödlichkeit der Unheilbarkeit zu besiegen und den Tod auch anzunehmen und nicht in der Angst vor dem Tod zu versinken.»[4]

Glaubenshilfe erweist und bewährt sich somit als Hilfe zum Leben *und* zum Sterben als Teil des Lebens.

Die Spital- und Klinikseelsorgenden wissen sich in ihrem Dienst in erster Linie den Patientinnen und Patienten und ihren Angehörigen wie auch dem medizinischen und dem Pflegefachpersonal der jeweiligen Station verpflichtet. Als Seelsorgerinnen und Seelsorger, die in einem institutionellen Kontext ihre Arbeit im Auftrag ihrer jeweiligen Kirche tun – sei es als Angestellte der Kirche oder als Angestellte der jeweiligen Klinik – müssen sie sich auch inhaltlich und strukturell im System Krankenhaus positionieren. Sie müssen erkennbar und unterscheidbar zugleich sein, um von den anderen Akteuren im gleichen Handlungsfeld in ihrer Profession als spirituell-religiöse Dienstleister in einem weithin säkularisierten Umfeld als der medizinischen und pflegerischen Kunst gleichwertig und gleichwichtig akzeptiert zu werden. Wo dies geschieht, werden sie in der Sorge um den einen kranken, leidenden und sterbenden Menschen als natürliche Kooperationspartner erachtet und hinzugezogen. So wird die Spital- und Klinikseelsorge im Kontext der sich verschärfenden Ökonomisierung im Gesundheitswesen auch in der gesellschaftlichen Wahrnehmung als wirklich unverzichtbarer Beitrag einer Hilfe in existenzieller Not angesehen und somit letztlich auch gesundheits- wie finanzpolitisch als unterstützenswert eingestuft werden. Eine qualifizierte Begründung von Spital- und Klinikseelsorge, die Frage nach ihrem spezifischen Beitrag zum Dienst am kranken und sterbenden Menschen und die

---

4 *Eibach*, Krankenhausseelsorge 11.

Frage nach ihrer Wirksamkeit, sowie ihre permanente Qualitätssicherung[5] ist daher unerlässlich und eine dauernde Aufgabe der «Seelsorge im Wirtschaftsunternehmen Krankenhaus»[6].

1.2 Patientinnen und Patienten und ihre Angehörigen in Krankheit, Leiden, Sterben und Tod spirituell begleiten

Ziel der Seelsorge ist – auch heute, in einer Zeit, in der die Kirchen die Deutehoheit über existenzielle Fragen längst verloren haben und in der sie nur noch *ein* Anbieter unter vielen auf dem Markt der Sinnangebote sind – Menschen, auf die sie trifft oder die sich von sich aus an sie wenden, in ihrer «Freude und Hoffnung, Trauer und Angst», wie es in den Anfangsworten der Pastoralkonstitution des Zweiten Vatikanischen Konzils, *Gaudium et spes* (7.12.1965), heisst,[7] vorbehaltlos anzunehmen und sie spirituell zu begleiten und zu unterstützen.

Das Bundesamt für Gesundheit (BAG) spricht in seinen im Oktober 2010 veröffentlichten Nationalen Leitlinien für Palliative Care ausdrücklich auch die spirituelle Begleitung an:

«Die spirituelle Begleitung leistet einen Beitrag zur Förderung der subjektiven Lebensqualität und zur Wahrung der Personenwürde angesichts von Krankheit, Leiden und Tod. Dazu begleitet sie die Menschen in ihren existenziellen, spirituellen und religiösen Bedürfnissen auf der Suche nach Lebenssinn, Lebensdeutung und Lebensvergewisserung sowie bei der Krisenbewältigung. Sie tut dies in einer Art, die auf die Biografie und das persönliche Werte- und Glaubenssystem Bezug nimmt. Dies setzt voraus, dass die existenziellen, spirituellen und religiösen Bedürfnisse der Beteiligten erfasst werden. Interventionen und der Zugang zu adäquaten Angeboten im Bereich der spirituellen Begleitung sind in regelmässigen Abständen im interprofessionellen Team zu thematisieren und die Kontinuität der Begleitung ist zu gewährleisten.»[8]

Um zu ermitteln, was die religiös-spirituellen Bedürfnisse sowie existenziellen Überzeugungen der Patientinnen und Patienten im Krankenhaus sind, wurden Instrumente der spirituellen Anamnese entwickelt (*spiritual assessment*),

---

5   Vgl. *Albisser*, Qualitätssicherung.
6   Vgl. *Haart*, Seelsorge.
7   Vgl. *Belok*, Pastoralkonstitution 137–178.
8   *BAG/GDK*, Leitlinien 14.

mit deren Hilfe kognitive wie emotionale Aspekte erfasst werden können.[9] Hierzu gehören Fragen, was einer Patientin und einem Patienten Sinn im Leben gibt. Aber auch Fragen nach den Gefühlen «der Hoffnung, des inneren Friedens, der Liebe, der Verbundenheit sowie des Trostes im Zusammenhang mit dem Bezugs- und Beziehungssystem des Patienten können näher beleuchtet werden. Schliesslich kann es helfen, zu erfahren, wie das Individuum seine religiös-spirituellen Überzeugungen lebt.»[10] Nach Urs Winter-Pfändler, Theologe und Psychologe, der sich mit Fragen der Qualitätsentwicklung der Spitalseelsorge, der Rolle der Religiosität bei der Bewältigung kritischer Lebensereignisse sowie der Verlustforschung befasst, könnte eine Arbeitsdefinition für die spirituelle Begleitung folgendermassen aussehen:

> «Spirituelle Begleitung ist eine Form der subjektzentrierten seelsorglichen Begleitung. Sie leistet einen Beitrag zur Förderung der subjektiven Lebensqualität und zur Wahrung der Personenwürde angesichts von Krankheit, Leiden und Tod. Dazu begleitet sie Menschen mit existenziellen, spirituellen und religiösen Bedürfnissen auf der Suche nach Lebenssinn, Lebensdeutung und -vergewisserung sowie bei der Krisenbewältigung. Sie tut dies […] bezogen auf die Biographie und das persönliche Werte- und Glaubenssystem. Das Angebot steht sowohl Patienten, deren Angehörigen als auch dem Personal zur Verfügung, unabhängig von ihrem religiösen oder kulturellen Hintergrund.»[11]

1.3 Seelsorge im «Dreipass» von *Begleiten, Symbolisieren* und *Begehen*

Für Erhard Weiher, therapeutischer Seelsorger und katholischer Pfarrer an der Universitätsklinik Mainz, ist Seelsorge von ihrem Proprium her «Mehr als Begleiten»[12]. Menschen begleiten zu wollen, sei allen professionell helfenden Berufen gemeinsam. Hierzu müsse – auf der Basis von Fühlen, Denken, Handeln als den Grundvoraussetzungen für eine helfende, heilende Beziehung – zunächst eine Vertrauensbeziehung zum kranken Menschen aufgebaut werden. Diese erfolge im «Dreipass» von Begleiten, Symbolisieren und Begehen. So werden die Krankheitssymptome wahrgenommen und der Krank-

---

9 Vgl. *Winter-Pfändler*, Gesellschaftliche Veränderungen und Palliative Care 76.
10 Ebd.
11 A. a. O. 77, in Anlehnung an *Roser*, Spiritual Care 266 ff.; *Frick/Roser*, Spiritualität und Medizin.
12 Vgl. *Weiher*, Mehr als Begleiten.

heitsverlauf beobachtet (*begleiten*), das Wahrgenommene in Form einer Diagnose gedeutet (*symbolisieren*) und dann ein Therapievorschlag entwickelt (*begehen*). Die Seelsorgenden begleiten den kranken, leidenden und sterbenden Menschen durch einfühlende Anteilnahme, wie die anderen helfenden Berufe auch. Das Proprium der Seelsorge, das «Mehr als Begleiten», liegt nach Weiher darin,

> «dass sie im Gespräch mit dem Kranken jene Symbole sucht, in denen sich ihm der Sinn seines Lebens ausdrückt oder andeutet. Diese persönlichen Symbole stellt die Seelsorge in den großen Horizont der Menschheitstraditionen, indem sie sie in Verbindung bringt mit den allgemein menschlichen und auch religiösen Symbolen (*symbolisieren*). Wo dies möglich ist, wird diese Symbolik durch rituelles Handeln gegenwärtig gesetzt. Dieses Ritual kann spontan geschaffen oder in Form eines Segens oder Sakramentes der religiösen Tradition entnommen werden (*begehen*). So kann eine Seelsorgerin mit einem alten Mann über seine Erlebnisse beim Wandern in den Bergen sprechen. Gemeinsam können sie nachdenken über die Texte der Bibel, in denen der Berg als Ort der Begegnung mit Gott erwähnt wird. Vielleicht schenkt sie ihm einen schönen Stein, den sie einmal in den Bergen gefunden hat. Dieser Stein ist dann mehr als ein Souvenir; er weist auf Den hin, zu dem wir im Gebet sagen: *Herr, Du mein Fels* (Ps 18,3). Im ‹Dreipass› umkreist die Seelsorgerin / der Seelsorger mit dem Kranken die Mitte des Menschseins, den letzten Sinn, das heilige Geheimnis, auch da, wo dies nicht explizit ausgesprochen wird. Denn Seelsorgerinnen und Seelsorger repräsentieren diesen Bereich schon immer durch ihre Rolle; sie sind als Personen das Symbol des Letztgültigen, des Göttlichen.»[13]

2 Die religionsplurale Wirklichkeit der Schweiz

In der Wahrnehmung ihres Grundauftrags und im Bekenntnis zu ihrer theologischen Grundausrichtung ist sich die Spital- und Klinikseelsorge des veränderten gesellschaftlichen Kontextes, in dem sie agiert, durchaus bewusst. Denn die religionsplurale bzw. multireligiöse Gesellschaft spiegelt sich natürlich auch im Spital wider.

Anschaulich dargestellt wird der religiöse Wandel innerhalb der Schweiz durch ein «Religionsmosaik» in der Studie «Religionslandschaft in der Schweiz»[14]. Diese beleuchtet verschiedene Aspekte, z. B. die Pluralisierung, die abnehmende Dominanz der beiden grössten Religionsgemeinschaften

---

13 *Albisser*, Dasein 96 (mit Bezug auf Weiher).
14 Vgl. *Bovay*, Religionslandschaft.

(katholische und protestantische), die wachsende Zahl der Personen, die keiner Religionsgemeinschaft angehören, die Entstehung neuer religiöser Bewegungen, die Weitergabe der Religionszugehörigkeit innerhalb der Familie, religiös gemischte Beziehungen usw. und belegt, dass die grossen Religionsgemeinschaften schrumpfen, während die kleinen wachsen. Stark gewachsen ist auch der Bevölkerungsanteil ohne Religionszugehörigkeit und die Anzahl der religionsverschiedenen bzw. religionsverbindenden Ehen. Zur stärksten nichtchristlichen Religionsgemeinschaft in der Schweiz hat sich in den letzten vierzig Jahren kontinuierlich die Religionsgemeinschaft der Muslime entwickelt. Lebten 1970 in der Schweiz 16 300 Muslime, so waren es 1980 bereits 56 600 und 1990 dann 152 200. Die Eidgenössische Volkszählung 2000 zählte knapp 311 000 Muslime. Es handelte sich dabei überwiegend um Migrantinnen und Migranten, die entweder ab den 1960er Jahren von der Schweizer Wirtschaft als Arbeitskräfte angeworben wurden oder ab den 1990er Jahren als Flüchtlinge und Asylsuchende in die Schweiz kamen. Sie machten 1990 noch 2,2 Prozent der Schweizer Bevölkerung aus, 2000 waren es 4,3 Prozent.

2.1 Seelsorge «für alle»

Angesichts der religionspluralen Wirklichkeit gehen Spital- und Klinikseelsorgende im Kontakt mit Patientinnen und Patienten, denen sie im Krankenhaus begegnen, heute nicht mehr davon aus, vorwiegend auf Christinnen und Christen zu treffen. Also auf Menschen, die – im Idealfall – gewohnt und darin geübt sind, ihr Leben ausdrücklich von der Grundbotschaft des Evangeliums her zu deuten und zu leben und die mit der Kirche, in die sie hineingetauft wurden, (noch) in einer lebendigen Austauschbeziehung sind. Dies gilt auch für Patientinnen und Patienten in einem Krankenhaus in kirchlicher Trägerschaft. Zumeist wird es vor allem wegen seines medizinisch guten Rufes gewählt. Wenn es darüber hinaus als Ort eines achtsamen Umgangs mit den seelischen, geistigen und spirituellen Bedürfnissen des kranken, leidenden und sterbenden Menschen bekannt ist, ist das ein weiterer, nicht zu unterschätzender Standortvorteil. Zumal: Die Seelsorgenden sind darüber hinaus herausgefordert, sich nicht nur mit Menschen anderer religiöser Herkunft auseinanderzusetzen, sondern auch mit solchen, die ganz andere Sinnstrukturen haben und denen demzufolge anderes als Religion und religiöse Sinndeutungsangebote wichtig sind. Genau hier liegt die Chance einer christlich motivierten und inspirierten Spital- und Klinikseelsorge als spirituell-religiöse Dienstleistung in einem zugleich religionspluralen bzw. multireligiösen wie weithin säkularisierten Umfeld: sich der Herausforderung zu stellen, Professionalität, interreligiöse und interkulturelle Offenheit und die Verortung in der eigenen Kirche miteinander zu verbinden. Das heisst, die Seelsorgenden in einem Krankenhaus wissen sich für alle Menschen – egal, ob es sich um Angehörige der eigenen oder einer anderen Religionsgemeinschaft oder auch um Nichtglaubende handelt – ansprechbar. Und da Seelsorge im Krankenhaus zudem immer auch Seelsorge für die Institution ist, wird sie dem Rechnung tragen, dass sich auch innerhalb des Spital- und Klinikpersonals immer mehr Menschen mit einem anderen religiösen und kulturellen Hintergrund befinden. Was heisst dies beispielsweise für die seelsorgliche Begegnung mit Muslimen?

2.2 Seelsorgliche Begegnung mit Muslimen

Spital- und Klinikseelsorgende besuchen in der Regel von sich aus alle Patientinnen und Patienten auf einer Station und erfahren dabei von diesen selbst, wer welcher Konfession oder Religion angehört und ob sie Besuch, Gespräch und Begleitung durch eine Seelsorgerin bzw. einen Seelsorger der eigenen Kirche wünschen oder, wenn es sich z. B. um eine Muslima oder einen Muslim handelt, ob eine Person ihrer eigenen Religionsgemeinschaft informiert werden soll. Während in Grossbritannien und in den USA Muslime, Juden oder Humanisten a priori zu einem Seelsorgeteam gehören und damit der religionspluralen bzw. multireligiösen Vielfalt in einem Krankenhaus Rechnung getragen wird, bieten hierzulande vor allem die beiden grossen christlichen Kirchen Seelsorge an. Hinzu kommt, dass es im Islam keine institutionalisierte, wissenschaftlich fundierte Seelsorge wie im Christentum gibt. Vielmehr reichte bisher der umfassend soziale Charakter der islamischen Religion, wie er im Koran erkennbar wird, aus. Er formuliert als soziales und seelsorgliches Ziel des Islam: «Die gläubigen Männer und die gläubigen Frauen sind untereinander Freunde. Sie fordern zum Guten auf und verwehren Böses und verwirklichen das Gebet und geben die Armengabe und gehorchen Gott und Seinem Gesandten. Ihrer erbarmt sich Gott. Gott ist mächtig, weise.» (Sura 9.71) Konkret realisiert sich die Zuwendung, etwa zum kranken, leidenden und sterbenden Mitmenschen, nach dem, was dem bzw. der Einzelnen im Rahmen der eigenen Fähigkeiten möglich ist, und zwar im familiären Verbund von Grossfamilien und in gewachsenen Dorfgemeinschaften, nicht als eine institutionell vorgesehene Form von Seelsorge.

«Spezielle Seelsorge und Beratung von Menschen auf der Basis der religiösen Tradition übten auch Sufis in ihren Tekken (Kloster-ähnlichen Wohngemeinschaften) aus oder in Karawansereien. Mit der zunehmenden Veränderung einiger islamischer Gesellschaften wird aber eine ähnliche Entwicklung zur Spezialisierung der religiösen Hilfs-Angebote eintreten, wie sie sich im Christentum entwickelt hat.»[15]

Wenn ein Imam, Vorsteher und Vorbeter einer muslimischen Gemeinde, erfährt, dass sich ein Mitglied der Gemeinde in stationärer Behandlung befindet oder zu Hause erkrankt ist, nimmt er Kontakt zum Kranken auf und besucht ihn. Bei einer Muslima holt er sich vorher die Erlaubnis der Verwandten ein bzw. die Ehefrau des Imams übernimmt den Besuch bei erkrankten Frauen, wenn sie das möchten.

«Die Inhalte eines Krankenbesuches sind neben dem Gespräch über das persönliche Befinden die rituellen Gebete bzw. die Durchführung oder Hilfestellung bei rituellen Waschungen, wenn der Kranke dazu nicht selbst in der Lage ist. […] Kranke dürfen während einer Krankheit nicht fasten, sind also von einer rituellen Pflicht ausgenommen, können diese aber nach der Genesung nachholen. Trotz des Fastenmonats sollen sich Kranke keiner notwendigen Untersuchung entziehen. Es ist wichtig, dem Kranken deutlich zu machen, dass Gott den Gläubigen die Erfüllung religiöser Pflichten während ihrer Krankheit erleichtert. Wenn möglich, spricht der Imam mit dem Kranken über die Inhalte des Glaubens, er rezitiert die 36. Sure des Korans. Hier werden die Eigenschaften der Schöpfung gepriesen, das Leben im Jenseits beschrieben. Die Auflehnung gegenüber Gott wird verboten und Geduld mit der Krankheitszeit geboten. […] Wenn ein Moslem stirbt, ist es wichtig, mit ihm und für ihn das muslimische Glaubensbekenntnis zu rezitieren. Wenn der Sterbende selbst das Glaubensbekenntnis sagen kann, so ist das ein Beweis dafür, dass er ein guter Mensch war und in ständiger Beziehung zu Allah steht. Die Aufgabe des Imams ist es auch, die Angehörigen zu trösten, den Toten zu waschen als Vorbereitung auf dem Weg zu Gott. Das irdische Leben ist eine Prüfung, deshalb ist das Ende des irdischen Lebens der Anfang des Lebens im Jenseits. Leiden in der Welt verringern die Strafen im Jenseits.»[16]

Für die seelsorgliche Begegnung mit Menschen anderer Religionen und Weltanschauungen bedarf es vor allem einer Sensibilität der Seelsorgenden für die jeweiligen Besonderheiten und Ausdrucksformen der einzelnen Religionsge-

15 *Elsdörfer*, Männer 343.
16 Ebd.

meinschaften, z. B. wie sie mit Trauer und Schmerz umgehen, welche kulturellen Prägungen bestimmend sind und welche Tabus, etwa hinsichtlich körperlicher Berührungen, unbedingt zu beachten sind. Seelsorgende müssen, um das ihnen Fremde besser verstehen und im Umgang damit verhaltenssicher werden zu können, bemüht sein, eine interreligiöse und interkulturelle Kompetenz zu entwickeln. Dies auch, um Anwalt bzw. Anwältin der Angehörigen sein zu können und mit ihnen einen Weg zu finden, wie sie, etwa beim Tod eines Familienmitgliedes, ihrer – für westliches Empfinden fremden – Art des Trauerns und Abschiednehmens auch in einem Krankenhaus hierzulande Ausdruck und Gestalt geben können. Eine Schwierigkeit besteht darin, dass die jeweilige, eben kulturell geprägte Form des Abschiednehmens, bedingt durch die organisatorischen Arbeitsabläufe im System Krankenhaus, hauptsächlich oder gar ausschliesslich als Störfaktor empfunden und ihr der nötige Respekt verweigert wird. Spital- und Klinikseelsorgende sollten sich daher vor allem kundig machen und die nötigen Grundkenntnisse im Hinblick auf die Gebräuche des Abschiednehmens und die Trauerrituale in anderen Religionen und Kulturen erwerben. Zudem sollten sie im guten Kontakt sein mit den Vertretern anderer Religionen vor Ort, die die Funktion eines «Seelsorgers», eines «Geistlichen» für die Mitglieder ihrer Gemeinschaft wahrnehmen, um sie hinzubitten zu können. Und nicht zuletzt erleichtert es die Kommunikation mit Patientinnen und Patienten aus anderen Kulturkreisen sowie mit deren Angehörigen erheblich, wenn die Seelsorgenden über eine Liste von möglichen Dolmetschern und Dolmetscherinnen verfügen oder auf Mitarbeiterinnen und Mitarbeiter im Spital- und Klinikpersonal zurückgreifen können, die als solche fungieren können.

3 Seelsorge und Psychotherapie – zwei einander ergänzende Perspektiven

Wie eingangs bereits gesagt, wird in der Spital- und Klinikseelsorge, die sich als offene, vorbehaltlose Zuwendung jedem kranken, leidenden und sterbenden Menschen gegenüber versteht, als Seelsorge «für alle», ob gläubig oder nicht gläubig, ob religions- und konfessionsgebunden oder religions- und konfessionslos, vor allem die Gesprächsseelsorge favorisiert. Sie hat eine natürliche Affinität zur Gesprächspsychotherapie. Seelsorge und Psychotherapie sind zwei Perspektiven, die einander ergänzen. Wenn die Seelsorge das Gemeinsame beider Disziplinen wertschätzen kann, ohne das Unterscheidende und auch Trennende zu verschweigen, wird es das Seelsorge-Profil schärfen und der Zusammenarbeit von Seelsorge und Psychotherapie letztlich nur zugutekommen. Psychologie und Psychotherapie – ihre Grundannahmen vom Menschen, ihre Wahrnehmung und Deutung seines Verhaltens und der diesem zugrunde liegenden psychischen Prozesse – sind heute integrierter Bestandteil jeder christlichen Seelsorgelehre, insbesondere der Pastoralpsychologie, einer Teildisziplin der Praktischen Theologie.[17] Seelsorge und Psychotherapie sind, in je eigener Zugangsweise, um Gesundheit und Heilung des Menschen in seiner Leib-Seele-Geist-Einheit bemüht und wollen praktische Lebenshilfe leisten.

Dominierte bis zur Mitte des 20. Jahrhunderts in der Theologie der biblisch-theologische Ansatz, so erfolgte mit der Empirischen Wende in den 1960er Jahren in Gesellschaft und Theologie eine Öffnung für die Einsichten der Humanwissenschaften.[18] Dabei wurde in den 1970er Jahren die Humanistische Psychologie als neues psychologisches Paradigma für die Seelsorge bestimmend. Für die Spital- und Klinikseelsorge stellte vor allem die von Carl R. Rogers (1902–1987) begründete klientenzentrierte Gesprächspsychotherapie ein Instrumentarium bereit, um Seelsorge erlernen und seelsorgliches Handeln überprüfen zu können. Die klientenzentrierte Gesprächspsychotherapie kam aus den USA über die Niederlande in die deutschsprachigen Länder und wurde als biblisch-therapeutische Seelsorge[19], als Gesprächsseelsorge[20], in Anwendung der von Carl R. Rogers entwickelten Grund-Haltungen und Therapeutenvariablen *Empathie* (Einfühlungsvermögen), *positive Wertschätzung* (als Grundvoraussetzung für einen vertrauensvollen Umgang) sowie *Echtheit* bzw. *Kongruenz* (z. B. in der Rolle einer Seelsorgerin bzw. eines Seelsorgers authentisch als Person wahrnehmbar sein) Bestandteil der Seelsorgeausbildung, insbesondere in der Klinischen Seelsorgeausbildung (KSA) in Deutsch-

---

17 Vgl. *Baumgartner*, Pastoralpsychologie; *Morgenthaler*, Seelsorge; *Ziemer*, Seelsorgelehre.

18 Zur Geschichte der Aufnahme von Psychologie und Psychotherapie in die Seelsorgelehre und -praxis anhand von drei psychologischen Hauptlinien *Sigmund Freud* (1856–1939), *Carl Gustav Jung* (1875–1961) und *Carl Ransom Rogers* (1902–1987) findet sich ein guter Überblick bei: *Eschmann*, Wie hältst du's 367–370. Siehe auch: *Nauer*, Seelsorgekonzepte.

19 *Stollberg* prägte den Begriff «Therapeutische Seelsorge»; vgl. auch *Seitz*, Worum es geht, wenn wir «Seelsorge» sagen.

20 *Scharfenberg*, Seelsorge als Gespräch.

land und als Clinical Pastoral Training (CPT)[21] in der Deutschschweiz. Die Pastoralpsychologie möchte die Denkansätze der verschiedensten psychologischen Richtungen sowie die Anwendung psychologischer und psychotherapeutischer Einsichten und Therapieformen für Theologie und Seelsorge fruchtbar machen, ohne sich dabei einer bestimmten psychologischen Richtung oder Schule zu verschreiben. Vielmehr greifen die verschiedenen Seelsorgekonzeptionen aus den unterschiedlichen Therapiekonzepten – etwa aus der personzentrierten Gesprächspsychotherapie, der Verhaltenstherapie, der Logotherapie, der Systemischen Familientherapie, der Psychoanalyse – eklektisch das auf, was ihrem Menschenbild und ihrer Gesamtkonzeption am nächsten kommt und sich mit diesem verbinden lässt. Die Spital- und Klinikseelsorge, wie die Seelsorge überhaupt, weiss sich in der Sorge um den ganzen Menschen also nicht allein auf sich gestellt, sondern sucht in der Interaktion und professionellen Zusammenarbeit mit der Psychologie und der Psychotherapie ihr eigenes spezifisches Potenzial von «Seelsorge als Gespräch mit religiöser Codierung»[22] einzubringen – in Wertschätzung für das, was die einzelnen Disziplinen der Humanwissenschaften von ihrem je eigenen Selbstverständnis her miteinander verbindet und trennt. Für die Identität der Seelsorgenden in der interprofessionellen Zusammenarbeit von Psychotherapie und Seelsorge ist dabei wichtig, worauf der Psychiater und ehemalige Direktor an der Psychiatrischen Universitätsklinik Zürich Daniel Hell hinweist: «Psychotherapie und Seelsorge können gegenseitig umso besser miteinander umgehen, je klarer die jeweilige Position kommuniziert wird.»[23]

3.1 Zur interprofessionellen Zusammenarbeit von Psychotherapie und Seelsorge

Psychotherapie und Seelsorge können einander also ergänzen, ohne die Unterschiede im Menschenbild und in den Ressourcen verwischen zu müssen. Die Patientinnen und Patienten werden, so hebt der Basler Psychoanalytiker Udo Rauchfleisch hervor, «ganzheitlich, mit ihren psychischen, sozialen

---

21 Zur Geschichte der Klinischen Seelsorgeausbildung (CPT) siehe *Amrein*, Entwicklung 24 f.
22 *Karle*, Perspektiven 541; vgl. *Kießling*, Geistliche Begleitung; *Riedel*, Couch oder Kirche.
23 Vgl. *Hell*, Identität.

und religiösen Anliegen wahrgenommen und erhalten Antworten in allen drei Bereichen». In interdisziplinären Fallbesprechungen können Seelsorgende wahrnehmen lernen, wie stark z. B. «die religiösen Vollzüge und Inhalte durch die Persönlichkeit der PatientInnen und ihrer spezifischen Störungen beeinflusst werden (z. B. Versündigungsideen Depressiver, religiöse Wahninhalte bei Schizophrenen)». Psychotherapeutinnen bzw. Psychotherapeuten wiederum können

«mehr über die existenziellen Sorgen und Nöte, aber auch über die religiösen Ressourcen ihrer Patienten erfahren. Gerade weil in weiten Kreisen der Psychotherapeuten ein religiöses Tabu herrscht, fehlt es vielen Fachleuten dieses Bereichs an der nötigen Sensibilität, um die Bedeutung der religiösen Dimension richtig einschätzen und damit angemessen umgehen zu können.»[24]

3.2 Das christliche Menschenbild im Vergleich mit dem der Gesprächspsychotherapie

Die Bedeutung der Gesprächspsychotherapie Carl R. Rogers' für die Seelsorgelehre und Seelsorgepraxis ist unbestritten. Sie liegt in ihrer (Wieder-) Entdeckung der urchristlichen Haltung der bedingungslosen Annahme eines jeden Menschen, für die Rogers ein differenziertes und praxisorientiertes Instrumentarium entwickelt hat. In der Anwendung seiner Therapeutenvariablen *Empathie*, *Wertschätzung* und *Echtheit* wird es den Seelsorgenden möglich, von diesem Gott, der jeden Menschen vor aller Leistung und sogar trotz aller Schuld annimmt, nicht nur zu reden, sondern ihn glaubwürdig erfahrbar werden zu lassen. Dies allerdings nur, wenn die Seelsorgenden diese Basisvariablen nicht einfach als «Methode» missverstehen, die sich im Prozess der Professionalisierung erlernen und stetig verbessern liesse, sondern wenn sie diese als Grund-Haltungen verinnerlichen und diese zum Habitus werden.

Eine gewichtige Differenz zeigt sich allerdings im Bild vom Menschen. Während Rogers vom optimistischen Grundaxiom ausgeht, dass der Mensch von Natur aus durch und durch «gut» sei, sieht die christliche Anthropologie den Menschen erbsündlich gebrochen. Zwar kennt auch sie einen Heilsoptimismus. Der zeigt sich aber darin, dass er – im Gegensatz zu Rogers – von einer Schuldfähigkeit des Menschen ausgeht und zugleich davon, dass Gott

---

24 Udo Rauchfleisch, zit. nach *Utsch*, Psychotherapie und Seelsorge 28. Siehe auch: *Rauchfleisch*, Seele?

den Menschen nicht in der Schuld belassen will, sondern ihn daraus erlösen wird. Das «Existenzial der Begnadetheit des Menschen», so Karl Rahner, steht dabei über dem «Existenzial der radikalen Schuldbedrohtheit», während bei Rogers «Schuld» als Thema überhaupt nicht vorkommt, weder im Kontext des Begriffs vom Selbstkonzept noch des therapeutischen Prozesses.[25] Während Christenmenschen also die Erlösung von ihrer Schuld von Gott her erwarten, gibt es bei Rogers eine Tendenz zur «Selbsterlösung» von Fehlentwicklungen im Sozialisationsprozess. Es ist daher zu fragen, ob das Verschweigen der Möglichkeit, dass Menschen, die wirklich schuldig geworden sind, sich nicht nur helfenden Gesprächspartnerinnen und -partnern, sondern auch dem Gott ihres Lebens zeigen und anvertrauen können, einen schwerwiegenden Verzicht auf Hilfemöglichkeiten darstellt? Eine der christlichen Sicht vom Menschen verpflichtete Seelsorge wird dieses aufgrund ihrer «Transzendenzarmut» verengte Menschenbild der Gesprächspsychotherapie daher unbedingt ergänzen wollen um die Vision vom «Menschen unter den annehmenden Augen Gottes». Zumal: Versucht man die Grundzüge einer solchen christlichen Anthropologie nachzuzeichnen und dieses Menschenbild aus der Perspektive des Glaubens den anthropologischen Grundannahmen Carl R. Rogers' gegenüberzustellen,[26] so macht es deutlich, dass die von Rogers aus seinem humanistischen Menschenbild entwickelten Therapeutenvariablen in einer christlichen Anthropologie als Grund-Haltungen geradezu radikalisiert und in dem Sinne humanisiert werden, dass sie Gottes bedingungslose Annahme des Menschen widerspiegeln. Denn Seelsorgende, die mit Empathie[27], Wertschätzung und Echtheit ein Vertrauensverhältnis zu einem Menschen aufbauen, möchten darin die tief ergreifenden Lebensmöglichkeiten des Glaubens bezeugen und transparent werden lassen, dass Gott selbst es ist, der diesen Menschen vorbehaltlos annimmt. Somit müssen Menschen nicht alles von sich oder von der Annahme durch eine Therapeutin bzw. einen Therapeuten oder durch eine Seelsorgerin bzw. einen Seelsorger erhoffen, sondern dürfen ihre *Hoffnung auf Gott* setzen. Dies bewahrt die Seelsorgenden wie ihr jeweiliges Gegenüber vor wechselseitiger Über-Erwartung und Über-Forderung.

---

25 Zit. nach *Baumgartner*, Pastoralpsychologie 478.
26 Vgl. *Belok*, Humanistische Psychologie 79–81 sowie sein Schaubild in: *Baumgartner*, Pastoralpsychologie 481.
27 Zur systematisch-theologischen Entfaltung des Empathiebegriffs siehe *Schmitt*, Empathie.

Literatur

Albisser, Rudolf: Dasein und Mitgehen aus der Mitte heraus auf die Mitte hin, in: *ders./ Loretan, Adrian (Hg.):* Spitalseelsorge im Wandel, Zürich 2007, 95–99.

Albisser, Rudolf: Qualitätssicherung in der Spitalseelsorge, in: *ders./Loretan, Adrian (Hg.):* Spitalseelsorge im Wandel, Zürich 2007, 101–109.

Amrein, Brigitte: Entwicklung der Spitalseelsorge seit 1960, in: *Albisser, Rudolf/Loretan, Adrian (Hg.):* Spitalseelsorge im Wandel, Zürich 2007, 23–28.

Baumgartner, Isidor: Pastoralpsychologie. Einführung in die Praxis heilender Seelsorge, Düsseldorf 1990.

Belok, Manfred: Die Pastoralkonstitution Gaudium et spes. Anliegen und bleibende Verpflichtung, in: *ders./Kropač, Ulrich (Hg.):* Volk Gottes im Aufbruch. 40 Jahre II. Vatikanisches Konzil, Zürich 2005, 137–178.

Belok, Manfred: Humanistische Psychologie und Katechese. Möglichkeiten und Grenzen der Rezeption der Anthropologie Carl R. Rogers' für eine diakonisch verstandene kirchliche Erwachsenenbildung, dargestellt an der ehevorbereitenden und ehebegleitenden Bildung, Münster 1984.

Belok, Manfred/Kropač Ulrich (Hg.): Seelsorge in Lebenskrisen. Pastoralpsychologische, human-wissenschaftliche und theologische Impulse, Zürich 2007.

Bundesamt für Gesundheit (BAG) / Schweizerische Konferenz der kantonalen Gesundheitsdirektorinnen und -direktoren (GDK): Nationale Leitlinien Palliative Care, Bern 2010.

Bovay, Claude: Religionslandschaft in der Schweiz, Neuchâtel 2004.

Eibach, Ulrich: Krankenhausseelsorge unter den Bedingungen medizinischer und ökonomischer Rationalität, in: Zeitschrift für medizinische Ethik 56 (2010) 3–15.

Elsdörfer, Ulrike: Die gläubigen Männer und die gläubigen Frauen sind untereinander Freunde. Islamische Seelsorge und seelsorgliche Begegnung mit Muslimen, in: Wege zum Menschen 59 (2007) 342–353.

Eschmann, Holger: Wie hältst du's mit der Psychotherapie? Zur Verhältnisbestimmung von Seelsorge und Psychotherapie, in: Wege zum Menschen 61 (2009) 367–377.

Famos, Cla Reto: Kirche zwischen Auftrag und Bedürfnis. Ein Beitrag zur ökonomischen Reflexionsperspektive in der Praktischen Theologie, Münster 2005.

Frick, Eckhard/Roser, Traugott (Hg.): Spiritualität und Medizin. Gemeinsame Sorge für den kranken Menschen, München ²2011.

Haart, Dorothee: Seelsorge im Wirtschaftsunternehmen Krankenhaus, Würzburg 2007.

Hell, Daniel: Die Identität der Seelsorgenden aus der Sicht des Psychiaters, in: *Albisser, Rudolf/Loretan, Adrian (Hg.):* Spitalseelsorge im Wandel, Zürich 2007, 71–76.

Karle, Isolde: Perspektiven der Krankenhausseelsorge. Eine Auseinandersetzung mit dem Konzept des Spiritual Care, in: Wege zum Menschen 62 (2010) 537–555.

Kießling, Klaus (Hg.): Geistliche Begleitung. Beiträge aus Pastoralpsychologie und Spiritualität, Göttingen 2010.

Morgenthaler, Christoph: Seelsorge. Lehrbuch Praktische Theologie, Bd. 3, Gütersloh 2009.

Nauer, Doris: Seelsorgekonzepte im Widerstreit. Ein Kompendium, Stuttgart/Berlin/Köln 2001.

Rauchfleisch, Udo: Wer sorgt für die Seele? Grenzgänge zwischen Psychotherapie und Seelsorge, Stuttgart 2004.

Riedel, Lothar (Hg.): Couch oder Kirche. Psychotherapie und Religion – zwei mögliche Wege auf der Suche nach Sinn, Kempten 2001.

Roser, Traugott: Spiritual Care. Ethische, organisationale und spirituelle Aspekte der Krankenhausseelsorge. Ein praktisch-theologischer Zugang. Stuttgart 2007.

Scharfenberg, Joachim: Seelsorge als Gespräch. Zur Theorie und Praxis der seelsorgerlichen Gesprächsführung, Göttingen ⁵1991.

Schmid, Peter F.: Personale Begegnung. Der personzentrierte Ansatz in Psychotherapie, Beratung, Gruppenarbeit und Seelsorge, Würzburg 1989.

Schmitt, Hanspeter: Empathie und Wertkommunikation. Theorie des Einfühlungsvermögens in theologisch-ethischer Perspektive, Freiburg i. Br./Wien/Freiburg i. Ue. 2003.

Seitz, Manfred: Worum es geht, wenn wir «Seelsorge» sagen, in: P&S. Magazin für Psychotherapie und Seelsorge 1/2011, 6–9.

Stollberg, Dietrich: Therapeutische Seelsorge, Die amerikanische Seelsorgebewegung, Darstellung und Kritik, mit einer Dokumentation, München 1969.

Thomas, Günter/Karle, Isolde (Hg.): Krankheitsdeutung in der postsäkularen Gesellschaft. Theologische Ansätze im interdisziplinären Gespräch, Stuttgart 2009.

Utsch, Michael: Psychotherapie und Seelsorge. Beobachtungen in der Nachbarschaft, in: P&S. Magazin für Psychotherapie und Seelsorge 4 (2011) 28–29.

Winter-Pfändler, Urs: Gesellschaftliche Veränderungen und Palliative Care. Herausforderungen für Kirchen und Seelsorge, in: Schweizerische Kirchenzeitung (2011) 75–78.

Weiher, Erhard: Mehr als Begleiten. Ein neues Profil für die Seelsorge im Raum von Medizin und Pflege, Mainz ²2001.

Ziemer, Jürgen: Seelsorgelehre. Eine Einführung für Studium und Praxis, Göttingen 2000.

«Ist einer von euch krank? Dann ...» (Jak 5,14)

Zur Vielfalt, Bedeutung und Praxis liturgischer Formen in der Krankenpastoral

Birgit Jeggle-Merz

1 Krankheit als ein Wink der Endlichkeit, der nach Deutung verlangt

Wenn ein Mensch krank ist, wird dies von ihm und auch von seiner nächsten Umgebung oft nicht nur als eine im besten Fall befristete Fehlfunktion eines Organs, sondern als umfassende Störung erlebt. Irritation, Unsicherheit, Angst oder auch Ärger sind die Folge. Die Bilder, die sich ein Mensch von sich selbst und von der Welt, in der er lebt und in die er sich eingerichtet hat, bisher gemacht hat, wollen auf einmal nicht mehr passen. Viele Fragen stellen sich: Warum ich? Warum jetzt? Was wird sein? ... Krankheit ist ein Wink der Endlichkeit, der nach Deutung verlangt.

Wenn der Spitalseelsorger oder die Spitalseelsorgerin auf Bitten von Angehörigen oder Pflegenden hin ein Krankenzimmer betritt, begegnet ihm und ihr daher häufig ein ängstlicher Blick, der die Bitte enthält: «Tun Sie doch etwas!» Es ist der Wunsch, aus der Ohnmacht der bedrängenden Situation herauszufinden, der Wunsch, über das Tun zu einer Deutung zu kommen. Dies gilt auch dann, wenn zunächst einmal viel Gesprächsbedarf besteht. Von den Spitalseelsorgenden ist daher eine hohe Sensibilität gefordert. Es gilt herauszuspüren, was dieses «Tun Sie doch etwas» bedeutet. Manchmal begegnet – sofern der oder die Kranke katholisch ist – ein klarer Wunsch nach Krankensalbung, von manchen noch als «Letzte Ölung» bezeichnet, oder nach einem sonstigen heilenden Ritual aus der Schatzkiste der liturgischen Tradition. Oft ist da aber nur der flehende Blick, die spürbare Angst, die drängende Unsicherheit oder die kaum zu bremsende Wut. Der oder die Spitalseelsorgende muss aus der Situation heraus entscheiden, was angebracht ist: Ist «nur» ein Gespräch gewünscht? Oder eine rituelle Handlung? Oder etwas «Gottesdienstliches»?

2   Rituale als lebensweltliche Scharniere

Es gab Zeiten, in denen katholische Christen und Christinnen auf einen festen Katalog an rituellen Handlungen zurückgreifen konnten, die Heimat und Zufluchtsort boten. Es ist noch nicht lange her – wir brauchen nur in die 50er und 60er Jahre des vergangenen Jahrhunderts zu schauen –, als alle möglichen Situationen menschlichen Lebens umfangen waren von den Riten der Kirche. So auch im Fall einer ernsten Erkrankung: der Versehgang am Ende des Lebens (gemeint ist damit die Trias von Busssakrament, Krankensalbung und Eucharistie als Wegzehrung)[1], Segenshandlungen über einen Erkrankten, Rosenkranzgebet für die Kranken, im extremen Fall exorzistische Handlungen und Gebete und vieles andere mehr. Auch als Nachwirkung der 68er-Bewegung, die wie eine Art zweite Aufklärung wirkte, kam jedoch das rituelle Gefüge der Kirche ins Wanken. Alles Rituelle, Beharrende, Wiederkehrende wurde als Widerpart des Fortschritts angesehen. Man war der Überzeugung, dass der moderne Mensch ohne feste Riten und Rituale auskommen könne. Riten und Rituale wurden daher geradezu als das Gegenteil von Kreativität und Innovation aufgefasst. Das hat sich deutlich gewandelt: Rituale sind «als Taktgeber oder Fixpunkte alltäglicher Lebenspraxis»[2] heute wieder sehr gefragt. Sie erscheinen «als lebensweltliche Scharniere, die durch ihren ethischen und ästhetischen Gehalt eine unhintergehbare Sicherheit in den Zeiten der Unübersichtlichkeit gewähren sollen»[3]. Kennzeichen eines Rituals ist es – so die Ritualtheoretiker[4] –, dass sie neben einer ästhetisch-spielerischen Dimension klar strukturiert, wiederholbar und dementsprechend meist traditionell sind. Es sind

---

1   Der Versehgang wurde allerdings viele Jahrhunderte in einer anderen Reihenfolge praktiziert: Busssakrament, Wegzehrung, Letzte Ölung. Dies deshalb, weil die Scholastik die Krankensalbung nicht mehr als eine Zeichenhandlung an einem Kranken verstand, die dessen Genesung zum Ziel hatte, sondern als Sakrament für die Sterbestunde. So wurde die Krankensalbung jetzt auch als Letzte Ölung bezeichnet, nun mit dem Ziel, den Christen vorzubereiten, vor das Angesicht Gottes zu treten. Folgerichtig gebührte der Letzten Ölung auch der letzte Platz in der Trias der Sterbesakramente. Mit dem Zweiten Vatikanischen Konzil ist die Kirche zu dem ursprünglichen Verständnis und damit auch zu der richtigen Reihenfolge zurückgekehrt. Es ist die Eucharistie, die den Sterbenden auf dem Weg ins ewige Leben Wegzehrung bietet und die deshalb das eigentliche Sterbesakrament darstellt.
2   *Höhn*, Inszenierte Ergriffenheit 4.
3   *Wulf/Zirfas*, Performative Welten 7.
4   Ein Standardwerk ist: *Belliger/Krieger*, Ritualtheorien.

«gefestigte Verhaltensgewohnheiten, die im Verlauf ihrer Überlieferung sowohl ritualisiert als auch symbolisiert werden, und daraufhin schließlich eine neue Qualität gewinnen, die es ihnen ermöglicht, wechselnde Einflüsse und Veränderungen zu überstehen: durch ihre feste Form und Bekanntheit werden sie leicht übertragbar und transportierbar. Sie dienen als Typ, Schablonen, Modell und Material zur Bewältigung des Neuen nach alten Mustern.»[5]

Den Spitalseelsorgenden begegnen allerdings immer häufiger Menschen, denen derartige Schablonen oder Modelle, ja, solches Material nicht zur Verfügung steht, weil sie schon lange nicht mehr regelmässig an einem Ritualsystem teilhaben, aus dem sie jetzt schöpfen könnten.[6] Das bedeutet aber keineswegs, dass ihnen die Fähigkeit abginge, rituell zu kommunizieren. Der Mensch ist in seiner Grunddimension sogar auf rituelles Handeln ausgerichtet, durch das sein Leben Deutung und Sinn erhalten kann. Rituelles Handeln ist wie eine Sprache aufzufassen, die früh – meist allerdings unbewusst – erlernt wurde. Dies hat einen wichtigen Effekt: Auch bei denen, die über keine religiöse Praxis verfügen, ist mit einer gewissen Offenheit für rituelles Handeln zu rechnen. Menschen überhaupt (und damit auch heutige Zeitgenossen) sind erreichbar über rituelles Handeln. Immer öfter jedoch benötigen sie eine Person, die ihnen den Weg in eine Ritualität ebnet, eine Art Souffleur, der ihnen vorspricht oder vorlebt, *was* man und *wie* man etwas tun kann, um dadurch die eigene Situation zu deuten. Das Bild vom Soufflieren illustriert, dass die Spitalseelsorgenden nicht einfach für die Betroffenen etwas arrangieren oder aufführen oder etwas an ihnen ausführen, sondern sie geben Hilfestellung zur Deutung der Situation durch nachahmendes und darin eigenes rituelles Handeln. Rituelles Handeln schliesst dabei ein deutendes Wort in den meisten Fällen ein. Die Spitalseelsorgenden greifen auf, was da ist, und führen dies über in ein Sinndeutungssystem. Wenn Menschen auf liturgische

---

5 *Soeffner*, Zur Soziologie 76.

6 Die Untersuchungen des SPI in St. Gallen belegen, dass in der Deutschschweiz die Rituale der Kirchen noch mit einem hohen Zuspruch rechnen können (vgl. *Dubach*, Lebensstile 152–156). So werden noch ca. 93 Prozent der Kinder in der Deutschschweiz getauft, gleich welcher Konfession die Eltern angehören. Dies bedeutet aber noch nicht, dass eine regelmässige religiöse Praxis folgen würde. Junge Eltern wählen bewusst vor allem nach biografischen Gesichtspunkten aus, wann sie am Ritualsystem der Kirchen teilhaben wollen. Eine ganz andere Situation zeigt sich z.B. im Gebiet der ehemaligen DDR. Dort gehört nur noch ein Drittel der Bevölkerung einer der christlichen Kirchen oder einer anderen Religionsgemeinschaft an. Daher ist die Bindung zu den christlichen Traditionen gering (vgl. *Kranemann*, Diasporasituationen 254).

Feiern der Kirche treffen, ist also auch bei einer Fremdheit mit den konkreten Vollzügen mit einem Reservoir an ritueller Handlungskompetenz zu rechnen, die ihnen ein – unter Umständen vorbewusstes – Verstehen und darin Klärung ihrer persönlichen Lebenssituation ermöglicht.

Der Souffleur bzw. die Souffleuse, also der oder die Spitalseelsorgende, muss deshalb nicht nur diese Grundbefindlichkeiten kennen und sich über das auch bei ihm vorhandene grundlegende Reservoir an ritueller Handlungskompetenz bewusst sein, sondern darüber hinaus müssen er und sie die Tradition der Vielfalt möglicher liturgischer Elemente kennen, aus denen für die jeweilige Situation ausgewählt werden kann. Bisweilen ist die Krankensalbung angezeigt, ein anderes Mal ein einfaches Ritual, bestehend aus einer kleinen Gebetseinheit und einer vielleicht winzigen Zeichenhandlung: ein Kreuz auf die Stirn gezeichnet, eine Berührung mit Weihwasser, das gemeinsame Entzünden einer Kerze[7] usw. Der und die Spitalseelsorgende muss auf der ganzen Klaviatur spielen können, die die Schatzkiste der (katholischen) Kirche bereithält.[8] Dies ermöglicht ihm und ihr, je nach Situation Adaptionen vorzunehmen und gelegentlich auch neue Formen gottesdienstlichen Feierns zu gestalten, die dabei durchaus am Erfahrungsschatz der lange erprobten Formen partizipieren können.

---

7   In den meisten Spitälern ist das Entzünden von Kerzen in den Krankenzimmern aus Sicherheitsgründen nicht erlaubt. So verständlich dies ist, so bedauerlich ist es auch. Eine Kerze zu entzünden und sein Anliegen einer höheren Macht zu empfehlen, ist in unserem Kulturkreis Teil dieses grundlegenden Reservoirs an ritueller Handlungskompetenz, über die auch diejenigen verfügen, die an dem rituellen Symbolhandeln der Kirchen nicht mehr selbstverständlich partizipieren.

8   Das katholische Lehramt reserviert die Krankensalbung für den Priester und nennt nur ihn als «eigentlichen Spender» (Praenotanda Nr. 16, in: Krankensakramente 16). Blickt man in die Geschichte der Kirche, fällt auf, dass dies lange Zeit anders gesehen wurde. Als das Sakramentale wurde die Segnung des heiligen Öls durch den Bischof in der Chrisammesse am Hohen Donnerstag verstanden. So konnten die Gläubigen das vom Bischof geweihte Öl für ihre Anliegen verwenden. Dieser geschichtliche Befund würde es ermöglichen, alle Spitalseelsorgenden – oder zumindest die Diakone, deren besondere Aufgabe der Beistand der Kranken und Notleidenden ist – mit der Spendung der Krankensalbung zu beauftragen. Derzeit ist jedoch kein diesbezüglicher Bescheid zu erwarten. Wenn der Spitalseelsorgende erkennt, dass in der betreffenden Situation die Krankensalbung als Heilszeichen angebracht ist, muss er – sofern er nicht selbst Priester ist – einen Priester rufen.

3 Heilsame Berührungen: Die Heiligung des Menschen durch sinnenfällige Zeichen

Das Neue Testament berichtet, dass die Art und Weise, wie Jesus heilt, vielfältig ist. Mal gebietet er machtvoll, dass der die Krankheit verursachende Dämon weichen möge. Mal reicht sogar ein Wort aus der Ferne. Mal heilt Jesus durch Berührungen. Die Exegese hat diese körperliche Dimension der Zuwendung lange Zeit heruntergespielt. Alles wurde auf das Wort konzentriert.

> «Handlungen seien vielmehr Relikte aus magischen Ritualen, die mit der Botschaft des Neuen Testaments nicht vereinbar seien. Doch wird das der Fülle der neutestamentlichen Heilungserzählungen nicht gerecht»[9],

bemerkt ein Exeget.

Die alleinige Konzentration auf die Texte des Gottesdienstes wird auch der Liturgie nicht gerecht. In ihrem innersten Wesen ist Liturgie nämlich nicht Text, sondern Handlung. Wo Texte gesprochen werden, sind es nie Textverlesungen, sondern es ist stets Verkündigungs*geschehen* oder Gebets*geschehen*. Nie sind liturgische Texte, nie ist Liturgie einfach nur Wort.

Dies zeigt sich auch in der klassischen biblischen Verweisstelle für die Feier der Krankensalbung. Zum Schluss des Jakobusbriefes spricht der Verfasser von der Kraft des Gebetes: «Ist einer von euch bedrückt? Dann soll er beten. Ist einer fröhlich? Dann soll er ein Loblied singen» (Jak 5,13). In diesen Zusammenhang bettet er die Frage ein, was der tun solle, der krank sei. Er rufe dann «die Ältesten der Gemeinde zu sich; sie sollen Gebete über ihn sprechen und ihn im Namen des Herrn mit Öl salben» (Jak 5,14). Die Ältesten sollen «auf ihn hin», «über ihn» beten, «für ihn» bei Gott bitten und ihn im Namen des Herrn salben. Es sind hier Gebet *und* Zeichenhandlung, die heilsam wirken für den, der von Krankheit berührt ist. Der Salbung wird keine magische Wirkung zugesprochen, denn sie steht in direktem Zusammenhang mit dem Gebet. Ebenso wenig ist das Gebet so etwas wie eine Zauberformel, die von den Ältesten ausgesprochen wird. Im Gegenteil: Die Ältesten stehen als das Leitungsgremium für den Leib Christi, für die ganze Gemeinschaft der Glaubenden, die fürbittend vor Gott tritt. Denn wenn einer aus dem Kreis der Christen krank ist, geht das den ganzen Leib Christi an. Die Zeichen-

---

9 *Zimmermann*, Berührungen 14.

handlung der Salbung unterstreicht die Fürsorge, die die Gemeinschaft der Glaubenden dem Kranken angedeihen lässt. Die Salbung ist keine medizinische Anwendung des Öls, sondern ist dem Gebet verpflichtet und schöpft seine Kraft aus dem Glauben, dass der Herr zu heilen vermag und dies auch wirklich tut. So heisst es im Jakobusbrief weiter: «Das gläubige Gebet wird den Kranken retten, und der Herr wird ihn aufrichten; wenn er Sünden begangen hat, werden sie ihm vergeben.» (Jak 5,14–15) Die Liturgie der Kirche knüpft an dieses Verständnis an. Sie gibt der Situation des Krankseins nicht nur Sprache, sondern auch handelnden Ausdruck. So formuliert die Liturgiekonstitution des Zweiten Vatikanischen Konzils *Sacrosanctum Concilium* in Art. 7: «[...] durch *sinnenfällige Zeichen* wird in ihr [= Liturgie] die Heiligung des Menschen bezeichnet und in je eigener Weise bewirkt und vom mystischen Leib Christi, das heisst dem Haupt und den Gliedern, der gesamte öffentliche Kult vollzogen.» Die Heiligung des Menschen und die Verehrung Gottes geschieht demnach auch durch die Sinne: durch Hören, Sehen, Tasten, Schmecken und Riechen, durch Haltungen und Bewegungen, durch Singen und Musizieren ... Hier öffnet sich der Blick für die Liturgie als ein dynamisches Handlungsgeschehen, dessen Gesamtgestalt erst den Gehalt des Gefeierten vermittelt. Sinnlichkeit ist nicht etwas, das zur Liturgie hinzukommt, sondern gott-menschliche Begegnung im Geschehen Gottesdienst ereignet sich geradezu in und durch das Geflecht aus unterschiedlichen Strukturen und Elementen, aus Worten und Handlungen.

Der Dogmatiker Josef Wohlmuth nennt die Liturgie einen privilegierten Ort der Wahrnehmung einer «Widerfahrnis des Transzendenten»[10]. Mit der Wahl des Wortes «Widerfahrnis» macht er deutlich, dass die Begegnung mit der Transzendenz Gottes nicht einfach vom Menschen hergestellt werden kann, sondern dass sie sich ereignet. Sie geschieht auf Initiative Gottes hin, nicht gemacht vom Menschen. Die Transzendenz bricht sozusagen in die menschliche Zeit hinein.[11] Aber: Nur eine stimmige, im Sinne einer theologischen Ästhetik gefeierte Liturgie vermag auch preiszugeben, was denn da gefeiert wird.[12] Denn hier gibt es nicht nur «etwas» zu sehen, zu hören, zu riechen, zu schmecken, zu tasten und zu fühlen. Liturgisches Feiern, Mitfeiern ermöglicht Wahrnehmungen, «in denen einem Subjekt das in den Sinn

---

10 *Wohlmuth*, Jesu Weg 225.
11 Vgl. *Gerhards*, Mimesis.
12 *Wohlmuth*, Überlegungen 1117.

kommt, was im Widerstreit zwischen dem ‹Stimmigen› und ‹Unstimmigen› in seiner Lebenswelt eine Stellungnahme zu dem hervortreibt, was das Dasein zustimmungsfähig macht»[13]. Das Christentum verfügt über ein Reservoir an Vollzügen, «über die es die Sinne des Menschen mit dem in Beziehung setzt, was dem Menschsein Sinn gibt»[14].

Wenn also an dieser Stelle die sinnenhafte Seite gottesdienstlichen Handelns so betont wird, ist dies theologisch gut begründet und nicht einfach ein möglicher Ausweg aus einer Sprachlosigkeit angesichts von Krankheit und Tod. Durch die ganze westliche Philosophiegeschichte zieht sich eine Erkenntnis: Nichts ist im Verstand, was nicht vorher in den Sinnen gewesen wäre. Kein Sinn ohne Sinnlichkeit! Die performative Wende, die alle Bereiche der Kultur und Wissenschaft seit den 1990er Jahren durchzieht, bringt diese alte Erkenntnis wieder zu neuer Blüte.

Wenn der Kranke oder seine Angehörigen dem oder der Spitalseelsorgenden mit dem Wunsch entgegentreten: «Tun Sie doch etwas!», so trifft das auf einen günstigen Boden: Zum einen ist da der Gott der Bibel, der sich auf vielfältige Weise kundgetan hat als ein Gott, der sich den Menschen wieder und wieder zuwendet. Zum anderen ist da die Liturgie, die wie ein Spiegel des Gottesbildes auch ein dynamisches Sinngeschehen sein will. Gerade für gottesdienstliche Formen, für rituelles Handeln in Krisensituationen ist dabei das taktile Moment von grosser Bedeutung. Berührung in Momenten der Ohnmacht ermöglicht eine «lautlose» Sprache, die Isolation zu überbrücken und Verbundenheit zu bewirken vermag.[15]

4   Gott lässt sich auf vielfältige Weise begegnen

Den Spitalseelsorgenden begegnen nicht nur Kranke, die im gottesdienstlichen Leben der Kirche bestens Zuhause sind. Immer häufiger begegnen ihnen Menschen, die zwar einmal katholisch oder reformiert getauft wurden, aber nicht wirklich im Leben der Kirche Heimat gefunden haben. Davon war bereits die Rede. Die gottesdienstlichen Feiern der Kirche, die allesamt Angebote der Begegnung mit dem Gott des Lebens sind und von daher die Situa-

---

13 *Höhn*, Schwinden 54.
14 Ebd.
15 Vgl. *Reifenberg*, Berührung 1.

tion des oder der Kranken klären helfen wollen, sind daher vielen Menschen nicht vertraut. Gerade deshalb – so paradox dies auf den ersten Blick auch klingen mag – müssen sich Spitalseelsorgende in der Schatzkiste der rituellen Handlungen besonders gut auskennen. Nur so können sie vollends daraus schöpfen und dem oder der Kranken das Passende «verabreichen»[16], das dann zu ihrer Gesundung – theologisch würde man hier von «Heilwerdung» sprechen – beiträgt. Wenn im Folgenden ein Blick in die offizielle Liturgie der katholischen Kirche geworfen wird, soll damit das Reservoir aufgezeigt werden, aus dem ein katholischer Spitalseelsorger oder eine katholische Spitalseelsorgerin schöpft. Nicht selten wird sie diese Feiern situationsgerecht adaptieren müssen, nicht selten wird er nur Versatzstücke aus der offiziellen Liturgie verwenden können, und doch: Der Geist, der die Gestalt dieser Feiern prägt, ist die Botschaft des Gottes, der sich begegnen lässt, und damit auch die Grundbotschaft, die Spitalseelsorgende in die Krankenzimmer tragen. Dieser Geist wird stets in den kleinen wie in den grossen Formen die Grundlage gottesdienstlichen Feierns am Krankenbett sein.

Das liturgische Buch «Die Feier der Krankensakramente» enthält einen ganzen Kranz von Feiern: den Krankenbesuch, die Krankenkommunion, die Feier der Krankensalbung, die Wegzehrung, die Trias der Sterbesakramente und die Begleitung Sterbender. Annähernd die Hälfte des ganzen Buches macht ein Instrumentarium aus, das biblische Texte, Gebete neuerer Prägung oder solche, die aus der Tradition entnommen sind, sowie zahlreiche Psalmen zur Auswahl bereithält. Schon die Komposition dieses Buches offenbart, dass im Angesicht von Krankheit und Tod nicht Starrheit, sondern eine Vielfalt an möglichen Formen erforderlich ist. Dieses gesamte gottesdienstliche Tun ist

---

16 Diese Rede vom «verabreichen» schliesst sich an das Verständnis der Seelsorger und Seelsorgerinnen an, wie es sich in der Ostkirche schon in der Frühzeit der Kirche entwickelt hat. Charismatische Wanderpropheten und Wanderapostel suchten die Nachfolge Christi im Sinne einer asketischen Heimatlosigkeit zu verwirklichen. Sie galten als Geistträger, denen eine besondere Gebetskraft zukam. Viele Menschen suchten diese Wanderpropheten auf, um bei ihnen einen Seelenführer zu finden. Die Aufgabe des Seelenführers bestand darin, von der Not und den Sünden des Hilfesuchenden zu hören, um ihm die Medizin des Wortes zu verabreichen, Fürbitte für ihn einzulegen und seine Last mitzutragen. Hier liegen im Übrigen auch die Wurzeln der Beichte, die als ein quasimedizinischer Vorgang verstanden wird. Der Seelenführer ist der Arzt, der die Krankheiten der Seele, die in den schlechten Gedanken bestehen und zu den aktuellen Sünden führen, aufdecken muss. Die Medizin ist dann das der Not des Einzelnen entsprechende Wort Gottes.

laut Titel des Buches als «Krankensakramente» zu fassen. Damit wird der weite Sakramentenbegriff umgesetzt, den das Zweite Vatikanische Konzil vorbereitete: Alle diese Feiern wollen als wirksame Zeichen der Begegnung mit dem barmherzigen und rettenden Gott verstanden werden. Bei all diesen Formen handelt es sich um «Sakramente der Heilung», denn es geht bei ihnen um Gesundung, um Heilwerdung: nicht in dem platten Sinne einer magischen Handlung, die, als Zauber angewendet, den gewünschten Zustand herbeibringt, sondern in einem Verständnis, das der Glaube an den Gott der Bibel mit sich bringt. Dieser Gott, der uns in der Heiligen Schrift begegnet, gibt sich zu erkennen über sein Handeln – am Menschen und an der Welt. In immer neuen Melodiefolgen erzählt uns die Bibel, dass dieser Gott das Heil der Menschen will. Immer wieder aufs Neue hat sich dieser Gott als zuverlässig erwiesen in seinem Zuspruch, trotz der Unzuverlässigkeit des Menschen. Die Liturgie der Kirche im Ganzen hat diese Heilwerdung, diese Angleichung an die Existenz Christi zum Ziel. So erklärt das Zweite Vatikanische Konzil in seiner Liturgiekonstitution die Heiligung des Menschen zum ersten Sinn und Zweck der Liturgie. Die Pastorale Einführung der Bischöfe des deutschen Sprachgebietes in «Die Feiern der Krankensakramente» notiert:

«Auf vielfältige Weise kann die Kirche die Kranken auf ihrem Wege begleiten, an ihren Sorgen Anteil nehmen und ihr Vertrauen auf Gott stärken.»[17]

Und es heisst weiter:

«Besondere Bedeutung kommt dabei der Feier der Sakramente zu, weil in ihnen der Glaube der Kirche in sinnenfälligen Zeichen zum Ausdruck kommt und weil durch sie der Mensch in das Geheimnis Jesu Christi, in seinen Tod und seine Auferstehung, hineingenommen wird.»[18]

Auch hier begegnet uns wieder die Betonung der sinnenfälligen Zeichen.

So kann der Krankenbesuch, der als Werk der Barmherzigkeit herausgestellt wird, mit einem Gebet und dem Krankensegen abgeschlossen werden. Jeder Christ, jede Christin sollte – so die Pastorale Einführung – «fähig sein und ermutigt werden, mit Kranken zu beten und ihnen Gottes Segen zu erbitten»[19]. Wo es angezeigt ist, kann im Krankenzimmer ein kleiner Wortgottesdienst bestehend aus Schriftlesung, gemeinsamem Gebet und Kranken-

---

17 Pastorale Einführung Nr. 16, in: Krankensakramente 27.
18 Ebd.
19 Pastorale Einführung Nr. 19, in: a. a. O. 28.

segen gefeiert werden. Beim Segensgestus unterscheidet das Ritualefaszikel zwischen Laien und Klerikern:

«Während des Gebetes kann der Priester oder Diakon über mehrere Kranke die Hände ausbreiten oder einzelnen Kranken die Hände auflegen. Ein Laie spricht die Segensbitte mit gefalteten Händen und segnet die Kranken, indem er ihnen nach dem Gebet ein Kreuz auf die Stirn zeichnet.»[20]

Gerade Kranke brauchen in besonderer Weise Zeichenhandlungen, die ihnen die Nähe Gottes vermitteln. Deshalb ist seit alters die Krankenkommunion das häufigste Krankensakrament. Lange Zeit wurde die Möglichkeit, den Leib Christi Kranken zu bringen, sogar als der einzige Grund angesehen, weshalb die Eucharistie aufbewahrt wurde. Wenn Kranke die Eucharistie nicht mehr in der Gestalt des Brotes empfangen können, kann sie ihnen auch in der Gestalt des Weines gereicht werden. Leider gibt es für diese Möglichkeit der Krankenkommunion keine vorgesehenen liturgischen Gefässe. Wenn die Eucharistiefeier nicht am Krankenbett gefeiert werden kann – was meistens der Fall sein wird –, so ist der Spitalseelsorgende gefordert, sich selbst mit einem entsprechenden Gefäss auszustatten.

Wenn eine schwere Erkrankung vorliegt, kann die Krankensalbung gespendet werden. Stets ist sie in eine Wortliturgie eingebettet, denn wie in jedem Gottesdienst hört auch diese Gemeinschaft in ihrer spezifischen Lebenssituation zunächst auf den Gott, der sich in seinem Wort begegnen lässt. Es ist das Wort und damit Gott selbst, der den Menschen berührt. Die Salbung überführt dieses Geschehen in eine Zeichenhandlung. Die Salbung selbst erfolgt, indem Stirn und Hände mit dem Krankenöl gesalbt werden. Es kann auch eine andere geeignete Stelle gesalbt werden. Bei der Salbung der Stirn spricht der Priester: «Durch diese heilige Salbung helfe dir der Herr in seinem reichen Erbarmen, er stehe dir bei mit der Kraft des Heiligen Geistes.»[21] Zur Salbung der Hände heisst es: «Der Herr, der dich von Sünden befreit, rette dich, in seiner Gnade richte er dich auf.»[22]

Gott rettet mit ganz besonderen Zeichen. Oder genauer: In ganz besonderen Zeichen wird deutlich, dass Gott die Absicht hat, allen Menschen Heil und Heilung zu bringen. Wenn jemand von ernster Krankheit betroffen ist,

---

20 A. a. O. 55.
21 Krankensakramente 92.
22 A. a. O. 93.

findet diese Intention in der Salbung mit Krankenöl eine besonders sinnenfällige Gestalt.[23]

Das Handeln am Kranken bezieht auch die mit ein, die als Angehörige und Umstehende ebenso von der Krankheit «berührt» sind, ohne selbst krank zu sein. Bleibt auch die Salbung dem Kranken selbst vorbehalten, so werden doch alle Anwesenden durch das Gebet gestärkt und z. B. mit dem Weihwasser als Erinnerungszeichen an ihre eigene Taufe gesegnet. Darin kommt zum Ausdruck, dass alle Getauften ihren Tod bereits hinter sich haben und der Existenz Christi angeglichen sind: Jetzt schon sind sie Erlöste und mit Christus Auferstandene – ganz im paulinischen Verständnis.

In der Beantwortung der Fragen des Lebens haben die kirchlichen Sakramente eine lange Tradition. Ja, sie verkörpern sozusagen diese Tradition. Liturgie überhaupt und die Sakramente im Speziellen sind ein expressives Ganzes aus Gesten, Haltungen, rhythmischen Bewegungen oder «etwas tun» mit Gegenständen wie Wasser, Salbe, Weihrauch, zu dem auch ein Ambiente aus Musik, Gesängen, Momenten der Stille, aus Licht und Raum gehört. Als expressives Ganzes entfalten sie ihre Kraft.[24]

5 Liturgisches Handeln als Berührung des Menschen mit seinem Schöpfer

Diese kleine Auswahl aus der Vielfalt des Ritualefaszikel «Die Feier der Krankensakramente» zeigt: Es gibt verschiedene Weisen, in denen der Glaube die Wirksamkeit Gottes erkennt bzw. vermittelt sieht. Gott bedient sich dabei Menschen, die zu den Kranken gehen, um ihnen beizustehen, sie aufzurichten und ihnen Hoffnung zu geben. Bisweilen hat man den Eindruck, dass sich die theologische Diskussion allein auf die Frage konzentriert, wer die Krankensalbung spenden dürfe. Die Fokussierung auf die Frage des Spenders verdeckt jedoch die Wahrnehmung der Botschaft des liturgischen Buches: Jeder Christ bzw. jede Christin ist zum Dienst an der Heiligung aufgerufen und damit

---

23 Die Kirche kennt drei verschiedene «heilige Öle», die alle in der so genannten Chrisammesse in der Karwoche durch den Bischof geweiht werden: das Chrisamöl, das in der Feier der Taufe, der Firmung und für alle Ordinationen verwendet wird, das Katechumenenöl, das den Taufbewerber bzw. die Taufbewerberin bei der Christwerdung unterstützen will, und schlussendlich das Krankenöl.
24 Vgl. *Schillebeeckx*, Wiederentdeckung 310.

berufen, Kranken und Sterbenden beizustehen und ihnen die befreiende Botschaft zu verkünden. Der Not der Menschen kann – oder muss sogar – auf vielfältige Weise begegnet werden. Die Überbetonung einer der Weisen, wie Gott sich dem Kranken zuwendet, führt in eine Sackgasse. Denn: Christus ist immer der Eine und der Ganze, der sich heilvoll den Menschen zuwendet. Der und die Spitalseelsorgende muss daher aus der Vielzahl der Möglichkeiten rituellen Handelns auswählen, um situationsgerecht die befreiende Botschaft des zur Heilung und Rettung willigen Gottes vermitteln zu können.

Die überlieferten Rituale rund um Krankheit und Tod zeigen sich als ein ganzheitliches Geschehen. Durch die Vielzahl der Gebete, die in dem liturgischen Buch gesammelt sind, kann der Eindruck entstehen, die Liturgie bestehe zuvorderst aus Texten. Doch der genauere Blick verrät, dass die überlieferten Rituale ihre Kraft gerade durch die Zeichenhandlungen erhalten. Daher nochmals: Kein Sinn ohne Sinnlichkeit! Die Feier der Liturgie zeigt sich als Weg, in die bestehende Erlösung einzutreten, diese zu feiern und ihrer wieder anteilig zu werden. Dies geschieht eben nicht zuvorderst durch intellektuelles Erschliessen, sondern durch die Feier des Glaubens in lange erprobten und von Generation zu Generation überlieferten verbalen, nonverbalen und rituellen Handlungen. Dies schliesst nicht aus, dass sich auch neue rituelle Formen entwickeln können, denn Liturgie ist nach katholischem Verständnis ein symbolisches Handlungsgeschehen, in dem «Berührung des Menschen mit seinem Schöpfer»[25] geschieht, eine Berührung, die tiefe Erfahrungen und neue Erkenntnisse ermöglicht.

Quelle

Die Feier der Krankensakramente. Die Krankensalbung und die Ordnung der Krankenpastoral in den katholischen Bistümern des deutschen Sprachgebietes, Hg. im Auftrag der Bischofskonferenzen Deutschlands, Österreichs und der Schweiz sowie der (Erz-) Bischöfe von Bozen-Brixen, Lüttich, Luxemburg und Straßburg, Freiburg i. Br. u. a. ²1994.

---

25 *Hammenstede*, Liturgie als Erlebnis 30 f.

Literatur

Belliger, Andréa/Krieger, David J. (Hg.): Ritualtheorien. Ein einführendes Handbuch, Wiesbaden ³2006.

Dubach, Alfred: Lebensstil, Religiosität und Ritualbedürfnis in jungen Familien. Ergebnisse einer Repräsentativbefragung in der Deutschschweiz, St. Gallen 2009, online unter www.dubach.biz/rfi/index-Dateien/Lebensstil.pdf.

Gerhards, Albert: Mimesis – Anamnesis – Poiesis. Überlegungen zur Ästhetik christlicher Liturgie als Vergegenwärtigung, in: *Fürst, Walter (Hg.):* Pastoralästhetik. Die Kunst der Wahrnehmung und Gestaltung in Glaube und Kirche, Freiburg i. Br. 2002 (Quaestiones disputatae 199), 169–186.

Hammenstede, Albert: Liturgie als Erlebnis, Freiburg i. Br. ⁴1921 (Ecclesia orans 3).

Höhn, Hans-Joachim: Inszenierte Ergriffenheit? Über Risiken und Nebenwirkungen ritueller Glaubenskommunikation, in: Bibel und Liturgie 84 (2011) 4–11.

Höhn, Hans-Joachim: Wider das Schwinden der Sinne! Impulse für eine zeitkritische Ästhetik des Glaubens, in: *Kranemann, Benedikt (Hg.):* Gott feiern in nachchristlicher Gesellschaft. Die missionarische Dimension der Liturgie, Stuttgart 2000, 45–59.

Kranemann, Benedikt: Liturgie in der Perspektive der Anderen. Aufbrüche in die Zukunft des Gottesdienstes aus katholischer Perspektive, in: *Kerner, Hans (Hg.):* Aufbrüche. Gottesdienst im Wandel, Leipzig/Trier 2010, 129–148.

Kranemann, Benedikt: Rituale in Diasporasituationen. Neue Formen kirchlichen Handelns in säkularer Gesellschaft, in: *Böntert, Stefan (Hg.):* Objektive Feier und subjektiver Glaube? Beiträge zum Verhältnis von Liturgie und Spiritualität, Regensburg 2011 (Studien Pastoralliturgie 32), 253–273.

Reifenberg, Hermann: Berührung als gottesdienstliches Symbol. Liturgisch-phänomenologische Aspekte des taktilen Elements, in: Allgemeine Liturgiewissenschaft 27 (1985) 1–34.

Schillebeeckx, Edward: Hin zu einer Wiederentdeckung der christlichen Sakramente. Ritualisierung religiöser Momente im alltäglichen Leben, in: *Holderegger, Adrian/Wils, Jean-Pierre (Hg.):* Interdisziplinäre Ethik. Grundlagen, Methoden, Bereiche. FS Dietmar Mieth, Freiburg i. Br. u. a. 2001, 309–339.

Soeffner, Hans-Georg: Zur Soziologie des Symbols und des Rituals, in: *Oelkers, Jürgen/Wegenast, Jürgen (Hg.):* Das Symbol – Brücke des Verstehens, Stuttgart 1991, 63–81.

Wohlmuth, Josef: Jesu Weg – unser Weg. Kleine mystagogische Christologie, Würzburg 1992.

Wohlmuth, Josef: Überlegungen zu einer theologischen Ästhetik der Sakramente, in: *Baier, Walter u. a. (Hg.):* Weisheit Gottes – Weisheit der Welt, FS Joseph Ratzinger, St. Ottilien 1987, 1109–1128.

Wulf, Christian/Zirfas, Jörg: Performative Welten. Einführung in die historischen, systematischen und methodischen Dimensionen des Rituals, in: *dies. (Hg.):* Die Kultur des Rituals. Inszenierungen. Praktiken, Symbole, München 2004, 7–45.

Zimmermann, Ruben: Heilsame Berührungen, in: Bibel heute 2/2010, 12–16.

Jesus heilt nicht Krankheiten, sondern kranke Menschen

Kranksein und Heilwerden im Neuen Testament

Franz Annen

«Der christliche Glaube heilt nicht Krankheiten, sondern kranke Menschen», so fasst der Arzt und Theologe Roland W. Moser kurz und prägnant seine Überlegungen zu einem christlichen Menschenbild in Krankheit und Tod zusammen.[1] Die Formulierung benennt das Anliegen von Seelsorge im Rahmen von Palliative Care (und von Seelsorge an Kranken überhaupt) sehr zutreffend. Es geht dabei um den «ganzen» Menschen in seinen körperlichen, psychischen, sozialen und spirituellen Dimensionen,[2] nicht nur um das «Seelenheil», auch wenn die an der Sorge um die Kranken Beteiligten (Arzt, Pflegepersonal, Angehörige, Seelsorger) selbstverständlich unterschiedliche Schwerpunkte und Kompetenzen einbringen. Damit entspricht die Sicht von Palliative Care dem Menschenbild des Neuen Testamentes (NT) weit besser als eine rein medizinische Betrachtungsweise von Krankheit und Heilung.

1   Ganzheitliche Sicht von Kranksein und Heilwerden

Für Jesus und das NT ist Krankheit nicht nur ein Versagen körperlicher Funktionen, sondern betrifft den Menschen ganzheitlich: Es geht immer um den Menschen, der krank ist und leidet bzw. geheilt wird, um sein Erleben von Hilflosigkeit und Ohnmacht im persönlichen, sozialen und religiösen Sinn.[3] So ist auch Heil(ung) «eine Integrität und Wohlergehen der Menschen inkludierende Grösse, Heil für den totus homo, nicht bloss Seelenheil für das

---

1   *Moser*, Abschiednehmen 761.
2   Vgl. die Definition von *Eckhard Frick*, Spiritual Care 38: «Spiritual Care bedeutet: Gemeinsame Sorge für den kranken Menschen, in all seinen Dimensionen, neben der physischen und psychosozialen Dimension auch in seiner spirituellen».
3   Vgl. auch im Alten Testament (AT) die so genannten Klagepsalmen (z. B. Ps 6; 38; 41 u. a.), in denen das eindrücklich zur Sprache kommt.

Individuum»[4]. Die Heilungswunder Jesu sind nicht nur medizinische Wunder, sondern betreffen den ganzen Menschen, auch in seinen sozialen Bezügen und – vor allem – in seiner Beziehung zu Gott.

1.1 Kein Interesse an der medizinischen Ursache und Diagnose der Krankheit

Das Interesse gilt daher nicht der *medizinischen Ursache und Diagnose* der Krankheit.[5] Ärzte sind kaum präsent oder aber in negativem Sinn. So hat die Frau mit den Blutungen in Mk 5,24–35 durch sie viel gelitten und umsonst ihr ganzes Vermögen aufgewendet.[6] In den Heilungsgeschichten der Evangelien wird das körperliche Leiden der Kranken meist nur kurz, sehr nüchtern und unsentimental beschrieben, sodass eine genauere medizinische Diagnose kaum möglich ist. Aber es wird betont, wie schlimm ihre Krankheit ist und wie sehr sie darunter zu leiden haben (z. B. Mk 5,2–5.25–26; 9,17–18).

1.2 Die soziale Dimension der Krankheit

Verschiedentlich kommt auch die *soziale Dimension* der Krankheit in den Blick. Auf der einen Seite wird die Fürsorge des Umfelds der Kranken erwähnt: Sie werden durch Vater (Mk 9,14–27), Mutter (Mk 7,24–30) oder Helfer (z. B. Mk 1,32; 6,55–56; 7,32; 8,22) zu Jesus gebracht und ihm anempfohlen. Eindrücklich kommt das grosse Engagement der Betreuer des Gelähmten von Kafarnaum zum Ausdruck, die das Dach des Hauses abdecken, um den Kranken zu Jesus zu bringen (Mk 2,4). Oft aber sind die Kranken, denen Jesus begegnet, sich selbst überlassen: Der Lahme am Teich Betesda hat niemanden,

---

4 *Schrage*, Heil 200.
5 Vgl. *Heckel*, Krankheit/Heilung 1212: «Von entscheidender Bedeutung für das Verständnis der Krankheit ist im Neuen Testament nicht die (relativ beliebig austauschbare) medizinische Diagnose, sondern die persönlich erlebte Ohnmacht bzw. Kraftlosigkeit sowie die religiöse Einordnung in den endzeitlichen Machtkampf zwischen Gott und dem Teufel bzw. seinen Dämonen, v. a. Jesus Christus als dem Stärkeren, in dessen Wirken das Heil der Gottesherrschaft anbricht.»
6 Gemäss *Bendenmann*, Christus der Arzt 105–129, ist diese Ärztekritik in der hellenistisch-römischen Zeit ein Topos. In der neutestamentlichen Erzählung geht es dabei um die Hervorhebung der heilenden Kraft Jesu.

der ihn im richtigen Augenblick ins aufwallende Wasser trägt (Joh 5,7). Der Blinde von Jericho muss betteln und zieht den Ärger der Leute auf sich, als er Jesus laut um Hilfe anfleht (Mk 10,48). Der Besessene im Land der Gerasener irrt einsam in den Bergen umher und haust in Grabhöhlen, nachdem man umsonst versucht hat, ihn zu fesseln (Mk 5,2–5). Bekannt sind vor allem die gravierenden sozialen Folgen des Aussatzes. Nach Vorschrift von Lev 13,45–46 mussten die Aussätzigen ausserhalb der Siedlungen leben und die Menschen vor sich selbst warnen. Sie sind unrein und damit von der Kultgemeinschaft ausgeschlossen.

1.3 Krankheit hat mit Gott zu tun

Die Tatsache, dass Priester (nicht Ärzte!) die Aufgabe hatten, den Aussatz zu beurteilen (Lev 13–15; vgl. auch Mk 1,44), macht deutlich, dass Krankheit mit Gott zu tun hat. Ihr *Bezug auf Gott* steht im AT wie im NT ganz im Vordergrund des Interesses. Im AT ist es immer wieder Gott selbst, der die Menschen mit Krankheiten schlägt (Ex 9,15; Dtn 28,15–44; 32,39 u.ä.). Auch im NT wird diese Auffassung da und dort greifbar, so etwa in Apg 12,23, wo der «Engel des Herrn» König Herodes Agrippa I. schlägt, sodass er von Würmern zerfressen stirbt. Häufiger aber werden im NT Satan oder Dämonen als Verursacher von Krankheiten und Gebrechen genannt. So ist es Satan, der die Frau mit dem gekrümmten Rücken in Lk 13,16 gefesselt hält. Und es ist ein Satansengel, der Paulus peinigt (2 Kor 12,7). Dabei sind die Grenzen zwischen eigentlicher Besessenheit und dämonisch verursachter Krankheit und damit zwischen Exorzismus und Heilung oft fliessend. Manchmal sind körperliche Gebrechen mit Besessenheit durch Dämonen verbunden (Stummheit: Mk 9,17; Mt 9,32; Blindheit und Stummheit: Mt 12,22; vgl. auch die Symptome der Besessenheit in Mk 9,14–27, die an Epilepsie erinnern). Insgesamt jedenfalls sind für die Evangelien Krankheit und Gebrechen Ausdruck des Wirkens böser, das Leben zerstörender Mächte, die durch Jesus besiegt werden (vgl. das Beelzebulgespräch Mk 3,22–30). Vor diesem Hintergrund werden die Exorzismen und Heilungswunder Jesu zu Zeichen dafür, dass im Wirken Jesu die Herrschaft des Bösen durch die Ankunft des Reiches Gottes überwunden ist.

Schon das AT rang mit der Frage, warum Gott Krankheit und Leiden schickt oder zulässt. Im Sinne des Tun-Ergehen-Zusammenhangs wurde dabei die Krankheit häufig als Strafe für die Sünden des Volkes (Ex 9,13–15), des Kranken selbst (Num 12,9–14) oder seiner Vorfahren verstanden. In verschiedenen Klagepsalmen leidender Gerechter – und ausdrücklicher noch im Buch Ijob – brach die Frage nach dem Strafcharakter der Krankheit angesichts des Leidens von «Gerechten» und des Wohlergehens von «Frevlern» eindrücklich und schmerzhaft auf. In andern Texten wurde das Leiden als Erziehungsmassnahme Gottes (Ijob 5,17; Spr 3,12) oder als Prüfung durch Gott erklärt (Gen 22; Ijob 1; 36,21; Weish 3,5–6).

Auch im NT ist der Zusammenhang zwischen Sünde und Krankheit durchaus präsent. Paulus deutet in 1 Kor 11,29–30 Krankheiten in Korinth als Folge der Schuld gegenüber «dem Leib und dem Blut des Herrn». Die Vorstellung vom Leiden als Erziehungsmittel Gottes scheint in Hebr 12,5–11 auf, wo Spr 3,12 «Wen der Herr liebt, den züchtigt er, wie ein Vater seinen Sohn, den er gern hat» zitiert und ausführlich dargelegt wird. Auch der Jesus der Evangelien sieht Krankheit und Unheil als Folge der Sünden der Menschen (vgl. Joh 5,14, vorausgesetzt auch in Mk 2,1–12). Aber er stellt in Abrede, dass Leiden und Sünde sich im Sinne des Tun-Ergehen-Zusammenhangs aufrechnen lassen. In Joh 9,23 schliesst er ausdrücklich aus, dass das Gebrechen Strafe für die Sünde des Blinden oder seiner Eltern sei. In Lk 13,1–5 betont er, dass nicht nur die von einem Unheil betroffenen Menschen Sünder sind, sondern alle, die sich nicht bekehren. Die Haltung Jesu ist in diesem Punkt also sehr klar: So sehr er Krankheit und Unheil als Folge der Sünden der Menschen sieht, verneint er den direkten Schluss von Krankheit und Unheil einzelner Menschen auf ihr «Sündenregister». Kranke sind nicht grössere Sünder als die Gesunden (vgl. vor allem Lk 13,1–5).

1.4 Die ganzheitliche Sicht von Heilung

Der ganzheitlichen Sicht von Krankheit und Leiden entspricht auch die *Heilung*, wie sie das NT auffasst: Heilung bedeutet, dass die Integrität des Menschen wiederhergestellt wird. Sie ist nicht nur körperliches Gesundwerden, sondern umfasst auch die Wiederherstellung der durch die Krankheit gestörten Beziehungen zur Gemeinschaft und vor allem zu Gott,[7] wie die Verge-

---

7 Vgl. *Schrage*, Heil 203: «Gesundung impliziert nämlich neben körperlicher Restitution auch Resozialisation und religiöse Integration. Krankheit bedeutet umgekehrt nicht nur somatische Beeinträchtigung, sondern oft über Not und Bettel (vgl. Joh 9,8; Apg 3,2 f.) hinaus auch soziale Isolation und Stigmatisierung, ja religiöse Kultunfähigkeit und Verfemung.»

bung der Sünden (Mk 2,1–12) zeigt. In diesem umfassenden Verständnis von Heilung spielen konsequenterweise *Ärzte* kaum eine Rolle. Im AT wandte man sich in Krankheit und Leiden an *Gott* (vgl. die Klagepsalmen). Er ist der Arzt seines Volkes (Ex 15,26). Von ihm erwartete man Heilung. Das ist im NT nicht anders. Vor diesem Hintergrund ist es zu sehen, wenn die Kranken sich in den Evangelien an Jesus wenden, um geheilt bzw. von den Dämonen befreit zu werden. Sie sehen in ihm einen Mann Gottes, in dem sich Gott selbst seines Volkes annimmt (Lk 7,16).

2   Jesus, der «Arzt» und Heiland

«Der Gott Jesu und der Gott des Alten Testaments ist ein Gott, der das Heil für den Menschen will.»[8] Auch dort, wo Gott selbst Krankheit und Leiden schickt, wie es vor allem im AT häufig gesehen wird, handelt es sich um eine Konsequenz der Sünde und soll es den Menschen zur Umkehr und damit auf den Weg zum Heil führen. Aber eigentlich sind Krankheit und Leiden nicht von Gott gewollt. Er will das Heil der Menschen, das Beseitigung von Krankheit und Leiden einschliesst. Dementsprechend beschreibt Jes 35,5–6b die künftige Heilszeit: «Dann werden die Augen der Blinden geöffnet, auch die Ohren der Tauben sind wieder offen. Dann springt der Lahme wie ein Hirsch, die Zunge des Stummen jauchzt auf». Damit sind wir bei einem zentralen Punkt der Sendung Jesu, wie sie vor allem in den synoptischen Evangelien aufscheint (vgl. Mt 11,2–6).

2.1   Die Sendung Jesu

«Zu den fast ganz unbestrittenen Ergebnissen der historisch-kritischen Erforschung des Neuen Testamentes gehören die Einsichten, dass das Zentrum der Verkündigung Jesu die Botschaft vom Anbruch der Herrschaft Gottes war und dass mit ihr Heilungen Kranker und Besessener engstens verbunden waren.»[9] Jesus verkündet die Ankunft des Reiches Gottes, das sich in seinem Wirken Bahn bricht. Im Unterschied zu Johannes dem Täufer steht dabei für

---

8   *Broer*, Krankheit 358.
9   *Weiser*, Gabe 2.

ihn weniger der Gerichts- als vielmehr der Heilsaspekt im Vordergrund. Gerade sein heilendes Wirken ist Zeichen für diese Sicht des Reiches Gottes und macht seine bereits wirksame Gegenwart erfahrbar (vgl. besonders Mt 12,28; Lk 11,20). Darum bekommen die Wunder Jesu in den Evangelien ein sehr grosses Gewicht. Bei Markus z. B. machen sie etwa einen Drittel des ganzen Textes aus.

2.1.1 Jesus, der «Arzt» der Kranken

Jesus weiss sich als «Arzt» zu den Kranken gesandt (Mk 2,17). Die Heilungswunder zeigen deutlich genug, dass diese Sendung durchaus den *körperlichen Aspekt* einschliesst. Die Wundererzählungen der Evangelien machen aber klar, dass Jesus nicht einfach ein billiger und gleichzeitig erfolgreicher Ersatz-Arzt ist, sondern das Heil des Menschen im ganzheitlichen Sinn will. Er stellt die *Würde der Kranken* wieder her. So sitzt in Mk 5,15 der ehemals besessene Gerasener wieder ordentlich bekleidet da und macht einen vernünftigen Eindruck. Jesus durchbricht mit seinen Heilungen auch die Isolation der Kranken und ermöglicht die *Reintegration in die Gesellschaft*. Sie werden in ihr soziales Umfeld, in ihre Familie (Mk 5,19) und in die Kultgemeinschaft (im Falle der Aussätzigen durch die vorgeschriebene Präsentation vor den Priestern: Mk 1,44; Lk 17,14) zurückgeführt.

2.1.2 Jesu Heilungen stellen die Beziehung zu Gott wieder her

Vor allem aber zeigen viele Wundergeschichten deutlich, dass die Heilungen Jesu die *Beziehung zu Gott* wiederherstellen. So gilt seine heilende Tätigkeit nicht nur den körperlich Kranken, sondern auch und zuerst den Sündern. Bei seinem Mahl mit Zöllnern im Hause des Levi, das von Schriftgelehrten beanstandet wird, begründet Jesus sein Verhalten mit einem grundsätzlichen Logion über seine Sendung: «Nicht die Gesunden brauchen den Arzt, sondern die Kranken. Ich bin gekommen, um die Sünder zu berufen, nicht die Gerechten.» Sünde ist Krankheit in einem tieferen Sinn und bedarf eines «Arztes». Nur wenn auch sie geheilt, d. h. vergeben ist, wird der Mensch wirklich heil. Dieselbe Botschaft vermittelt die Heilung des Gelähmten in Mk 2,1–12: Jesus spricht ihm zunächst (2,5) die Vergebung seiner Sünden zu, wodurch die anschliessende Heilung der Lähmung (2,10–11) zum Zeichen für die Heilung seiner Beziehung zu Gott wird. Die körperliche Heilung wird deswegen nicht zur Bagatelle. Aber in den Augen Jesu ist für den Menschen die Heilung seiner Gottesbeziehung grundlegender.

2.1.3 Das Entscheidende ist der Glaube

Dazu passt, dass in den Erzählungen der Heilungswunder Jesu der *Glaube* eine so wichtige Rolle spielt. «Meine Tochter, dein Glaube hat dich geheilt. Geh in Frieden!», sagt Jesus zur Frau, die an Blutungen litt (Mk 5,34; vgl. auch den Blinden von Jericho Mk 10,52). «Dein Glaube hat dich geheilt. Geh in Frieden!», sagt er aber auch zur Sünderin, die seine Füsse mit Öl salbt und dafür Vergebung ihrer Sünden zugesprochen erhält (Lk 7,50diff Mt/Mk). Sehr klar werden in der Erzählung von den zehn Aussätzigen in Lk 17,11–19 die verschiedenen Dimensionen der Heilung: Alle zehn werden «rein» (17,14), wie sie sich den Priestern zeigen. Sie sind medizinisch gesund und wieder in die Gemeinschaft Israels eingegliedert. Aber nur den Samariter, der nach seiner Reinigung «Gott mit lauter Stimme lobte» (17,16) und «Gott ehrte» (17,19), erklärt Jesus als geheilt: «Steh auf und geh! Dein Glaube hat dich geheilt.» (17,19)[10] Wenn der Blindgeborene in Joh 9,38 zum Glaubenden wird, der geheilte Blinde von Jericho Jesus nachfolgt (Mk 10,52) oder der vormals besessene Gerasener sein Jünger werden möchte (Mk 5,18), zeigen diese Reaktionen, dass die Heilung durch Jesus diese Menschen im umfassenden Sinn heil gemacht hat, nicht nur körperlich, sondern gerade auch in ihrer Beziehung zu Gott bzw. Jesus. Heilung und Heil gehören im Neuen Testament engstens zusammen.

2.1.4 Jesus, der Heiland

So ist es verständlich, dass der Titel *sotér* (Heiland, Retter) in der neutestamentlichen Briefliteratur (Phil 3,20; 2 Tim 1,10; Tit 1,4; 2,13; 3,6; 2 Petr 1,1.11; 2,20; 3,18, 1 Joh 4,14), aber auch in der späteren Kirche für Jesus geläufig wird. Unter den Evangelisten ist es besonders Lukas (vgl. aber auch Joh 4,42), der in seinem Jesusbild betont, dass Jesus als *sotér*, als Heiland und Retter, gekommen ist. Was in der Bibel eigentlich eine Bezeichnung Gottes selbst ist[11], wird bei Lukas in den Worten der Engel, die den Hirten in Betlehem erscheinen, zum feierlichen Titel für Jesus: «Heute ist euch in der Stadt Davids der ‹sotér› [Retter, Heiland] geboren; er ist der Messias, der Herr.» (Lk 2,11; vgl. auch Apg 5,31; 13,23) Damit ist in lukanischer Sicht

---

10 Wenn die Einheitsübersetzung an allen zitierten Stellen übersetzt: «Dein Glaube hat dir *geholfen*», bagatellisiert sie das verwendete griechische Wort *sózein* (retten, heilen).

11 In der LXX passim, oft aber auch noch im NT: Lk 1,47; 1 Tim 1,1; 2,3; 4,10; Tit 1,3; 2,10; 3,4; Jud 25.

seine Sendung umfassend charakterisiert, die den Kranken, Sündern, Armen, Gefangenen und Zerschlagenen gilt (vgl. besonders Lk 4,18) und ihnen das Heil bringt.

2.1.5 Die Heilungswunder Jesu sind Zeichen für das bereits angebrochene Reich Gottes

Für das Verständnis der Heilungswunder Jesu ist schliesslich festzuhalten, dass sie im Verständnis Jesu und des NT als *eschatologische Zeichen* zu sehen sind und zunächst Einzelfälle bleiben. Sie sind Zeichen dafür, dass das Reich Gottes anbricht, aber sie sind nicht das Reich Gottes selbst bzw. nur sein Anfang.

«Das heißt zugleich: Jesus heilt einzelne Kranke inmitten einer Welt, in der die meisten Menschen zunächst weiterhin leiden. Sie leiden an Hunger und Armut, an Seele und Leib, an Unrecht und Unterdrückung. Sie sterben an Krankheiten und Katastrophen. So war es zurzeit Jesu. So ist es heute.»[12]

Anders wird es erst in der Vollendung des Heils sein. Das ergibt eine Spannung, die durch die Jesusgeschichte vorgegeben ist, nämlich «zwischen dem Glauben an den Anbruch der Erlösung und der Erfahrung des Heils einerseits und der Erfahrung der weiter wirksamen Leben zerstörenden Mächte andererseits»[13]. In dieser Spannung stehen sowohl die Kranken, die sich um die Bewältigung ihrer Krankheit im Glauben bemühen, als auch die Seelsorge an Kranken. Was sich jetzt schon geändert und auch für Kranke und Krankenseelsorge heute Relevanz hat, ist der Glaube daran und die Hoffnung darauf, dass Menschen das heile Leben geschenkt wird. Dies darf nicht als «billige Vertröstung» missverstanden werden. Vielmehr macht es für Schwerkranke und mit dem Tod Ringende durchaus einen Unterschied, ob in ihnen diese Hoffnung lebt oder nicht.

2.2 Der Umgang Jesu mit den Kranken

Der Umgang Jesu mit den Kranken entspricht der ganzheitlichen Auffassung von Krankheit und Heilung, wie sie eben beschrieben wurde. Vor allem in den Wundererzählungen wird sichtbar, wie Jesus auf die Kranken zugeht und mit ihnen umgeht.

---

12 *Weiser*, Gabe 5.
13 *Eckert*, Dreimal 8.

2.2.1 Achtsamkeit

Zunächst fällt auf, wie *aufmerksam* er sie wahrnimmt. Während Umstehende den lästigen Blinden von Jericho, der laut schreiend am Strassenrand steht, abwimmeln wollen, bleibt Jesus stehen und lässt ihn rufen. Mit liebevoller Fürsorge fragt er ihn: «Was soll ich dir tun?» (Mk 10,51) Er übersieht ihn trotz der grossen Betriebsamkeit um ihn herum nicht und empfindet sein Schreien nicht als lästige Störung. So sehr Jesus also in seinen Heilungen Zeichen sieht, in denen das Kommen des Reiches Gottes erfahrbar wird, übersieht er darüber den einzelnen betroffenen Kranken nicht. Dieser wird nicht zum Demonstrationsobjekt. Jesus heilt vielmehr aus mitfühlender Zuwendung und hat Mitleid mit den Menschen (vgl. Lk 7,13). Diese Zuwendung und Nähe zu den Kranken und sein mitfühlendes Eingehen auf sie und ihre Nöte verraten nicht nur seine tiefe Menschlichkeit, sondern sind selbst ein wichtiges Zeichen: Darin zeigt sich der Gott Israels, der «auf sein Volk schaut» (Lk 7,16) und sich seiner annimmt. Dass Jesus die Liebe und Menschenfreundlichkeit Gottes sichtbar macht und lebt, gehört zu seiner ureigensten Sendung und Botschaft.

2.2.2 Zuwendende Nähe

Jesus lässt die Kranken und Gebrechlichen seine zuwendende *Nähe* spüren. Immer wieder wird festgehalten, dass Jesus die Kranken berührt, sie durch Berührung (Mk 7,32; Lk 14,4) bzw. Handauflegung (Mk 6,5; Mk 8,23; Lk 4,40; Lk 13,13) heilt oder sie an der Hand nimmt und aufrichtet (Mk 1,31). Dieser heilende Körperkontakt scheint so typisch für den Umgang Jesu mit Kranken gewesen zu sein, dass viele glaubten, allein schon durch Berührung mit ihm geheilt zu werden (Mk 5,25–34; Mk 6,56). Im Rahmen der Evangelien ist das nicht ein Relikt volkstümlicher Magie, sondern vielmehr Ausdruck des Glaubens an die heilende Kraft Jesu. Zu ergänzen ist, dass Jesus vor der Berührung der Kranken auch dann nicht zurückschreckt, wenn es sich um verunreinigende Krankheiten wie Aussatz handelt (Mk 1,41). Die Zuwendung zu diesen geplagten und ausgegrenzten Menschen ist ihm wichtiger als religiöse Tabus, ihre Heilung wichtiger sogar als das Sabbatgebot (Mk 3,1–6; Lk 13,10–17; Lk 14,1–6; Joh 9,13–16). Er riskiert zwar damit den Zorn gesetzestreuer Juden und letztlich sein Leben (Mk 3,6). Für ihn aber ist es der gottgewollte Sinn des Sabbats, Gutes zu tun und Leben zu retten (Mk 3,4).

2.2.3 Das machtvolle Wort

Jesus heilt die Kranken, insbesondere die Besessenen, meist ausschliesslich durch sein *Wort*. Dazu kommt, wie eben erwähnt, gelegentlich die *Berührung* der Kranken oder die Handauflegung. Nur selten wendet er *volksmedizinische Manipulationen* an: So berührt er die Zunge des Taubstummen in der Dekapolis und die Augen des Blinden von Betsaida mit Speichel (Mk 7,33; 8,23); die Augen des Blindgeborenen bestreicht er mit einem Teig aus Staub und Speichel (Joh 9,6). Für die Evangelien ist es klar, dass diese Massnahmen nicht im medizinischen Sinn wirken, sondern auf der Zeichenebene anzusiedeln sind. Die Heilung selbst geschieht durch die Kraft Jesu.

3 «Er sandte sie aus, das Reich Gottes zu verkünden und zu heilen» (Lk 9,2)

Die Evangelien lassen keinen Zweifel daran, dass Jesus will, dass sein Wirken nach seinem Tod weitergehen soll. Auswahl, Belehrung und Aussendung seiner Jünger nehmen in den Evangelien breiten Raum ein, denn sie sind Zeugen seiner Wundertaten und erleben ganz nahe, wie er mit den Menschen umgeht. Sie hören seine Verkündigung und bekommen immer wieder «Nachhilfestunden» im kleinen Kreis. Schliesslich sendet er sie aus, um «das Reich Gottes zu verkünden und zu heilen» (Lk 9,2). Ihr Auftrag entspricht also der Sendung Jesu; sein Werk sollen sie weiterführen.

3.1 Was beinhaltet der Auftrag zu heilen?

Die Evangelien selbst verstehen ihn als Austreiben von Dämonen und Heilen von Kranken: «Er gab ihnen die Kraft und die Vollmacht, alle Dämonen auszutreiben und die Kranken gesund zu machen» (Lk 9,1 par Mt 10,1, während Mk 6,7 nur vom Austreiben der unreinen Geister spricht). Die 72 ausgesandten Jünger berichten nach der Rückkehr von ihrem ersten Missionsversuch «voll Freude: Herr, sogar die Dämonen gehorchen uns, wenn wir deinen Namen aussprechen» (Lk 10,17). Der spätere Markus-Schluss präzisiert den Auftrag Jesu dahingehend, dass die Jünger die Kraft bekommen, Wunder zu wirken (Mk 16,17–18): «Und durch die, die zum Glauben gekommen sind, werden folgende Zeichen geschehen: In meinem Namen werden sie Dämonen austreiben; und die Kranken, denen sie die Hände auflegen, werden gesund werden.»

Die Apostelgeschichte berichtet von Wundern, besonders (nicht nur) Heilungswundern, die durch die Apostel (Apg 3,1–10; 9,32–35), durch Paulus (Apg 14,8–13; 16,16–18; 28,7–10) und andere Zeugen Jesu wie Philippus (Apg 8,7) geschehen. Auch Paulus selbst, in dessen theologischem Denken Wunder insgesamt keine zentrale Rolle spielen, erwähnt «Zeichen, Wunder und machtvollen Taten», die durch ihn geschehen (2 Kor 12,12; vgl. auch Röm 15,18–19). Und unter den Charismen, die in der Kirche von Korinth wirksam sind, taucht u. a. «die Gabe, Krankheiten zu heilen» (1 Kor 12, 9.28.30) auf. Es spricht für die Nüchternheit von Paulus, dem jede Wundersucht fernliegt, dass er dieses gewiss auffällige Charisma relativiert: Es handelt sich dabei lediglich um eines von vielen Charismen; und er betont deutlich, dass die höchste der Gnadengaben die Liebe sei (1 Kor 13).

3.2 Auftrag Jesu an seine Jünger und seine Kirche: verkünden und heilend wirken

Kein Zweifel also: Die frühe Kirche war sich bewusst, dass sie den Auftrag und die Vollmacht zu heilen bekommen hatte. Sie kam diesem Auftrag auch nach, offensichtlich erfolgreich[14] und mindestens z. T. in einer Weise, die man als Wunder ansah. Wunderbare Heilungen hatten im Laufe der Jahrhunderte in der Kirche einen unterschiedlichen, manchmal auch ambivalenten Stellenwert. Oft genug nahm der Wunderglaube bzw. die Wundersucht Formen an, die wenig mit der Mitte des christlichen Glaubens zu tun hatten. Es ist hier nicht der Ort, die Wunderfrage aufzuarbeiten. Auch die Frage, welcher Platz den Heilungsgottesdiensten, die mancherorts stattfinden, in der heutigen Umwelt zukommt, soll hier nicht erörtert werden. Aber wie immer man zu Wundern stehen mag, bleibt der Auftrag Jesu an seine Jünger und seine Kirche klar: zu verkünden und heilend zu wirken. Der zweite Teil dieses Auftrags wurde zweifellos zu oft zurückgestellt oder vergessen. Ja, es geschah und geschieht sogar, dass Menschen durch das Verhalten der Institution Kirche krank wurden und werden. Das widerspricht dem Auftrag Jesu diametral. Die Kirche hat eine Botschaft zu verkünden, die Heil ansagt und wirkt, und sie hat sie so zu verkünden, dass sie heilend wirkt und nicht krankmacht.

---

14 Man braucht nicht so weit zu gehen wie *Wohlers*, Jesus 53: «Es spricht viel für die Annahme, dass das frühe Christentum, den historischen Jesus eingeschlossen, eine Bewegung von Exorzisten und Heilern war.»

3.3 Seelsorge als Heilssorge

Der heilende Auftrag der Kirche ist im Sinne des oben beschriebenen Krankheits- und Heilungsverständnisses auf jeden Fall ganzheitlich zu verstehen. Dem entspricht weder eine Konzentration auf die körperliche Seite der Heilung (wie es in der Suche nach Wundern oft geschieht) noch eine Spiritualisierung und Verinnerlichung, die sich nur um «das Seelenheil» (was immer damit genau gemeint ist) kümmert. Wie Jesus hat die Seelsorge, die man besser Heilssorge nennen würde, nicht das Ziel, Krankheiten zu heilen, sondern kranke Menschen, und kommt mit diesem umfassenden Heilungsverständnis dem sehr nahe, was Palliative Care meint.

3.4 Die Liebe und Menschenfreundlichkeit Gottes spürbar werden lassen

Dabei ist von entscheidender Bedeutung, wie die Seelsorgerin bzw. der Seelsorger den Menschen begegnet. Wie diesbezügliche Verhaltens- und Gesprächsregeln im Einzelnen auszusehen hätten, gehört in das Arbeitsfeld der Pastoraltheologie. Aus neutestamentlicher Sicht sei darauf verwiesen, dass gerade in dieser Beziehung der oben geschilderte Umgang Jesu mit Kranken und Gebrechlichen wertvolle Impulse geben kann, die auch heute wegleitend sein müssen: Es geht darum, die Kranken aufmerksam und als Menschen ganzheitlich wahrzunehmen, sie die Nähe spüren zu lassen, auch dann, wenn es unangenehm oder sogar abschreckend ist. Die Kranken sollen den Seelsorger oder die Seelsorgerin so erleben dürfen, dass durch ihn bzw. sie die Liebe und Menschenfreundlichkeit Gottes spürbar wird. Nur so wird die frohe Botschaft sie treffen können und glaubwürdig wirken. Sonst besteht die Gefahr, dass sie als «frommer Spruch» ankommt. Heilend ist auf jeden Fall letztlich nicht der Seelsorger oder die Seelsorgerin, sondern die Heilsbotschaft vom gekreuzigten und auferstandenen Herrn selbst.

4 Leiden als Weg der Nachfolge, Leiden und Tod als Weg zum Leben[15]

4.1 Jesus, die Grundlage jeder Spiritualität

Die Grundlage jeder Spiritualität, die Leiden und Krankheit vom Glauben her zu verstehen und zu bestehen versucht, ist Jesus selbst. Er ruft die Jünger, dass sie «bei ihm seien und damit er sie aussende» (vgl. Mk 3,14). Wie die Synoptiker ausführlich schildern, machen die Berufenen bei Jesus eine mühsame Lehre durch. Sie müssen lernen, dass der Weg mit Jesus ein Kreuzweg ist. Das Leiden gehört zum Weg der Nachfolge: «Wer mein Jünger sein will, der verleugne sich selbst, nehme sein Kreuz auf sich und folge mir nach.» (Mk 8,34) Begreiflicherweise wehren sie sich mit Händen und Füssen dagegen; sie haben ganz andere Vorstellungen von ihrem Weg mit dem Messias. Petrus muss deswegen von Jesus den schärfsten Verweis einstecken, den dieser je einem Menschen erteilt hat (Mk 8,33): «Weg mit dir, Satan, geh mir aus den Augen! Du hast nicht das im Sinn, was Gott will, sondern was die Menschen wollen.» Das Leiden ist in der Tat nicht das, was die Menschen wollen, bis heute nicht! Wem fällt es leicht zu akzeptieren, dass Leiden zum eigenen Weg gehört? Weil die Jünger den Kreuzweg Jesu nicht verstehen und akzeptieren können, versagen sie in der Stunde der Passion – sie fliehen. Wer sicher ist, dass er selbst anders gehandelt hätte, werfe den ersten Stein auf sie!

4.2 Der Kreuzweg als Weg zu Tod und Auferstehung

Aber gerade weil der Weg des Leidens so schwer ist und dem Verlangen des Menschen diametral entgegensteht, muss umso deutlicher betont werden – deutlicher als es oft geschieht –: Der Kreuzweg in der Nachfolge Jesu führt, wie der Weg Jesu selbst, durch den Tod hindurch zur Auferstehung. Alle drei Leidensankündigungen Jesu münden in die Ansage seiner Auferstehung nach drei Tagen (Mk 8,31; 9,31; 10,34). Der Weg der Nachfolge ist nicht ein Todesweg, sondern der Weg zum Leben; aber er führt durch Leiden und Tod.

---

15 Die folgenden exegetisch-spirituellen Überlegungen sind grundsätzlicher Art und Hintergrund für die seelsorgliche Begleitung leidender Menschen. Es ist dem Geschick und dem Feingefühl des Seelsorgers und der Seelsorgerin aufgegeben, zu spüren, wann wie viel davon dem kranken Menschen zuzumuten, nachvollziehbar und hilfreich ist.

Darin ist das ganze Geheimnis von Karfreitag und Ostern eingefangen. Und nur so kann die Osterbotschaft in einer Weise verkündet werden, die die Realität des Menschen ernst nimmt, die ja immer wieder – und nicht nur in schwerer Krankheit und im Tod – vom Leiden mitbestimmt ist.

4.3 Der Kreuzweg des Menschen ist *Mit*-Leiden mit Jesus

«Die wichtigste Sinngebung des Leidens im NT ist die des Mitleidens mit Christus, das Leiden der Menschen wird v. a. vom Christusleiden her zu verstehen versucht.»[16] Die Evangelien schildern Jesus sehr deutlich als leidenden und im Leiden ringenden Menschen. Am eindrücklichsten ist in dieser Hinsicht das angstvolle Gebet Jesu in Getsemani. «Da ergriff ihn Furcht und Angst, und er sagte zu ihnen: Meine Seele ist zu Tode betrübt.» (Mk 14,33–34) Lk unterstreicht die Tiefe dieser Angst mit dem drastischen Bild, dass «sein Schweiss wie Blut war, das auf die Erde tropfte» (Lk 22,44). Auch bei der Schilderung des Todes Jesu stellen Mt und Mk das abgrundtiefe, ungetröstete (!) Leiden Jesu fast brutal dar. Sie lassen Jesu Ruf der Verlassenheit «Mein Gott, mein Gott, warum hast du mich verlassen?» (Mt 27,46; Mk 15,35) als sein letztes Wort stehen und ihn mit einem lauten Schrei sterben.[17] Es ist für die Spiritualität leidender Menschen wichtig, dass Jesus das Leiden und Sterben der Menschen bis in die letzte Tiefe mitgegangen und vorangegangen ist. Der Kreuzweg des Menschen ist bis zur bitteren Neige ein Kreuzweg *mit ihm*, ist *Mit*-Leiden mit Jesus.

4.4 Jesus leidet und stirbt nicht nur *mit* uns, sondern *für* uns (*pro nobis*)

Aber die Botschaft der Evangelien geht noch weiter. Jesus hat nicht nur am Leidens- und Todesschicksal der Menschen teilgenommen, er leidet und stirbt nicht nur *mit* uns, sondern *für* uns (*pro nobis*). In Aufnahme des vierten Got-

---

16 *Broer*, Krankheit 365.
17 Lk und Joh mildern diesen furchtbaren Tod in Verlassenheit ab. Nach Lk 23,46 stirbt Jesus mit einem ergebenen Gebet auf den Lippen: «Vater, in deine Hände lege ich meinen Geist.» Bei Joh 19,30 ist Jesu letztes Wort wie ein sieghaftes Aufatmen: «Es ist vollbracht.»

tesknechtliedes formuliert das Jesuswort in Mk 10,45 dieses «für uns» seiner Lebenshingabe klar und deutlich: «Denn auch der Menschensohn ist nicht gekommen, um sich dienen zu lassen, sondern um zu dienen und sein Leben hinzugeben als Lösegeld für viele.» Das Abendmahlswort über den Kelch bekräftigt diese Deutung des Todes Jesu (Mk 14,24): «Das ist mein Blut, das Blut des Bundes, das für viele [Lk 22,20: ‹für euch›] vergossen wird.»

Wie sich Jesu ganzes Leben und Wirken zutreffend als Pro-Existenz[18] deuten lässt, gilt dies in besonderer Weise von seinem Leiden und seinem Tod.

4.5 Jesus nimmt das Leiden der Menschen stellvertretend auf sich

Bei Mt finden sich die Heilungswunder Jesu ausdrücklich in diesen christologischen Zusammenhang gestellt. Sie sind nicht nur Zeichen der Menschenliebe Gottes und des Anbruchs der Gottesherrschaft, sondern auch dafür, dass Jesus das Leiden der Menschen stellvertretend auf sich nimmt. Er ist der Knecht Gottes, von dem Jes 53,4 spricht. Durch die Heilung Besessener und Kranker «sollte sich erfüllen, was durch den Propheten Jesaja gesagt worden ist: Er hat unsere Leiden auf sich genommen und unsere Krankheiten getragen.» (Mt 8,17) Jesus ist nicht nur solidarisch mit uns im Leiden; er trägt unsere Krankheiten und Leiden stellvertretend für uns. Bis heute vertrauen Glaubende darauf, «dass Jesus nicht nur geheilt *hat, sondern* als Gekreuzigter und Auferstandener lebt, in der Gemeinde gegenwärtig ist, noch *heute* heilend wirkt und das vollendete Heil heraufführen wird»[19].

5 Vereint mit Christus im Leiden und in der Auferstehung

5.1 Theologie der Krankheit bei Paulus

Eine eigentliche Theologie der Krankheit – manchmal spricht man von «Leidensmystik» – hat der Apostel Paulus in seinen Briefen entwickelt.[20] Er tut es vor dem Hintergrund eigener schmerzlicher Erfahrung. Seine «Leidenskata-

---

18 Als theologischer Begriff m. W. neu formuliert von *Schürmann*, Christus. Inzwischen ist der Begriff als Deutung des Wirkens, des Lebens und Sterbens Jesu gebräuchlich.
19 *Weiser*, Gabe 3.
20 Vgl. *Eckert*, Dreimal.

loge» (1 Kor 4,9–13; 2 Kor 4,7–12; 6,3–10; 11,23–12,10) sprechen für sich, selbst wenn man annehmen möchte, dass er etwas übertreibt. Aus 2 Kor 12,7–10 wird deutlich, dass er sich durchaus dagegen gewehrt hat, dass ihm «ein Stachel ins Fleisch gestossen [wurde]: ein Bote Satans, der mich mit Fäusten schlagen soll» (12,7). Und er rang deswegen lange mit Gott: «Dreimal habe ich den Herrn angefleht, dass dieser Bote Satans von mir ablasse.» (12,8)[21] Um welches Leiden es sich dabei handelt, lässt sich nicht mit Sicherheit sagen. Aber es scheint etwas Schwerwiegendes, Schmerzhaftes gewesen zu sein.[22] Paulus ist also kein Heroe, den nichts anfechten kann. Vielmehr muss er immer wieder mit sich und Gott ringen, um mit seinem Leiden fertig zu werden, und ist mehrfach am Ende seiner Kraft. Er wird von seinem Leiden nicht befreit, trotz allem Flehen.[23] Die so abgeklärt wirkenden Sinndeutungen der Krankheit und des Leidens, wie wir sie bei Paulus finden, sind also in hartem persönlichem Ringen mit Gott und sich selbst erkämpft und damit umso glaubwürdiger.

5.2 Der Tod ist auch eine Folge der Sünde

In der theologischen Reflexion des Römerbriefes macht Paulus deutlich, dass Schwäche und Todverfallenheit zur kreatürlichen Vergänglichkeit der Schöpfung gehören (vgl. Röm 8,20–22). Daran hat der Mensch Anteil. Was den Menschen betrifft, ist der Tod aber auch eine Folge der Sünde (vgl. Röm 5,12–21; 6,16–23; 7,5.13; 8,2). Er gehört zu den Unheilsmächten (Gesetz, Sünde und Tod), denen der Mensch ohnmächtig ausgeliefert ist. Die Heilstat Gottes in Jesus hat ihn davon befreit: «Ich unglücklicher Mensch! Wer wird mich aus diesem dem Tod verfallenen Leib erretten? Dank sei Gott durch Jesus Christus, unsern Herrn!» (Röm 7,24–25a).

---

21 Vgl. dazu den Gebetskampf Jesu in Getsemani (Mk 14,23–42), der ebenfalls dreimal bittet, dass der Leidenskelch an ihm vorübergehe.
22 Vgl. dazu *Heckel*, Dorn.
23 Vgl. *Bieberstein*, Paulus.

5.3 Die Kraft des Kreuzes

Paulus bezieht die Kraft, seine Krankheit und seine Leiden zu tragen, nicht aus sich selbst. Er versteht seine Leidenserfahrung vielmehr als Mittel gegen die Gefahr der Selbstüberhebung. Was ihn starkmacht, ist die Kraft des Kreuzes, die gerade in der Schwäche des Menschen wirksam ist.

> «Er [d. i. der Herr] antwortete mir: Meine Gnade genügt dir; denn sie erweist ihre Kraft in der Schwachheit. Viel lieber aber will ich mich meiner Schwachheit rühmen, damit die Kraft Christi auf mich herabkommt. Deshalb bejahe ich meine Ohnmacht, alle Misshandlungen und Nöte, Verfolgungen und Ängste, die ich für Christus ertrage; denn wenn ich schwach bin, dann bin ich stark.» (2 Kor 12,9–10)

Schon im ersten Korintherbrief hat er in eindrücklicher Weise ausgeführt, dass nicht das Starke, sondern das – menschlich gesehen – Schwache von Gott erwählt ist und Gottes Kraft offenbart: Die Botschaft des Kreuzes mag für Juden ein Ärgernis und für Griechen eine Torheit sein, für die Berufenen ist sie «Gottes Kraft und Gottes Weisheit» (1 Kor 1,24). Darin sieht er auch ein Grundgesetz für den Auftrag der Verkündigung: Gerade in ihrer Schwäche gibt sie der Kraft Gottes Raum, «damit kein Mensch sich rühmen kann vor Gott» (1,29). Das Wirken Gottes hängt nicht an menschlicher Machbarkeit und Effektivität, sondern ist gerade dort stark, wo der Mensch schwach ist. Eine Ermutigung für Seelsorgende, die sich am Krankenbett oft genug ohnmächtig fühlen, wie auch für Leidende, die sich unnütz vorkommen und sich als Belastung für andere wahrnehmen!

5.4 Leiden und Tod als die Verheissung der Gemeinschaft mit Jesus auch in der Auferstehung

So denkt und spricht der kraftvolle und willensbetonte «Macher» Paulus, der grosse Völkerapostel, der eine erstaunliche Lebensleistung vorzuweisen und die Möglichkeiten des Handelns in seiner Missionsarbeit voll ausgeschöpft hat! Seine Haltung ist nur vor dem Hintergrund seines totalen Ergriffenseins von Christus, dem Gekreuzigten und Auferstandenen, zu verstehen, der seit seiner Bekehrung die Mitte und das Ziel seines Lebens ist (vgl. besonders Phil 3,7–14). Paulus will «die Gemeinschaft mit seinem Leiden» erkennen und wünscht: «Sein Tod soll mich prägen» (3,10). Darin sieht er die Verheissung der Gemeinschaft mit Jesus auch in der Auferstehung: «So hoffe ich, auch zur

Auferstehung von den Toten zu gelangen.» (3,11) Der Kern der paulinischen «Leidensmystik», seine Kraft, die ihn Krankheit und Leiden nicht nur ertragen, sondern als sinnvoll verstehen lässt, ist somit seine «Christusmystik»: «Ich bin mit Christus gekreuzigt worden; nicht mehr ich lebe, sondern Christus lebt in mir» (Gal 2,19b–20a). Diese Gemeinschaft mit dem Gekreuzigten und Auferstandenen gilt für alle Getauften. Wir sind in den Tod Jesu hinein getauft und mit ihm begraben; mit ihm werden wir auferstehen. «Wenn wir nämlich ihm gleich geworden sind in seinem Tod, dann werden wir mit ihm auch in seiner Auferstehung vereinigt sein.» (Röm 6,5) Leiden und Tod sind kein Selbstzweck, weder für Paulus noch für den christlichen Glauben überhaupt. Leiden gehört zum Leben des Menschen. In der Nachfolge Jesu, in der Gemeinschaft mit ihm, ist es ein Weg zum Leben.

Schluss

Es «ist auffallend, dass die Theodizee-Frage im NT so gut wie keine Rolle spielt. Jesus erklärt nicht das Leiden, sondern erleidet es und wird darin Vorbild. Auch der Zusammenhang zwischen dem Leiden und der Freiheit des Menschen oder den Strukturen der Sünde wird im NT gegenüber dem AT auffällig zurückgefahren. Dagegen wird das Leiden im NT in die christliche Existenz integriert und Ausdruck der Gemeinschaft mit Christus.»[24] Das Neue Testament gibt also wenig Hilfestellung für eine rationale Erklärung auf jene Frage, die leidende Menschen aller Zeiten umgetrieben hat und auch am Krankenbett immer wieder gestellt wird: die Frage nach dem Warum, verschärft durch den christlichen Glauben an einen liebenden Gott. Das NT gibt aber dem Leiden und dem Tod einen Sinn und eine Hoffnung als Weg zur Auferstehung und zum Leben.

Das mag heute schwer zu vermitteln sein, da auch viele Christen nicht mehr an eine Auferstehung und an ein ewiges Leben zu glauben vermögen. Aber gibt es einen anderen Weg für Glaubende, Krankheit und Leiden als sinnvoll in den eigenen Lebens- und Sterbensweg einzuordnen, als hineinzuwachsen in die Grundkoordinaten christlichen Glaubens, am Karfreitag auf Ostern zu hoffen, im Gekreuzigten den Auferstandenen zu sehen und zu akzeptieren, dass Leiden und Tod auch für alle, die zu Christus gehören, ein Weg zum Leben ist?

---

24 *Frevel*, Leid 301.

Literatur

Bendenmann, Reinhard von: Christus der Arzt – Krankheitskonzepte in den Therapieerzählungen des Markusevangeliums, in: *Pichler, Josef/Heil, Christoph (Hg.):* Heilungen und Wunder: Theologische, historische und medizinische Zugänge, Darmstadt 2007, 105–129.

Bieberstein, Sabine: Der nicht geheilte Paulus. Oder: Wenn Gottes Kraft in der Schwachheit mächtig ist, in: Bibel und Kirche 61 (2006) 83–87.

Broer, Ingo: Krankheit und Leid. Bibeltheologische Anmerkungen zu einem schwierigen Thema, in: *Hauser, Linus/Postmeier, Ferdinand R./Georg-Zöllner, Christa (Hg.):* Jesus als Bote des Heils. Heilsverkündigung und Heilserfahrung in frühchristlicher Zeit, Stuttgart 2008, 347–370.

Eckert, Jost: «Dreimal habe ich den Herrn angefleht ...» Krankheit in der Sicht des Apostels Paulus, in: Bibel und Kirche 43 (1988) 8–12.

Frevel, Christian: Leid, in: *Berlejung, Angelika/Frevel, Christian (Hg.):* Handbuch Theologischer Grundbegriffe zum Alten und Neuen Testament, Darmstadt 2006, 298–301.

Frick, Eckhard: Spiritual Care – eine gemeinsame Aufgabe in Krankenpflege, Medizin und Seelsorge, in: zur debatte 1/2011, 38–40.

Heckel, Ulrich: Der Dorn im Fleisch. Die Krankheit des Paulus in 2 Kor 12,7 und Gal 4, 13 f, in: Zeitschrift für Neutestamentliche Wissenschaft 84 (1993) 65–92.

Heckel, Ulrich: Krankheit/Heilung, in: *Coenen, Lothar/Haacker, Klaus (Hg.):* Theologisches Begriffslexikon zum Neuen Testament, Bd. II, Wuppertal 1997, 1210–1213.

Moser, Roland W.: Vom Abschiednehmen, in: Schweizerische Kirchenzeitung 178 (2010) 759–762.

Schrage, Wolfgang: Heil und Heilung im Neuen Testament, in: Evangelische Theologie 46 (1986) 203.

Schürmann, Heinz: Der proexistente Christus – die Mitte des Glaubens von morgen?, in: Diakonia 3 (1972) 147–160

Weiser, Alfons: «Die Gabe, Krankheiten zu heilen.» Jesus und die Kranken, in: Bibel und Kirche 43 (1988) 2–7.

Wohlers, Michael: Jesus, der Heiler, in: Zeitschrift für Neues Testament 4 (2001) H. 7, 48–53.

Zwischen Elischa und Gehasi (2 Kön 5,19–27)

Von den Möglichkeiten und Grenzen der Spitalseelsorge als Lohnarbeit

Thomas Staubli

Kann das Erste Testament etwas zum Selbstverständnis moderner Klinikseelsorgender beitragen? Auf den ersten Blick scheint dem nicht so zu sein. Die Forschung verortet die Anfänge des Spitalwesens in sich spezialisierenden christlichen Pilgerhospizen (Xenodochien) des 4. Jahrhunderts.[1] Die Krankenfürsorge gilt als genuin christliche Errungenschaft. Sie gehöre zur «sozialen und humanitären Welttat»[2] der Kirche.

Zu den Vorläufern rechnet sie Tempel griechischer Heilgötter, die «Klinik» des Hippokrates auf der Insel Kos und die Valetudinaria, Anstalten in grossen römischen Latifundien und in grossen Stadthaushalten mit dem Zweck, die Lebens- und damit die Nutzzeit kranker Sklaven zu verlängern. Ferner gab es seit Augustus Valetudinaria des Heeres, in denen viele Strukturen auszumachen sind, die später im Spitalwesen wichtig werden.[3] Eine Musteranlage fand sich u. a. in Vindonissa (Windisch, Aargau).[4]

Aber ist diese Fixierung aufs Abendland gerechtfertigt? Wir wissen nämlich, dass schon die Mönchsregel des Pachomios im Ägypten des frühen 4. Jahrhunderts n. Chr. im Kloster nebst anderen Gemeinschaftsräumlichkeiten auch einen eigenen Trakt für Kranke vorsieht,[5] was vermuten lässt, dass es auch im Orient Vorläufer von Krankenhäusern gegeben haben muss.

---

1 Vgl. *ten Have/Clark*, Ethics; *Siegmann-Würth*, Ethik; *Monteverde*, Ethik.
2 *Fischer*, Krankenfürsorge 229.
3 Ebd. 884–893.
4 *Simonett*, Vindonissa; *Peters*, Hygieneaspekte, u. a. mit 3D-Rekonstruktionen von Valetudinaria.
5 *Hiltbrunner*, Krankenhaus 897. *Wendehorst*, Hospital 600 erwähnt die orientalisch-christliche Wurzel des Hospitals und blendet wiederum die antiken Wurzeln aus: «Der heidnischen Antike war eine vergleichbare öffentliche Fürsorge unbekannt.»

1 Die verdrängten orientalischen Wurzeln der Klinikseelsorge

Für die Levante, den östlichen Mittelmeerraum, aufschlussreich sind diesbezüglich die Ausgrabungen von Busṭān eš-Šēḫ, 3 km nördlich des Stadtzentrums von Sidon, am Fluss Awali. Dort liess um 550 v. Chr. der sidonische Stadtfürst Eschmunazar II. einen bereits bestehenden Kultort als Tempel für «Eschmun bei der Quelle Jidlal»[6] ausbauen. Die Ausgrabungen haben gezeigt, dass die hier fliessenden Wasser gefasst und in einer Art Paradiesgarten kunstvoll verteilt wurden, dass rituelle Waschungen stattfanden und dass unzählige Menschen, die hier offenbar Heilung fanden, das Heiligtum mit Votivgaben ausstatteten, die hauptsächlich Kinder zeigen. Das Zentrum der Anlage bildete ein Altar für Eschmun, dessen Sockel aus hellenistischer Zeit erhalten geblieben ist. Er zeigt Eschmun ganz in griechischer Gestalt als leierspielenden Apollon, umgeben von den olympischen Göttern (Abb. 1) und flankiert von den Wagen der wandernden Gestirne Sonne und Mond.[7] Der Heilgott wird also in Gestalt jenes griechischen Gottes dargestellt, der seine Genese selbst orientalischen Vorbildern wie Eschmun und Reschef verdankt und später sei-

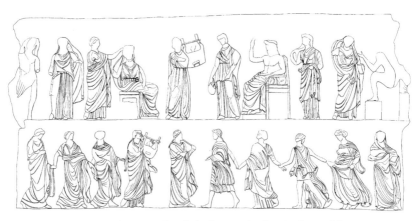

Abb. 1: Der Heilgott Eschmun in Gestalt des leierspielenden Apollon auf der so genannten Eschmuntribüne (Umzeichnung des Reliefs auf der Vorderseite); Busṭān eš-Šēḫ; Mitte des 4. Jahrhunderts v. Chr.; Nationalmuseum Beirut. Zeichnung: Ulrike Zurkinden-Kolberg.[8]

---

6   KAI Nr. 14 (17). *Stucky*, Heiligtum.
7   Zur Deutung der Ikonografie siehe *Stucky*, Tribune 12–21.
8   © Stiftung BIBEL+ORIENT, Freiburg i. Ue.

Abb. 2: Leierspieler und überdimensional grosse Wildtiere auf einer Krugmalerei; Tell el-Zera'a (Jordanien); um 1400 v. Chr.; Zeichnung: E. Brückelmann.[9]

nen Heilbereich an Asklepios auslagerte; und er wird als Musiktherapeut dargestellt und damit mit einem Heilerimage ausgestattet, das im Vorderen Orient weit verbreitet war (Abb. 2). Aus der Bibel kennen wir es von David, der die manischen Depressionen Sauls mit seinem Leierspiel wegtherapiert (1 Sam 16,23).

Die Menschen, die bei der Jidlal-Quelle Heilung suchten, lebten während ihres Kuraufenthaltes wohl in einer Art Lazarett in der Nähe des Heiligtums. Dies dürften temporäre Einrichtungen gewesen sein, die sich archäologisch kaum nachweisen lassen. Einen Eindruck vom Leben an einem solchen Ort vermittelt Joh 5,1–9, die Erzählung von der Heilung eines Gelähmten beim Teich am Schaftor von Jerusalem, Betesda genannt. Da ist von Kranken die Rede, die in Säulenhallen lagern, darunter auch Langzeitkranke wie der Gelähmte, der seit 38 Jahren an seiner Krankheit leidet. Da ist vom Glauben die Rede, dass das Wasser des Teiches von Zeit zu Zeit durch einen Engel aufgewühlt wird und es heilkräftig macht. Und da ist von einem Heiler die Rede, der diesen Ort aufsucht, um Wunder zu wirken. Zwar hat die Archäologie von den fünf monumentalen Säulenhallen, die Johannes erwähnt, trotz intensiver Suche bis heute nichts gefunden, aber sie konnte immerhin nachweisen, dass das in der Eisenzeit als Speicher gebaute Becken in hellenistischer Zeit ausgebaut wurde und dass sich östlich der Anlage verputzte und teilweise bemalte Grotten mit kleinen Badebecken angliederten, die individuellen Waschungen gedient haben konnten. Nach der Zerstörung der Stadt durch die Römer 70 n. Chr. wurde die Badeanlage aufgegeben, doch im 3.–4. Jahrhundert entstand hier interessanterweise ein Kultort des Asklepios bzw. des Serapis, wie Grotten, Zisternen und Gebäudekomplexe bezeugen, vor allem aber auch Votivstelen, die u. a. Serapis als schlangengestaltigen Gott in einer Ädicula zeigen (Abb. 3). Es scheint, dass sich die uralte, mit dem Bild der (von der Asklepios-Ikonografie adaptierten) Schlange verbundene Heiltradition im

---

9   © *Vieweger/Brückelmann*; vgl. *Staubli*, Musik, Abb. 86.

Abb. 3: Aus zwei Bruchstücken rekonstruierte Serapis-Votivstele; Jerusalem, Betesda; um 400 n. Chr. Zeichnung: Jean-Marc Wild.[10]

lokalen Volksglauben der Jerusalemer trotz massiven Verfolgungen durch die intellektuelle Elite und trotz den militärischen Katastrophen von 586 v. Chr. und 70 n. Chr. über Jahrhunderte hinweg halten konnte. So kennt Num 21,9 eine Überlieferung von Mose, der in der Wüste eine bronzene Schlange aufrichtet, die bei allen, die zu ihr aufblicken, Heilung von Schlangenbissen bewirkt. Offenbar handelte es sich um die Kultätiologie einer Installation am Jerusalemer Tempel, denn 2 Kön 18,4 weiss zu berichten, dass unter dem Reformkönig Hiskija eine eherne Schlange zusammen mit anderen als unorthodox betrachteten Installationen im oder beim Tempel vernichtet wurde. *Beide* Überlieferungen beanspruchen eine Legitimation durch JHWH! Joh 3,14 schliesslich vollzieht eine allegorische Übertragung der Tradition der erhöhten Schlange auf den am Kreuz erhöhten Menschensohn.

---

10 *Küchler*, Jerusalem Abb. 155 a nach *Duprez*, Jésus, Pl. XVIII.

Busṭān eš-Šēḫ und Jerusalem sind nur zwei Beispiele aus einer langen Liste von Orten in der Levante mit ähnlichen Einrichtungen.[11] Heilende Wasser (und damit hygienische Aspekte) und Grotten (als Aufenthaltsorte) spielen dabei oftmals eine wichtige Rolle sowie die Verbindung mit dem Heiligtum für die als göttlich verehrte Segenskraft des Ortes. Allerdings finden wir an diesen Orten nicht jene wohlorganisierten Strukturen der hippokratischen Kliniken und der Valetudinaria – diese sind in der Tat ein originärer Beitrag abendländischer Kultur. Dennoch war der Heilort zugleich ein Lebensraum der Kranken für eine mehr oder weniger lange Zeit. Die Einrichtungen in der Levante waren provisorischer. Dem entspricht auch das spontane, charismatische Auftreten von Heilern. Zu diesen Heilern gehörte der Gottesmann Elischa, der im Rufe stand, ein Wundertäter zu sein. Von ihm ist im folgenden Abschnitt die Rede.

2 Der Heiler Elischa und sein Bursche Gehasi: Prototypen für Spital- und Klinikseelsorgende?

Der Ruf des Nachfolgers Elijas als Heiler gelangt nach der alttestamentlichen Erzählung über Bedienstetenkreise bis nach Damaskus, wo ihn der hautkranke[12] aramäische Heerführer Naaman vernimmt, worauf dieser sich zu jenem Elischa begibt. Der schickt Naaman zur Kur an den Jordan, was ihn zunächst irritiert, da er ja genauso gut im Barada, dem glasklaren Fluss aus dem Antilibanon, der die Oase von Damaskus bewässert, hätte baden können. Schliesslich aber lässt er sich auf die Anweisung des Heilers ein. Der

---

11 *Duprez*, Jésus 66–79 nennt: Laodicea in Syrien, Marathos, Arwad, Laodicea in Phönizien, Duma, Berytus, Palmyra, Sidon, Ptolemais, Phoema in der Trachonitis, Gadara, Cäsarea, Samaria, Neapolis, Bostra, Gerasa, Antipatris, Jerusalem, Diospolis, Askalon und Eleutheropolis.

12 LXX gibt *zārā'at* mit Lepra wieder, das in deutschen Übersetzungen in der Regel mit «Aussatz» übersetzt wird. Unter Lepra wird heute die so genannte Hansen'sche Krankheit verstanden, die aber in der Antike höchstwahrscheinlich unbekannt war, bis sie vom Heer Alexanders aus Indien in den Westen eingeschleppt wurde. Hippokrates (5. Jahrhundert v. Chr.), Galen (2. Jahrhundert n. Chr.), Oribasius (4. Jahrhundert n. Chr.) und Paulus von Aegina (7. Jahrhundert n. Chr.) erfassen unter dem Begriff Lepra noch diverse Hautkrankheiten wie beispielsweise Psoriasis. Johannes Damaszenus (9. Jahrhundert n. Chr.) nimmt erstmals die heute noch gültige Identifikation mit Hansens Krankheit vor; vgl. *Staubli*, Levitikus, 115.

Jordan spielt auch sonst in den Elischageschichten eine Rolle. An seinen Ufern erleben Elischa und fünfzig Prophetenjünger die Entrückung Elijas (2 Kön 2,6–13). Dort schlagen sie auch Holz für ihre Prophetenschule (2 Kön 6,2–4). Es dürfte nicht eine beliebige Stelle am Jordan gewesen sein, wo Naaman badete, sondern eine, die als Kurort Tradition hatte. Abgesehen davon war der Jordan damals von einem dichten Dschungel umgeben, der nur an bestimmten Stellen passierbar war. Infrage kommt am ehesten Gilgal, das in den Elischageschichten eine Rolle spielt (2 Kön 4,38) und wo sich ein altehrwürdiges israelitisches Heiligtum befand. Naaman wird geheilt und ist so glücklich, dass er fortan JHWH verehren will und dazu einen Sack voller Erde aus dem Lande JHWHs mit nach Damaskus nimmt. Geschenke lehnt Elischa entschieden ab.

Uns interessiert im Folgenden das Nachspiel dieser Geschichte, die so genannte Gehasi-Episode in 2 Kön 5,20–27:

Da sprach Gehasi, der Bursche Elischas, des Gottesmannes: «Sieh mal an, mein Herr schont den Naaman, diesen Aramäer, nahm er doch nichts von dem, was jener mitbrachte. Gott verdamme mich[13], wenn ich ihm nicht auf der Stelle nachrenne und ihm etwas davon abknöpfe[14].» Und so folgte Gehasi dem Naaman. Da sah Naaman ihn hinter ihm her rennen. Er sprang vom Wagen, ihm entgegen und sagte: «Schalom?»[15] Und er sprach: «Schalom! Mein Herr schickt mich, um zu sagen: Schau, soeben ist Folgendes passiert: Zwei Burschen aus dem Gebirge Efraim, von den Prophetenjüngern welche, sind zu mir gekommen. Gib ihnen doch einen Kikkar[16] Silber und zwei Wechselkleider.» Da sprach Naaman: «Sei so gut, nimm zwei Kikkar!» Und er nötigte sie ihm auf und wickelte die beiden Kikkar Silber in zwei Taschen, zusammen mit zwei Wechselkleidern, und gab sie zwei seiner Burschen, damit sie sie vor ihm hertrügen. Als sie zum Hügel [LXX: in die

---

13 Wörtl. «Leben JHWHs!» Der Schwurcharakter der Formulierung, zusammen mit dem Beteuerungscharakter (*Joüon/Muraoka*, Grammar, § 164c) des folgenden *kī-ʾim*-Satzes und die Quintessenz der ganzen Episode, die mit der Verfluchung Gehasis endet, wird durch die deutsche Selbstverfluchungsformel besser erfasst als mit der gängigen Übersetzung «So wahr JHWH lebt.»

14 So wohl am besten die hiesige Schattierung des hebr. Allerweltswortes *lqḥ*.

15 Das Fragezeichen gibt hier den Fragepartikel *h* wider. Umschreibungen wie «Ist alles in Ordnung?» ergeben nicht nur eine Asymmetrie zu Gehasis Antwort, sondern überdecken auch den knappen Grusscharakter der Wendung.

16 Das Kikkar ist die grösste hebräische Gewichtseinheit. Sie umfasst 3000 Schekel. Bei einem Schekelgewicht von 11,4 g (NBL II, 734) sind das 34,2 kg. Dafür konnten Ländereien und Bedienstete bezahlt werden. Nach 1 Kön 16,24 kaufte Schemer den Berg auf dem die Residenzstadt Samaria erbaut wurde, für zwei Kikkar Silber.

Dunkelheit[17]] kamen, nahm er sie aus ihren Händen und stapelte sie im Haus. Die Männer aber entliess er und sie gingen. Darauf kam er zurück und stand vor seinem Herrn. Da sprach Elischa zu ihm: «Woher des Wegs, Gehasi?» Gehasi antwortete: «Dein Diener ging nirgendwohin.» Er [LXX: Elischa] aber entgegnete ihm: «War mein Herz[18] etwa nicht dabei, als ein Mann sich auf seinem Wagen umwandte, um sich dir zuzuwenden? Ist es wirklich Zeit, das Silber anzunehmen, und Kleider zu nehmen [LXX: du wirst dir damit verschaffen] und Oliven und Weinberge und Kleinvieh und Grossvieh und Knechte und Mägde? Nun wird der Aussatz Naamans an dir und deinen Nachkommen kleben bis zum Sankt-Nimmerleins-Tag[19].» Und er ging von ihm hinaus, aussätzig wie Schnee.

Literarkritik: Nachtrag oder Teil einer schlüssigen Komposition?

Die in den Geschichtskränzen rund um Elija und Elischa versammelten Episoden lassen noch gut erkennen, dass sie als einzelne Apophtegmata, Wundergeschichten und Legenden kursierten, bevor sie – wahrscheinlich über Zwischenstufen – in der vorliegenden Gestalt des biblischen Textes arrangiert wurden. Im Falle Gehasis ist dies besonders offenkundig: Die Geschichten in 2 Kön 4,8–37 und 8,1–6 zeichnen das Bild eines getreuen Boten und loyalen Dieners Elischas. Unsere Episode dagegen zeigt ihn als negative Kontrastfigur (siehe unten). Chronologisch würde man sie an letzter Stelle erwarten, denn es ist unvorstellbar, dass der aussätzige Gehasi weiterhin als Bursche Elischas vor dem König Israels erschien (2 Kön 8,4 f.).[20]

Die meisten Kommentatoren halten die Gehasiepisode für einen Nachtrag zur Geschichte von der Heilung des aussätzigen Naaman bzw. für eine ursprünglich selbständige Überlieferung. Konsequenterweise sehen sie dann in 2 Kön 5,15b–16, wo davon die Rede ist, dass Naaman Elischa ein Geschenk aufdrängen will, einen zusammen mit dem Nachtrag erfolgten Einschub.[21]

---

17 LXX las bzw. hörte *'āfel* (dunkel), nicht *'ofæl* (Hügel). Beide Varianten sind szenografisch vorstellbar.

18 *lev*, Herz, repräsentiert den inneren Menschen und somit in erster Linie sein Denken. Elischa erschloss Gehasis geheimes Tun durch Charakterkenntnis, Intuition und detektivischen Scharfsinn.

19 Der eher veraltete deutsche Ausdruck versucht hier eine sarkastische Nuance des hebr. Allerweltswortes *lə'ōlām* («für immer», «für ewig» etc.) zu retten.

20 EJ 7,356.

21 Am ausführlichsten *Schmitt*, Elisa 78–80.213 ff.; schon *van den Born*, Koningen 148; *Gray*, Kings 456.

Andererseits ist nicht zu übersehen, dass Anfang und Ende der Naaman-
und der Gehasiepisode streng aufeinander bezogen sind: Naaman hat Aussatz
zu Beginn, Gehasi hat Aussatz am Ende. Der Aussatz findet ein neues Zuhause.[22] Nicht nur diese Inclusio spricht für eine sorgfältige Komposition der
beiden Episoden, sondern auch der dadurch vollzogene «kosmische» Ord-
nungsprozess – das Gute zum Guten, das Übel zum Üblen –, der sich auch
anderswo in den hebräischen Heilertraditionen belegen lässt.[23]

Theologie: Universaler JHWH

In der programmatischen Predigt, die Jesus nach dem Lukasevangelium in
seinem Heimatort Nazaret hält, wird Naaman als Beispiel für einen Nichtisra-
eliten erwähnt, der geheilt wird (Lk 4,27). Das bedeutet, das durch Christus
vermittelte Heil kennt wie schon zu Zeiten der Propheten keine Volksschran-
ken; es schliesst niemanden aus.[24] Diese Lektüre prägt die christliche Auslegung bis heute: Die Episode unterstreiche den Charakter JHWHs als «Gott
der ganzen Schöpfung»[25].

Moral: Gehasi als Kontrastfigur – aber nicht nur!

Die literarische Analyse des Textes führt zum kaum bestrittenen Ergebnis,
Gehasi sei eine Kontrastfigur zu Elischa: dieser grosszügig, jener habgierig,
dieser offen, jener chauvinistisch (vgl. «dieser Aramäer» in 2 Kön 5,20).
Auch Naaman sei offen und grosszügig, und kontrastiere daher mit Gehasi.[26]
Gehasis Vorgehen untergrabe die Beziehung zwischen JHWH/Elischa und

---

22 *Nelson*, Kings 180 f.
23 Vgl. zu dieser Verschiebung auch die Heilung des Besessenen von Gerasa, wo die
   Dämonen des Kranken in die Schweine und diese ins «Meer» (Lk 8,33 par Mk 5,13 –
   zum See Gennesaret als «Meer» siehe *Theißen*, Lokalkolorit 248 f.) bzw. in den
   «Abgrund» (Lk 8,31) fahren (*Wyss*, Quaken 66).
24 Wenn *Bovon*, Lukas 215 formuliert, die Verse 4,25–27 widerspiegelten ein Christentum, «das seine jüdischen Schranken durchbrochen hat», so wird m.E. ein falscher
   Gegensatz aufgebaut, denn Jesus predigt ja mit der und nicht gegen die jüdische Überlieferung.
25 Z.B. *Sweeney*, Kings 300 f.
26 *Nelson*, Kings 180 f.

Naaman, in der Letzterer von Ersteren abhängig ist. Gehasi rehabilitiere Naaman als Machtfigur.[27] Naaman sei vertrauenswürdiger als Gehasi.[28]

Die jüdische Tradition hat aus diesem Befund ein scharfes moralisches Urteil über Gehasi gefällt. Er gilt ihr als einer von Vieren, die wegen Gottesleugnung nicht auferstehen sollen (Sanhedrin 90a). Des Weiteren wird erzählt, er habe, nachdem er bereits aussätzig war, nie bereut, vielmehr weiter gesündigt und einen Magneten über dem Götzenbild Jerobeams befestigt, sodass es zwischen Erde und Himmel schwebte (Sanhedrin 107b).

Die christlichen Exegeten brechen ebenfalls ihren Stab über Gehasi. Die Geschichte geissle das Verhalten gewisser Mitglieder der Prophetengemeinschaft, die ihr Amt zur Bereicherung missbrauchten.[29] Ein Prophet dürfe aus der von Gott verliehenen besonderen Begabung keinen materiellen Nutzen ziehen, da der Gebrauch der ihm von Gott zukommenden Macht allein auf ihren Urheber verweisen müsse.[30] Gehasi habe die Beziehung zwischen Naaman und Elischa gebrochen, als er sich zu bereichern versuchte. Er habe aus Habsucht seinen Vorgesetzten hintergangen und falsch bei JHWH geschworen (vgl. Vers 20 gegenüber Vers 16), weshalb ihn gerechte Strafe treffe (vgl. Lev 19,12; Apg 5,2 f.), nämlich die Strafe für Idolatrie in Gestalt der Geldgier (vgl. Ex 20,5 und Jos 7,24–26).[31]

Ein sozialkritischer Blick auf die Erzählung müsste zumindest aber auch andere Aspekte in die Waagschale werfen: Die Prophetenschüler waren mausarm, wie etwa die Geschichte vom geliehenen Beil zeigt, das bei der Arbeit am Jordan untergeht und von Elischa mit einem Wunder wieder gerettet wird (2 Kön 6,4–7). Zwischen Naaman und Gehasi klaffte ein riesiger ökonomischer Graben: Naaman war Heerführer. Er verfügte über Pferde, Wagen und Dienerschaft (2 Kön 5,4.9). Auch Elischa stammt aus vermögenden Verhältnissen (1 Kön 19,19). Er hat zwar als Prophet seinen Stand als grundbesitzender Bauer aufgegeben, konnte jedoch mit Unterstützung seiner Familie rechnen. Da Gehasi sein Knecht war, können wir annehmen, dass dieser über keinen oder nur geringen Grundbesitz verfügte. Seine bauernschlaue Vorgehensweise ist daher als eine milde, d. h. gewaltlose Form der Expropriation der Expropriateure verständlich. Unentschuldbar (wenn auch für sein Milieu

---

27 Z. B. *Sweeney*, Kings 300 f.
28 *Wiseman*, Kings 208 f.
29 *Schmitt*, Elisa 78–80; *Keil*, Könige 268.
30 *Fritz*, Könige 32.
31 *Wiseman*, Kings 208 f.

typisch) bleibt allemal sein Chauvinismus gegenüber Naaman («dieser Aramäer»; 2 Kön 5,20) und seine Feigheit gegenüber Elischa («ich war nirgends»; 2 Kön 5,25).

Aktualisierung: Elischa und Gehasi als Verkörperungen zweier Aspekte christlicher Klinikseelsorge?

Elischa verkörpert den Schamanen mit Einsichten in kosmische Zusammenhänge, den Heiler mit absoluter Autorität, das unantastbare Sprachrohr des einen Gottes, der eine Gnade vermittelt, die nur gratis zu haben ist oder gar nicht.[32] Aus dem Bruch mit seiner noblen Herkunft bezieht er seine mystische Kraft, die ihn zum Meisterschüler Elijas werden lässt, zum Nachfolger des grossen Vorbildes und zu einem Prophetenschulvorsteher, der kein Pardon kennt. Insofern er Prototyp des Heilers Jesus von Nazaret ist, ist er auch Ahne all jener, die sich heute noch als Heiler verstehen. Dieses Image steht heute im modernen Klinikbetrieb wohl kaum im Vordergrund, ja, würde dort auf Argwohn stossen, doch dürfte es noch immer ein inneres Sehnsuchtsbild sein, das mitunter Seelsorgende in sich tragen, wohl mehr aber noch Kranke in schwierigen oder ausweglosen Situationen, die sich mit dem Unabwendbaren noch nicht abgefunden haben.

Gehasi verkörpert den dienstfertigen Nacheiferer ohne Charisma. Ständig bemüht, getrieben von existenzieller Not und gleichzeitig vom Bedürfnis nach Geltung und Anerkennung. Er steht für die Helfer, die nicht erhalten, was ihnen zusteht, sodass sie es sich mit fragwürdigen Methoden holen müssen, und in diesem Sinne appelliert sein Schicksal an die gerechte Einbindung von Beflissenen im Betrieb. Sein Schicksal lehrt, dass der Arbeiter durch Lohn wertgeschätzt werden muss, weil es sonst zu unlauteren Machenschaften kommt. Insofern fällt Gehasis bitteres Los auf den Meister und Arbeitgeber Elischa zurück.

Natürlich repräsentieren diese beiden Charaktere nur Ausschnitte aus dem Spektrum, das Klinikseelsorgende heute charakterisiert. Im nachtridentinischen römisch-katholischen Konzept vom Seelsorger fallen nämlich drei im Ersten Testament ganz unterschiedliche Berufsbilder zusammen:

---

32 *Preuß*, Theologie 78 will deshalb hier «letztlich schon etwas von der Rechtfertigung des Sünders allein aus Gnaden» ahnen.

1. Der Priester (Priesterinnen kennt das AT nicht), der zu einer eigenen Kaste gehört und daher neutrales Terrain markiert, der die Unterschiede zwischen rein und unrein, zwischen heilig und profan kennt und der weiss, was zu tun ist, um von einem Zustand in den anderen zu gelangen, der Fachmann ist für Dinge wie versöhnende Opfer und Wiedergutmachungszahlungen. Die Feier der Eucharistie mit ihrem Versöhnung stiftenden Charakter, die Krankenkommunion, aber auch Beichtgespräche, die gerade am Ende eines Lebens existenzielle Tiefe erhalten können, stehen in dieser Linie. Es kann auch darum gehen, eine Schenkung einzufädeln, mit der ein Mensch persönliche Belastungen und Verstrickungen hinter sich bringen will, damit er vor seinem Tod Ruhe findet.

2. Der Prophet oder die Prophetin, die von JHWHs Geist in freier Wahl erfasst werden und begabt durch diesen Geist Könige salben, Kranke heilen, Dämonen austreiben, regnen lassen, Missstände anprangern und vieles mehr. Ein protestantischer Pfarrer wie Johann Christoph Blumhardt, der im ausgehenden 19. Jahrhundert als erfolgreicher Exorzist wirkte und zugleich an der sozialdemokratischen Überwindung jener Verhältnisse arbeitete, die die Besessenheit auslösten, stand noch in dieser Tradition und war zugleich einer der vielen kirchlichen Wegbereiter der modernen Psychiatrie.[33] Innerhalb der straffen Organisationsstruktur der modernen Klinik hat es das prophetische Element der Seelsorge schwer. Immerhin ist die Krankensalbung (und das freie, geistgeleitete Gebet) ein direktes Erbe dieser Tradition. Wo diese als Ermächtigung zum Königtum des Menschen nicht nur bildhaft schwach (als symbolische Geste), sondern ernsthaft existenziell (eingebettet in eine glaubhafte Würdigung des/der Kranken) vermittelt werden kann, wohnt ihr sicher immer noch ein befreiendes Potenzial inne, denn dann vermag sie noch heute in einer tiefen Krise eine Wandlung zum Heil (sei es eine Genesung oder ein versöhnter Tod) zu fördern.

3. Der weise Mann, der Sprüche und Lebensweisheiten sammelt und in der Schule weitergibt, sowie die weise Frau, die in ausweglosen Situationen als Beraterin und Krisenmanagerin aufgesucht wird. Zu diesen Frauen gehörten insbesondere auch die Hebammen und die Klageweiber mit ihrem Fachwissen über die Begleitung von Eingang und Ausgang des Lebens.[34] Gerade der letztgenannte Bereich wird für die Palliativpflege immer rele-

---

33 *Ellenberger*, Entdeckung 21–88, besonders 43 ff.
34 Siehe dazu die Studien von *Schroer*, Wise and Counselling Women; *dies.*, Weisheit; *dies.*, Liebe und Tod; *dies.*, Trauerriten; *dies.*, Klagetraditionen.

vanter, und es ist sicher kein Zufall, dass seelsorgende Frauen in diesem Sektor stark vertreten sind. Es dürfte zurzeit jener Bereich sein, wo Seelsorgende ihre Kompetenz aus einer jahrhundertealten Kunst des Sterbens und Trauerns am ehesten einbringen können, die ihre Wurzeln in ältesten Kulturschichten hat. Die Archäologie kann heute zeigen, dass Religion ihren Anfang mit der Ahnenverehrung nimmt.[35] Dies ist auch im heutigen säkularen Umfeld eine pièce de résistance.

3 Moderne Spital- und Klinikseelsorge: Heilsamer Freiraum im getrimmten Klinikalltag dank gerechtem Lohn

Die moderne Medizin entfernt sich momentan mit Lichtgeschwindigkeit von vorindustriellen Verhältnissen, wie sie zur Zeit von Elischa und Gehasi herrschten, die aber noch im 19. Jahrhundert vielerorts in der Schweiz anzutreffen waren und die es in schwach entwickelten Regionen der Erde heute noch gibt. Ein Blick in die drei Auflagen des Lexikons für Theologie und Kirche zeigt dem Alttestamentler, dass der rasante Wandel der Medizin nicht spurlos an der Klinikseelsorge vorbeiging. Sogar die traditionellen Lemmata lösen sich auf …[36] Die wesentlichen Tätigkeiten der «gerätefreien» Klinikseel-

---

35 Vgl. *Schroer/Keel*, Ikonographie 54–64.
36 LThK[1] (1934) bietet einen Artikel von *Michael Fischer* zur «Krankenfürsorge» und einen von *Franz Schubert* zur «Krankenseelsorge». LThK[2] (1961) behält die «Krankenfürsorge» mit einem Artikel von *Bernhard Rüther* bei und lässt einen gegenüber der 1. Auflage sehr viel kürzeren Artikel zur «Krankenhausseelsorge» von *Robert Svoboda* folgen. In LThK[3] (1993–2001) wurde das Lemma «Krankenfürsorge» durch «Krankenpflege» ersetzt und erstmals von einer Frau (*Gisela Sträter*) verfasst. «Krankenhausseelsorge» wurde durch «Krankenhaus-Pastoral» (*Hubert Windisch*) ersetzt, ist noch kürzer geworden und fungiert nun als eines von fünf Unterlemma unter «Krankenhaus». Der Artikel ist vor allem eine Problemanzeige: «In der naturwissenschaftlich-technisch geprägten Institution K. leidet die K.-Pastoral unter struktureller Bedeutungslosigkeit, weshalb sich die Zuständigkeitskompetenz der K.-Seelsorger immer auch durch Fähigkeitskompetenz (notwendige Professionalisierung, z. B. Clinical Pastoral-Training) ausweisen muss […]» Es wird auf ein eigenes Lemma «Klinische Seelsorgeausbildung» (*Peter Pulheim*), verwiesen. Ähnliches gilt schon für den TRE-Artikel «Krankenseelsorge» aus dem Jahre 1990 von *Michael Klessmann:* «Im Zusammenhang mit der zunehmenden Funktionalisierung, Spezialisierung und Technisierung des Krankenhauses macht die Seelsorge im Krankenhaus einen tief greifenden Strukturwandel durch.» Aufgrund der Antworten der Seelsorgenden in diesem Artikel gewinnt man den Eindruck, dass der Strukturwandel erfolgreich vollzogen worden ist.

sorge – zuhören, sprechen, vermitteln, beten, segnen, salben, Kommunion/
Gottesdienst feiern, berühren, trösten, weinen, schweigen, wahrnehmen von
Care-Aufgaben – wirken archaisch neben denen der Pflege und der Ärzte am
Computertomografen, auf dem Operationstisch oder in der Intensivstation.
Wie geht ein heutiger Klinikseelsorger damit um? Wo sieht die moderne Spi-
talseelsorgerin ihren Platz? Kommt es zwischen dem archaischen Dienst an
Gott, den die Seelsorgenden ausüben, wenn sie sich den Nächsten zuwenden
(Christo in infirmis), und dem modernen Dienst im Staat zu Konflikten?

Eine Befragung von acht römisch-katholischen Seelsorgenden[37] aus fünf
verschiedenen Kliniken ergab, was die Stellung der Klinikseelsorge innerhalb
der modernen Klinik anbetrifft, ein erstaunlich einheitliches und positives
Bild: Spitalseelsorge (dies der häufiger verwendete Begriff) werde von Seelsorgenden, Patientinnen und Patienten, aber auch von der grossen Mehrheit der
Mitarbeitenden im modernen Spital als heilsamer Freiraum wahrgenommen,
manchmal geradezu kontrapunktisch («Je mehr Hightech, desto mehr Hightouch»), ganz besonders beim Ausgang des Lebens. Dies werde ermöglicht
durch eine gute Ausbildung einerseits und eine gerechte Entlöhnung (durch
Kirche und/oder Staat bzw. Spital) andererseits. Einige Seelsorgende geben zu
bedenken, dass im Blick auf die Zukunft diese Situation durch einen wachsenden Quantifizierungsdruck und sinkende Kirchensteuergelder nicht unge-
fährdet sei.

Weithin einig sind sich die Seelsorgenden auch im Selbstverständnis, Diener und Dienerinnen Gottes zu sein. Darüber, was das im Einzelnen bedeute
und inwiefern sie sich dadurch von den Ärzten und den Pflegenden unter-
schieden, gehen die Ansichten auseinander. Die einen betonen, dass letztlich
auch die Ärzte Diener Gottes seien, und schätzen die Arbeit im Team mit
ihnen. Die anderen unterstreichen den krassen Gegensatz zwischen dem von
Rahmenbedingungen, Vorgaben und Zeitrastern drangsalierten Spitalpersonal und der freien Arbeit als Seelsorgenden zwischen dem vordergründig-spe-
zialisierten Technischen und dem hintergründig-ganzheitlich Spirituellen
bzw. Geistlichen. Das sind aber nur unterschiedliche Aspekte ein- und derselben Situation, denn letztlich wird deutlich, dass die (archaische) Seelsorge
innerhalb des (futuristischen) Spitals eine Funktion übernimmt, die niemand
wirklich missen möchte.

---

37 Die Auflösung der im Folgenden verwendeten Namenskürzel findet sich in der Fuss-
note 40.

Es versteht sich von selbst, dass das folgende Panoptikum der Rückmeldungen keinen Anspruch auf repräsentative Vollständigkeit erheben kann, sondern Schlaglichter auf die gegenwärtige Situation wirft. «Ich könnte ewig weiterschreiben, aber das dient Dir ja auch nicht», schrieb eine Teilnehmerin der spontanen Umfrage, deren Ergebnis ich nichtsdestoweniger als sehr anregend empfinde.

Frage 1: Gab es Situationen in Deiner bisherigen Tätigkeit als Spitalseelsorgerin, wo es zwischen Deinem Dienst an Gott (der heilt) und Deinem Dienst am Staat (der Dich bezahlt) zu Konflikten kam?

Professionelle Klinikseelsorge ist nur gerecht entlohnt vorstellbar

AG kennt diesen Konflikt nicht. Dass Seelsorge Lohnarbeit ist, war für sie vielmehr eine Voraussetzung dafür, dass sie diesen Weg überhaupt wählen konnte. Das sieht auch HK so: «Dass ich hier arbeiten kann, dass ich diese Arbeit professionell ausführen kann, braucht Studium, Ausbildung, Weiterbildung. Es braucht auch eine finanzielle Entschädigung und Sicherheit, sonst könnte ich nicht diesen Beruf ausüben und Verantwortung für eine Familie übernehmen». BA unterstreicht, dass sowohl die Spitäler als auch die Kirche an einem umfassenden seelsorgerlichen Angebot interessiert sind, für das im Kontext eines multiprofessionellen Behandlungsteams eine fundierte Ausbildung unabdingbar sei: «Abgeschlossenes Theologiestudium, CPT-Ausbildung, Weiterbildungen oder Nachdiplomstudien in den Bereichen Ethik, Palliative-Care, Erwachsenenbildung usw. Nur so kann auch die Seelsorge Anforderungen von Seiten der Institution erfüllen, z. B. Arbeit in Projekten, Ethik-Foren, Unterricht, Weiterbildung, Care-Aufgaben, Seelsorge für das Personal, Zusammenarbeit mit Vertreter/innen anderer Religionen.»

HA ist froh, dass er dank dem Lohn des Spitals «keine (zahlenden) Kunden mit (übertriebenen) Heilsversprechen werben muss und Patient/innen sich mit weniger Erfolgsdruck auf einen gemeinsamen Prozess einlassen können, indem ihnen – so Gott will – etwas Geschenktes zufällt.» AG gibt zu bedenken, dass mit schwindenden Kirchengeldern tatsächlich Seelsorge dereinst auf Freiwilligkeit beruhen könnte. Dann stellten sich Fragen danach, wer eine fundierte Ausbildung garantiere und ob solche Freiwilligenarbeit innerhalb eines Spitalbetriebes, wo jeder Hilfsdienst bezahlt werde, noch als professionell wahrgenommen werden würde. BA kennt aufgrund ihrer Arbeit in der

Europäischen Vereinigung der Spitalseelsorge die grossen Unterschiede in den Arbeits- und Anstellungsbedingungen ihrer Kolleginnen und Kollegen, die teilweise direkt von Universitätsspitälern angestellt würden und innerhalb des Betriebes den anderen Diensten zunehmend gleichgestellt seien, während andernorts, z. B. in Frankreich, nebst den professionellen Seelsorgenden immer mehr Freiwillige eingesetzt würden. Sie wisse den hohen Ausbildungsstandard und die Lohnsicherheit bei uns zu schätzen: «In einer multikulturellen Gesellschaft, in welcher Fragen von einer grossen Tragweite diskutiert werden müssen (Kostendruck, med. Fortschritt, z. B. Präimplantationsdiagnostik, Suizidbeihilfe, Begrenzung von Therapien, Abbruch von Behandlungen), braucht es gut ausgebildete Seelsorger/innen, welche ihre Position in einer Diskussion klar vertreten. Wenn ich einem ‹Broterwerb› nachgehen müsste, wäre ich zu sehr eingeschränkt, zu wenig präsent. Ich könnte die ‹heilsame Seite› der Seelsorge, die kritische Stimme, das Verbindende zwischen Andersdenkenden, in einem Spital unserer Zeit nicht gebührend leben.»

Geschätzte Freiheiten für Klinikseelsorgende – auch in der Zukunft?

Eine Leistung, über die nicht abgerechnet wird, ist im kapitalistischen Kontext gar nicht immer leicht zu akzeptieren. LH fällt auf, dass es immer wieder ein Thema ist, dass Klinikseelsorgende gratis kommen: «Unsere Besuche finden sich auf keiner Rechnung. Dass wir auch Konfessionslose besuchen, bringt diese manchmal in Verlegenheit. Da blitzt manchmal etwas auf von ‹unverdienter› (nicht bezahlter) Zuwendung.»

Für BS ist ganz entscheidend, dass er nicht vom Staat, sondern von der Landeskirche ausdrücklich «für die Begleitung von Kranken» finanziert werde. «Nicht die Kranken selber bzw. die Kostenträger der Krankenversicherung bezahlen meine Verfügbarkeit, sondern die Glaubensgemeinschaft. Das ist ein grosser Unterschied [...] Wenn das Spital oder gar die Kranken bzw. Angehörigen mich entlöhnen würden, wäre ich abhängig und im ideologischen Sinne versucht, nach dem Munde zu reden und Heil zuzusprechen dem, der mir Geld dafür gibt.» Andererseits sieht er, dass auch die Finanzierung durch eine Glaubensgemeinschaft Erwartungshaltungen schaffen könne. Eine diesbezügliche saubere Klärung sei daher wichtig, denn «im Spital sind Personal und Leitung allergisch gegenüber jeder Art von Missionierung.» Kollektenbeiträge von Patienten hält er der lokalen Diakoniestelle zu. Zu Loyalitätskonflikten könne es natürlich auch dann kommen, wenn das Spital die Anstellung bezahle. «Kann ich z. B. ethische

Entscheidungen empfehlen innerhalb des Systems, das mich bezahlt?», fragt HK selbstkritisch. HA hat in der Psychiatrie schon die Erfahrung gemacht, dass Ärztinnen oder Psychologen durch die Seelsorge ausgelöste «heilende Wendungen oder Klärungen» als Übergriff in ihren Machtbereich empfänden, doch seien es immer weniger, die so reagierten.

Oftmals kommt das Geld aus verschiedenen Töpfen. In Basel beispielsweise subventioniert der Staat Gefangenen- und Spitalseelsorge der Kirche zu 70 %, und das Spital stellt Büros und Infrastruktur kostenlos zur Verfügung. Da die Spitalseelsorgenden Angestellte der Kirche sind, gibt es keine Vorgesetzten innerhalb der Spitalhierarchie. «Von daher hatte ich hier noch keine Konflikte» (LH). TS schätzt die Freiräume, die ihr die kirchliche Anstellung gegenüber den vom Staat angestellten Mitarbeitenden, die viel stärker durch Zielsetzungen und Vorschriften eingeengt seien, eröffne. Nicht nur bei der Finanzierung und damit bei Fragen der Loyalität gegenüber dem Geldgeber vermischten sich in Basel die herkömmlichen Grenzen, auch bei der Klientel, denn die Seelsorgenden seien für alle zuständig, die dies wünschten. TS: «Darüber hinaus sehe ich mich nicht speziell als Vertreterin einer katholischen Theologie, sondern nehme mir in Bezug auf die Glaubensinhalte heraus, eine eigene Meinung zu haben. Gerade eine biblische Begründung meines Tuns erschwert mir oft ein Handeln innerhalb traditionell katholischer Vorstellungen. Die Frage, was denn überhaupt als ‹Proprium einer katholischen Spitalseelsorge› verstanden werden kann, ist für mich zunehmend schwieriger zu beantworten. Immer mehr entdecken z. B. ja auch reformierte Seelsorgende ehemals ‹katholische Bereiche›, wie etwa Segens- und Salbungsrituale für sich.»

Auch PI erfährt als Spitalseelsorger grosse Freiheit, Selbständigkeit und Eigenverantwortung. Nach vielen Jahren der Entwicklungszusammenarbeit im Freiwilligenstatus freue er sich, wieder einen Lohn zu erhalten. Dieser motiviere ihn insbesondere dann, wenn er über die Feiertage besonderen Belastungen ausgesetzt sei. Ein Problem sieht er dort aufscheinen, wo – zum Beispiel durch die Einführung der «Fallpauschale» – der Druck nach Quantifizierung seiner Arbeit wachse. Bislang konnte das Ansinnen abgewehrt werden.

Frage 2: Verstehst Du Dich in Deinem Beruf überhaupt als HeilerIn/Schamane/DienerIn Gottes? Oder anders gefragt: Gibt es signifikante Unterschiede zu dem, was Deine ärztlichen KollegInnen und das Pflegefachpersonal tun? Wenn ja, welche, und wie hängt das allenfalls mit dem Lohn zusammen?

Begleiter – jenseits von Erfolgszwang

BS versteht sich ganz selbstverständlich als «Werkzeug und Diener Gottes», ein Selbstverständnis allerdings, das eng ans Bewusstsein gekoppelt ist, aus sich selbst heraus nichts bewirken oder machen zu können. «Ich verstehe mich einerseits als Begleiter, der auch nicht auf alles eine Antwort parat hat; oft besteht meine Rolle nur im Zuhören. Andererseits weiss ich aus Erfahrung, dass Glaube und Spiritualität eine wichtige Ressource der Menschen sind, wenn es um Heilung und Gesundwerden an Leib und Seele geht. Und mit dieser Ressource verbinde ich mich.» Er betont die Freiheit, die darin liege, gerade gegenüber Ärzten (seine Frau übt diesen Beruf aus), die oftmals unter Erfolgszwang stünden: «Bis hin zum Scheitern einer medizinischen Behandlung oder in Palliativ-Situationen bin ich keiner menschlich-gesellschaftlichen Instanz rechenschaftspflichtig und kann ggf. meine Ohnmacht gegenüber bestimmten Schicksalen offen aussprechen, ohne meine Rolle zu gefährden.» Dass es für den Seelsorger, auch wenn medizinisch nichts mehr zu heilen sei, noch immer ein Arbeitsfeld des Ausharrens gebe, sieht er in Kohelet 3,2 ff. angedeutet: «Es gibt eine Zeit zum Gebären und eine zum Sterben, eine zum Töten und eine zum Heilen ...» Die absolute Schweigepflicht sei für seelsorgliche Begleiter selbstverständlich. Die Gespräche gingen auch nicht in Protokolle oder Berichte ein. So sei es möglich, dass der Klinikseelsorger zum Sprachrohr des Kranken gegenüber Gott werden könne, wenn dieser das wünsche: «Im Gebet bin ich auch offen dafür, dass ‹Wunder› möglich sind. Die Frage nach der Hoffnung ist elementar am Krankenbett. Meist beende ich ein Gebet mit einer dreifachen ‹Bitte›: der Bitte um Beistand für den Weg, der vor der Person liegt und den er/sie noch nicht kennt, mit der Bitte ‹Dein Wille geschehe› und mit der Bitte um Segen.»

TS sieht sich ebenfalls als im Dienst Gottes stehend, denkt aber, «dass dies letztlich auch für das medizinische Personal gilt, wenn auch in der Regel nur implizit.» Auch sie sieht den grossen Unterschied zum übrigen Spitalpersonal in ihrer Freiheit, die Patienten und Patientinnen zu nehmen, wie sie sind, und dabei, falls angebracht und erwünscht, aus ihrer christlichen Tradition zu schöpfen.

Vertrauensperson

Auch LH versteht sich als «Dienerin Gottes». «Wenn ich mich vorstelle, ist mehr im Raum als nur meine Person. Darauf werde ich oft auch spontan angesprochen: ‹Ihr Gott hat mich wohl vergessen!?›» Daraus ergebe sich ein fundamentaler Unterschied zu den Ärzten und zum Pflegepersonal, insbesondere auch in der Erwartungshaltung der Patienten, für die Seelsorgende eine Vertrauensperson sein könnten, mit denen sie Dinge besprechen, die sie Ärzten, Pflegepersonal oder Verwandten so nicht mitteilen würden: «Es ist ein Unterschied, ob ein Patient mit mir laut darüber nachdenkt, ob er weiterleben will oder nicht, oder ob er das mit einem Arzt tut, der irgendwann einmal den Entscheid über Weiterbehandlung oder nicht fällen muss. Patienten erzählen mir Dinge, Gedanken, die sie ihren Verwandten nicht zumuten wollen. Sie wollen auch manchmal den Frust an einer unbefriedigenden Behandlung loswerden, ohne dass die Pflegenden das hören, weil die sie ja weiterpflegen.» Als Vertrauenspersonen könnten Seelsorgende in schwierigen Situationen zu Katalysatoren werden. Sie «ergreifen bei einem Besuch die Initiative, allerdings mit gebührendem Respekt vor dem Gegenüber, das einen Besuch auch ablehnen kann» (BA).

Absolute Präsenz

«Patienten erwarten», so LH, «von uns absolute Präsenz, sie wollen als ganzer Mensch wahrgenommen werden. Die Frage: ‹Wie komme ich da durch?› gehen sie mit uns umfassend an. Es geht nicht nur um Tipps und Tricks bei der Therapie und ihren Nebenwirkungen, sondern es geht um innere Einstellungen, spirituelle Haltungen. Bei Menschen, die wir beim Sterben begleiten, hat dann die Frage ‹Wie komme ich da durch?› nochmals einen ganz anderen Klang.» Im hektischen Alltag des Spitals, so BA, nehme die Seelsorgerin, die rund um die Uhr da sei und Zeit habe, eine Sonderstellung ein. Sie verweise auch unausgesprochen auf eine geistliche Dimension, die auch von Kirchendistanzierten geschätzt werde: «Sie suchen Geborgenheit und Zuwendung – dies wird für mich besonders auch auf den Intensivstationen erfahrbar. Ich hörte einmal den treffenden Satz: ‹Je mehr Hightech, umso mehr Hightouch›».

«Schalomarbeit»

Ihre heilende Praxis versteht LH als «Schalomarbeit»: «Das bedeutet den Frieden in mir und mit mir, mit meiner Geschichte, meinem Schicksal.» In diesem Zusammenhang komme dem Anhören biografischer Geschichten – Beziehungs-, Liebes- und Berufsgeschichten, in denen Stolz und Selbstbewusstsein, aber auch Enttäuschung und Leid aufschienen – eine grosse Bedeutung zu. Es bedeute aber auch Frieden mit der Umwelt, wobei Themen wie Schuld, Versagen, Versöhnung, Dankbarkeit und Stolz eine Rolle spielten, und schliesslich auch Frieden mit Gott oder einem höheren Wesen. «Hierbei wird oft thematisiert, dass dies im Laufe des Lebens in den Hintergrund geraten ist. ‹Wie soll ich jetzt anknüpfen›? ‹Ist es nicht schäbig, jetzt, wo es mir schlecht geht, wieder angekrochen zu kommen?› Häufig geschieht Schalomarbeit in Bezug auf Gott, indem Patienten erst einmal klagen, rebellieren, wütend reagieren, Ungerechtigkeit in ihrem Schicksal und auf der Welt überhaupt beklagen. Ich gehe davon aus, dass diese Worte zwar an mich gerichtet werden, aber eigentlich in Gottes Ohr gemeint sind. Manchmal sage ich das auch.»

In eine ähnliche Richtung weist HK, wenn er betont, dass die Seelsorge den medizinischen Heilungsbegriff im Sinn von Gesundung nochmals kritisch hinterfrage, wenn Patienten und/oder ihre Angehörigen ihre Situation im Licht des Glaubens deuten: «Im Glücksfall können wir dann z. B. entdecken, dass ‹Heilung› nicht unbedingt ‹Abwesenheit von körperlichem Leid› heissen muss, sondern vielleicht auch in der Annahme der Situation bestehen kann.» Zur Illustration erwähnt er die Aussage eines schwer krebskranken Patienten, die er als sehr authentisch und frei von Koketterie empfunden habe: «Es ist schlimm, dass ich diese Krankheit haben muss. Aber ich glaube nicht, dass ich sonst entdeckt hätte, was eigentlich das Wichtigste ist im Leben: Die Beziehungen, die Liebe, das Vertrauen, der Glaube.»

Seelsorge inmitten des Spitalpersonals und für es

PI sieht sich nicht als Heiler. Gott, der heilt, sei immer schon da. «Meine Aufgabe sehe ich darin, in den Begegnungen mit den Menschen im Spital, in der Anteilnahme an ihrem Leben im Gespräch, in der Stille, mit einer Geste, im Gebet, im Teilen der Kommunion die heilenden Kräfte zu stärken.» BA unterstreicht das Teamwork. Sie versuche, «gemeinsam mit Ärztinnen und Ärzten, Pflege und anderen Diensten einen kranken Menschen so zu unterstützen, dass er die Krise, die eine schwere Krankheit auslöst, bewältigen kann.» Auch PI unterstreicht, dass er einer von fünftausend Mitarbeitenden an seinem Spital ist. Das zu wissen sei entlastend. Gleichzeitig verweist es aber auch auf ein weiteres Arbeitsfeld, nämlich die Seelsorge unter den Mitarbeitenden, die nicht planbar ist, sondern sich bei Begegnungen auf der Station oder in der Cafeteria ergeben: «Eine Frau von der Pflege hat ein Kind bekommen und wir teilen die Freude darüber; auf der Intensiv-Pflegestation sagt mir eine Frau von der Pflege neben dem Bett eines beatmeten Patienten, dass sie ihre 5 Kätzchen platzieren konnte; eine junge Assistenzärztin sagt mir, dass sie zum ersten Mal einen Menschen sterben sah; ein Oberarzt sagt mir, dass er in der Arbeit fast ertrinkt; die Mutter des Leiters Reinigungsdienst ist gestorben, und ich gebe ihm ein paar CDs für das Sterbegebet, das er gestaltet, usw.»

Frage 3: Gibt es weitere Erfahrungen, Geschichten, Gedanken, die Dir zum Spannungsfeld geschenktes Heil vs. bezahlte Spitalseelsorge wichtig sind?

Konfessionelle Brille der Patienten und Patientinnen

«Als spannungsreich erfahre ich oft die Tatsache, dass Spitalseelsorgende von den Patientinnen bzw. Patienten in erster Linie als Vertreterinnen und Vertreter der jeweiligen Kirchen wahrgenommen werden. Also auch im Kontext von ökonomischer und spiritueller Abhängigkeit» (TS).

«Was willst du, dass ich dir tun soll?»

«Nach meiner Erfahrung braucht jede Heilung eine innere Disposition vonseiten des Patienten und einen Willen zum Gesundwerden. Die alte Frage Jesu, ‹Was willst du, dass ich dir tun soll›? ist auch heute – in Zeiten der Schulmedizin – ein Schlüssel zur Heilung. Es gibt leider sowohl Ärzte wie auch Seelsorger, denen die Frage nie über die Lippen geht. Sie ‹wissen› schon vorher, was zu tun ist» (BS).

Jede Gesundung ein Wunder?

«Jede Heilung und Gesundung – durchaus auch im banalen Sinne – ist für mich in bestimmter Hinsicht ein ‹Wunder›. So wie es für mich ein Wunder ist, dass sich eine Wunde von selbst wieder schliesst, der Körper also selber seine ursprüngliche Gestalt erkennt und sie im Normalfall wieder herstellen kann. Unser Leib selber ist das Wunder. Und kein Mensch, keine Medizin und kein Arzt kann von sich her ‹Heilung machen›. Unsere Rolle ist es, die Heilungskräfte der kranken Person zu unterstützen, zu fördern und Rahmenbedingungen dafür bereitzustellen. Darin ist meine Rolle ähnlich wie die eines guten Arztes, aber sie unterscheidet sich auch in den Methoden, da Seelsorge vor allem auf die Dimension des Geistes, im Sinne von Spiritualität, ausgerichtet ist» (BS). Während BS punkto Machbarkeit die Gemeinsamkeit von Arzt und Seelsorger betont, akzentuiert HA, der in der Psychiatrie arbeitet, die Unterschiede: «Wesentliche Aufgabe von mir ist, Räume zu öffnen, in denen Patient/innen heilsame Erfahrungen machen und/oder das Wirken der Kraft Gottes spüren können. Mein Wissen und meine Berufserfahrung helfen dabei lediglich, weniger falsch zu machen. Aber machbar sind solche heilenden Momente nicht. Sie liegen für mich letztlich in Gottes Hand. Anders ist dies bei der Verabreichung von Medikamenten: Die wirken fast immer, wenn auch nicht immer so, wie erwünscht! […] Die grössere Macht liegt dort, wo Wirkung ‹machbar(er)› ist.»

Gebet als Gratwanderung

«Das Gebet um Heilung ist eine Gratwanderung. Es kann leicht missverstanden werden in dem Sinne eines Umkehrschlusses: ‹Wenn es dir gut geht, hat Gott dich erhört …› Gott ist aber kein Erfüllungsgehilfe unserer Wünsche. Genauso wenig wie er Krankheiten oder Unfälle schickt, um die Menschen zu ‹erziehen› oder zu ‹lehren›. Ich kenne Behinderte, die sich vehement gegen sog. ‹Heilungsgebete› wehren, weil indirekt impliziert würde, dass Gott etwas gegen sie habe (Krankheit und Behinderung als Strafe) bzw. dass sie zu wenig gläubig seien, sonst wären sie ja «gesund». Unsere anthropomorphe Sprache (die auch in der Bibel weit verbreitet ist) kommt hier an die Grenze des Aussagbaren» (BS).

Schweigen als Gebet

«Manchmal besteht mein Gebet im Schweigen und im still Sitzen vor Gott. Die gesprochenen Worte sind für die Menschen wichtig. Gott braucht unsere Worte nicht. Darum setzt das Wortgebet (mit Gott ‹reden›) voraus, dass wir zuvor alle anthropomorphen Handlungserwartungen an sein Handeln ablegen. Wir können zwar von Gnade und Geschenk der Gesundheit sprechen, aber eben nicht von Ungnade, Strafe oder mangelndem Glauben als Grund von Krankheit, Behinderung oder Unfall. Darum – noch einmal – ist mir dieses schweigende Gebet ganz wichtig» (BS).

4 Ertrag

Wir begannen mit dem Nachweis, dass es im Vorderen Orient Vorläufer von Kliniken gab, die in der Darstellung der Geschichte des Spitals bisher nicht zur Kenntnis genommen wurden. Dabei spielten, wie zum Beispiel in Sidon oder Jerusalem archäologisch und teilweise auch literarisch fassbar, heilende Wasser und charismatische Heiler eine wichtige Rolle sowie der Glaube, dass eine Gottheit, der man sich dankbar erweist, die Heilung bewirkt.

Elischa und sein Bursche Gehasi sind im Ersten Testament fassbare Repräsentanten des antiken vorderasiatischen Heilerwesens. Die legendarische Überlieferung zu ihrem Wirken fokussiert auf den fundamentalen Gottesbezug ihrer Praxis, der von der Theologie bis heute als wichtigstes Element ihres Gnadenverständnisses betrachtet wird. Die Verurteilung der Kontrastfigur Gehasi wird bis in die neuesten Kommentare hinein unkritisch unterstützt, teilweise sogar verstärkt. Demgegenüber versuchten wir sein Verhalten durch eine sozialkritische Analyse zumindest teilweise plausibel zu machen. Gehasis Schicksal als biblische Negativfigur verweist auf die Verdrängung der Frage nach gerechtem Lohn für geleistete Sozialarbeit.

Wie wichtig ein gerechter Lohn ist, um professionelle Klinikseelsorge zu garantieren, zeigt das Ergebnis einer spontanen Umfrage bei röm.-kath. Seelsorgenden der Deutschschweiz im dritten Teil. Sie liess rote Fäden sichtbar werden, die sich über Jahrhunderte hinweg verfolgen lassen. Die Einsicht, dass Heilung im umfassenden Sinn letztlich als Geschenk (des Himmels, der Natur, Gottes) erfahren wird, ist ein Vermächtnis der altisraelitischen Prophetie, der Priester, der weisen Frauen und Männer, die von modernen Klinikseelsorgenden einhellig geteilt wird, deren Methoden (Gespräch, Vermittlung, Gebet, Salbung, Kommunion, Weinen, Schweigen) sich im Übrigen kaum von denen der antiken Vorbilder unterscheiden. Gerade dies wird im heutigen Klinikalltag offenbar als Wohltat wahrgenommen, geschätzt und genutzt. Es ist – ähnlich wie die Wirksamkeit von Amuletten und Placebos[38] – ein eindrücklicher Beleg dafür, dass der Mensch mehr ist als die Summe seiner Teile,

---

38 *Staubli*, Amulette; *Hermann/Staubli*, 1001 Amulett.

nämlich, biblisch gesprochen, eine lebendige Nefesch (Gen 2,7)[39] und damit ein Organismus, dem ein rein technisch-analytischer Zugriff für die Heilung nicht vollständig gerecht wird. Hier bedarf die Medizin, die ihre Ahnväter im antiken Griechenland hat und deren Menschenbild auf der antiken Philosophie fusst, der Ergänzung durch die Seelsorge mit ihren orientalischen Wurzeln und ihrem biblischen Menschenverständnis. Dazu gehört ganz wesentlich die Einsicht, dass Gott zwar auch den Arzt erschaffen hat, dass die Heilung aber ein Geschenk Gottes ist (Sir 38,1–4). Den Segen der modernen Medizin wertschätzen, deren Grenzen aber sehen und damit auch die Grenzen der Lebensverlängerung anzunehmen lernen – das ist die Kunst, die Seelsorgende vermitteln können, die sie in der modernen Klinik unverzichtbar macht und darüber hinaus zu Referenzpersonen für eine Politik werden lässt, die sich je länger je intensiver mit den Grenzen der Finanzierbarkeit der Medizin auseinandersetzen muss.[40]

Literatur und Abkürzungen

Bovon, François: Das Evangelium nach Lukas (Lk 1,1–9,50), Evangelisch Katholischer Kommentar zum Neuen Testament, Bd. III/1, Zürich/Neukirchen-Vluyn 1989.

Duprez, Antoine: Jésus et les dieux guérisseurs. A propos de Jean V, Cahiers de la Revue biblique 12, Paris 1970.

---

39 Nefesch ist die Kehle, der verletzliche Knotenpunkt des Körpers, der nach Luft, Wasser und Essen lechzt und wo die Stimme ihren Sitz hat – ein Symbol des begehrenden Leibes, der menschlichen Libido, von der Septuaginta an vielen Stellen mit «Psyche» im Deutschen mit «Seele» übersetzt, aber eben nicht im Sinne einer griechisch-dualistischen Anthropologie zu verstehen als vom Körper unterschiedener unsterblicher Teil, sondern im Sinne orientalisch-biblischer Menschenkunde als Inbegriff des lebenshungrigen und zugleich todgeweihten Leibes. Siehe dazu ausführlich *Schroer/Staubli*, Körpersymbolik 61–74.

40 Danksagung: Ich danke AG (*Andrea Gross*, Katholische Spitalseelsorge, St. Claraspital, Basel), BA (*Brigitte Amrein*, Leiterin Spitalseelsorge, Luzerner Kantonsspital), BS (*Bernhard Stappel*, Spitalseelsorger, Gesundheitszentrum Fricktal und Reha Rheinfelden), HA (*Hugo Albisser*, Klinikseelsorger, Luzerner Psychiatrie, St. Urban), HK (*Hubert Kössler*, Co-Leiter Seelsorge, Inselspital, Bern), LH (*Lucia Hauser*, Spitalseelsorgerin, Supervisorin, Universitätsspital Basel), PI (*Pirmin Ineichen*, Spitalseelsorge, Luzerner Kantonsspital), TS (*Therese Stillhard*, Röm.-kath. Seelsorgerin, Universitätsspital Basel) sehr herzlich, die mit ihren Überlegungen Wertvolles zur Meinungsbildung im Rahmen dieses Themas beigetragen haben, und meiner Partnerin *Silvia Schroer* für das Lektorat des Manuskripts samt wertvollen Hinweisen.

Ellenberger, Henry F.: Die Entdeckung des Unbewussten. Geschichte und Entwicklung der dynamischen Psychiatrie von den Anfängen bis zu Janet, Freud, Adler und Jung, Zürich 1985.

Fischer, Michael: Art. Krankenfürsorge, in: Lexikon für Theologie und Kirche (LThK[1]), Bd. 6, Freiburg i. Br. 1934, 227–230.

Fritz, Volkmar: Das zweite Buch der Könige, Zürcher Bibelkommentare Altes Testament 10,2, Zürich 1998.

Gray, John: I & II Kings. A Commentary, The Old Testament Library, London 1964.

Hermann, Christian/Staubli, Thomas: 1001 Amulett. Altägyptischer Zauber, monotheisierte Talisman, säkulare Magie, Freiburg i. Ue./Stuttgart 2010.

Hiltbrunner, Otto: Art. Krankenhaus, in: Reallexikon für Antike und Christentum, Bd. 21, Stuttgart 2006, 882–914.

Joüon, Paul/Muraoka Takamitsu: A Grammar of Biblical Hebrew. Part Three: Syntax. Paradigms and Indices, subsidia biblica 14/II, Roma 1996.

KAI = *Donner, Herbert/Röllig, Wolfgang:* Kanaanäische und Aramäische Inschriften, Bde. I–III, Wiesbaden 1962–1964.

Keil, Carl Friedrich: Die Bücher der Könige, Gießen/Basel [3]1988.

Klessmann, Michael: Art. Krankenseelsorge, in: Theologische Realenzykklopädie (TRE), Bd. 19, Berlin/New York 1990, 669–675.

Küchler, Max: Jerusalem. Ein Handbuch und Studienreiseführer zur Heiligen Stadt, Göttingen 2007 (Orte und Landschaften der Bibel, Bd. IV, 2).

LXX = Septuaginta

NBL = Neues Bibellexikon, Zürich u. a. 1991 ff.

Nelson, Richard Donald: First and Second Kings, Interpretation. A Bible Commentary for Teaching and Preaching, Louisville 1987.

Peters, Siegwart: Hygieneaspekte im *valetudinarium* an der römischen Rheinfront, in: *Groß, Dominik u. a. (Hg.):* Medizingeschichte in Schlaglichtern, Schriften des Rheinischen Kreises der Medizinhistoriker 2, 2011,15–32.

Preuß, Horst Dietrich: Theologie des Alten Testaments, Bd. 2: Israels Weg mit JHWH, Stuttgart/Berlin/Köln 1992.

Pulheim, Peter: Art. Klinische Seelsorgeausbildung, in: Lexikon für Theologie und Kirche (LThK[3]), Bd. 6, Freiburg i. Br. 1997, 138.

Rüther, Bernhard: Art. Krankenfürsorge, in: Lexikon für Theologie und Kirche (LThK[2]), Bd. 6, Freiburg i. Br. 1961, 579–584.

Schmitt, Hans-Christoph: Elisa. Traditionsgeschichtliche Untersuchungen zur vorklassischen nordisraelitischen Prophetie, Gütersloh 1972.

Schroer, Silvia: Biblische Klagetraditionen zwischen Ritual und Literatur. Eine genderbezogene Skizze, in: *Margaret, Jaques (Hg.):* Klagetraditionen. Form und Funktion der Klage in den Kulturen der Antike, Freiburg i. Ue./Göttingen 2012 (OBO 251).

Schroer, Silvia: Die Weisheit hat ihr Haus gebaut. Studien zur Gestalt der Sophia in den biblischen Schriften, Mainz 1996.

Schroer, Silvia: Liebe und Tod im Ersten (Alten) Testament, in: *Rusterholz, Peter/Zwahlen, Sara M. (Hg.):* Liebe und Tod. Gegensätze – Abhängigkeiten – Wechselwirkungen, Bern u. a. 2006, 35–52.

Schroer, Silvia: Trauerriten und Totenklage im Alten Israel. Frauenmacht und Machtkonflikte, in: *Berlejung, Angelika/Janowski, Bernd (Hg.):* Tod und Jenseits im alten Israel und in seiner Umwelt, FAT 64, Tübingen 2009, 299–321.

Schroer, Silvia: Wise and Counselling Women in Ancient Israel, in: Literary and Historical Ideals of the Personified hokmâ: *Brenner, Athalya (Hg.):* A Feminist Companion to Wisdom Literature, Sheffield 1995 (The Feminist Companion to the Bible 9), 67–84.

Schroer, Silvia/Keel, Othmar: Die Ikonografie Palästinas/Israels und der Alte Orient. Eine Religionsgeschichte in Bildern. Band 1: Vom ausgehenden Mesolithikum bis zur Frühbronzezeit, Freiburg i. Ue. 2004.

Schroer, Silvia/Staubli, Thomas: Die Körpersymbolik der Bibel, Darmstadt ²2005.

Schubert, Franz: Art. Krankenseelsorge, in: Lexikon für Theologie und Kirche (LThK¹), Bd. 6, Freiburg i. Br. 1934, 230–232.

Simonett, Christoph: Vindonissa. Valetudinarium und Kasernen, in: Anzeiger für Schweizerische Altertumskunde 39, 1937, 1–29.

Staubli, Thomas: Levitikus. Numeri, Neuer Stuttgarter Kommentar Altes Testament 3, Stuttgart 1996.

Staubli, Thomas (Hg.): Musik in biblischer Zeit und orientalisches Musikerbe, Freiburg i. Ue. 2007.

Staubli, Thomas: Amulette: altbewährte Therapeutica zwischen Theologie und Medizin, in: *Thomas, Günther/Karle, Isolde (Hg.):* Krankheitsdeutung in der postsäkularen Gesellschaft. Theologische Ansätze im interdisziplinären Gespräch, Stuttgart 2009, 91–114.

Sträter, Gisela: Art. Krankenpflege, in: Lexikon für Theologie und Kirche (LThK³), Bd. 6, Freiburg i. Br. 1997, 416 f.

Stucky, Rolf A.: Das Heiligtum des Eschmun in Sidon: Kulturelle Kontakte zwischen Phönizien und Griechenland, online unter www.libanon-info.de/eshmoun/page-4.html (21.9.2012).

Stucky, Rolf A.: Tribune d'Echmoun. Ein griechischer Reliefzyklus des 4. Jahrhunderts v. Chr., Beiheft «Antike Kunst» 12, Basel 1984.

Svoboda, Robert: Art. Krankenhausseelsorge, in: Lexikon für Theologie und Kirche (LThK²), Bd. 6, Freiburg i. Br. 1961, 584.

Sweeney, Marivin A.: I & II Kings. A commentary, Louisville/London 2007.

Theißen, Gerd: Lokalkolorit und Zeitgeschichte in den Evangelien, Freiburg i. Ue./Göttingen 1989 (NTOA 8).

Wendehorst, Alfred: Art. Hospital, in: Theologische Realenzykklopädie (TRE), Bd. 15, Berlin/New York 1986, 600–604.

Windisch, Hubert: Art. Krankenhaus-Pastoral, in: Lexikon für Theologie und Kirche (LThK³), Bd. 6, Freiburg i. Br. 1997, 414 f.

Wiseman, Donald J.: 1 and 2 Kings. An Introduction and Commentary, Leicester 1993 (The Tyndale Old Testament Commentaries).

Wyss, Stephan: Das Quaken der Frösche. Eine kleine Phänomenologie der Gewalt, Freiburg i. Ue./Luzern 1992 (Theologie aktuell 12).

van den Born, Adrianus: Koningen, uit de grondtekst vertaald en uitgelegd, Roermond/Maaseik 1958 (Boeken van het Oude Testament 4,2).

Integrierte Seelsorge in Spitälern und Psychiatrischen Kliniken im Kanton Zürich

Ein bewährtes Modell für Seelsorge in Palliative Care

Urs Länzlinger

1 Seelsorge in Palliative Care nach dem Konzept der Spital-seelsorge der Katholischen Kirche im Kanton Zürich

Bessere Lebensqualität für sterbende Menschen zu ermöglichen und das Leiden schwerkranker Menschen zu lindern – das ist der Sinn von Palliative Care. Gemeinsam mit Angehörigen, Freiwilligen, Pflegenden, Ärztinnen und Ärzten, Psychologinnen und Psychologen und Sozialarbeitenden umsorgen und begleiten Seelsorgerinnen und Seelsorger auf Basis ihrer fundierten theologischen und pastoralpsychologischen Ausbildung die Kranken und ihre Angehörigen.

Christoph Seitler, der erste Leiter der Palliativstation am Kantonsspital Winterthur, bringt die Bedeutung der integrierten Seelsorge in Palliative Care auf den Punkt, wenn er hervorhebt:

> «Der positive Einfluss von Seelsorge auf das Wohlbefinden des Patienten ist offensichtlich und geht bis zu der Erfahrung, dass sogar die Schmerzmittelgaben reduziert werden können.»[1]

Für die Spital- und Klinikseelsorge ist Seelsorge in Palliative Care kein Sonderfall, sondern zeigt exemplarisch, was unter einer integrierten professionellen Seelsorge zu verstehen ist:

> «Die Seelsorge teilt mit allen Berufs- und Fachgruppen im Gesundheitswesen die gemeinsame Verantwortung für kranke, schwerkranke, pflegebedürftige und sterbende Menschen. Sie konzentriert sich wesentlich auf die psychosoziale und religiös spirituelle Begleitung der Patientinnen/Patienten sowie auf die Unterstützung der Ärzteschaft und der Pflegenden bei ethischen Konfliktsituationen. Zudem ist

---

1 *Näf-Hofmann/Näf*, Ethik 65.

die Seelsorge an den Angehörigen und wichtigen Bezugspersonen zu beachten. Sie leistet dadurch einen wichtigen Beitrag zur Verbesserung der Qualität der medizinischen Versorgung im Gesundheitswesen des Kantons Zürich.»[2]

Gefragt und notwendig ist also eine professionelle Seelsorge, die mit den interdisziplinär besetzten Care Teams zusammenarbeitet, insbesondere in den Spitälern und Psychiatrischen Kliniken, aber auch zunehmend in mobilen Palliative Care Teams, in Altersheimen und Pflegezentren. Dieser Ansatz der integrierten Seelsorge wurde bereits im 2005 beschlossenen «Konzept für die katholische Seelsorge in Spitälern, Kliniken und Pflegezentren im Kanton Zürich»[3] als Ziel festgeschrieben.

Mit diesem ab 2008 voll umgesetzten Konzept sollte die Spital- und Klinikseelsorge besser und effizienter organisiert und den veränderten Bedürfnissen angepasst werden. Hierfür wurde sie dahingehend umstrukturiert, dass seither alle katholischen Spital- und Klinikseelsorgenden des Kantons Zürich durch den Synodalrat angestellt werden und eine zentrale Dienststelle zur Koordination der Seelsorge errichtet wurde, deren Aufgabe es ist, die Dienst- und Fachaufsicht wahrzunehmen und das Team der Spital- und Klinikseelsorgenden operativ zu führen. Derzeit sind 37 – meist teilzeitangestellte – katholische Spitalseelsorgende im Kanton Zürich tätig. Sie sind als Seelsorgerin, als Seelsorger jeweils im interdisziplinär besetzten Care Team integriert und sorgen sich um die religiös-spirituelle Begleitung aller Beteiligten und um die Bedingungen für eine menschliche Sterbekultur. Die Spital- und Klinikseelsorge leistet so ihren Beitrag zur religiös-existenziellen Begleitung von kranken und sterbenden Patientinnen und Patienten – gemeinsam mit Freiwilligen und den reformierten Spitalseelsorgenden. Die Bedeutung, die die Katholische Kirche im Kanton Zürich der Spital- und Klinikseelsorge beimisst, zeigt sich unter anderem auch darin, dass die Synode der Katholischen Kirche im Kanton Zürich aus Kirchensteuermitteln insgesamt 22 Planstellen für die katholische Spital- und Klinikseelsorge finanziert sowie seit 2011 einen kantonalen Priesterpikettdienst für 37 Spitäler und Psychiatrische Kliniken im Kanton Zürich.

---

2 Konzept 9 [online unter www.spitalseelsorgezh.ch/palliativseelsorge/theologische-grundlagen_n (21.9.2012).]

3 www.spitalseelsorgezh.ch/pdf/def-konzept-spital-29-8-05.pdf/view (14.9.2012).

2 Was leistet integrierte Spitalseelsorge?

Im Sommer 2009 wurde vom Synodalrat an das Institut Interface Politikstudien Forschung Beratung Luzern eine externe Evaluation in Auftrag gegeben mit dem Ziel, das Konzept der katholischen Spital- und Klinikseelsorge im Kanton Zürich sowie die Umsetzung des Konzepts zu evaluieren.[4] Für die Evaluation wurden unterschiedliche qualitative und quantitative Methoden angewendet. Es wurden Gespräche geführt, die Leistungsdaten (ab September 2009) erfasst, Online-Befragungen (bei Mitarbeitenden der Spitalseelsorge und bei Spitalleitungen) sowie eine schriftliche Patientenbefragung durchgeführt. Im Folgenden soll nicht der gesamte Evaluationsbericht[5], sondern die Zusammenfassung dieses Berichtes[6], und auch diese nur in Auswahl, mit seinen zentralen Erkenntnissen und Empfehlungen im Wortlaut wiedergegeben werden.

2.1 Beurteilung des Konzepts und seiner Umsetzung

«Die Beurteilung des Konzepts durch die externe Evaluation fällt grundsätzlich positiv aus [...] Die Umsetzung des Konzepts funktioniert in weiten Teilen gut. Die Kantonalisierung und die verwendeten Führungsinstrumente werden mehrheitlich positiv beurteilt. Die Mitarbeitenden-Zufriedenheit bei der katholischen Spital- und Klinikseelsorge ist hoch.»[7]

---

4 Vgl. Bericht und Antrag vom 4.10.2011 an die Synode. Evaluation des Konzepts der katholischen Spital- und Klinikseelsorge im Kanton Zürich. Inhaltliche Überlegungen und finanzielle Auswirkungen, online unter www.zh.kath.ch/organisation/synodalrat/geschaefte/2010/220 (13.9.2012).

5 Vgl. *Rieder*, Evaluation des neuen Konzepts.

6 Ebd., erfasst am 12. Mai 2010 durch *Interface Politikstudien Forschung Beratung, Luzern*, online unter www.interface-politikstudien.ch/downloads/deutsch/Zu_Spitalseelsorge_ZH.pdf (13.9.2012).

7 A. a. O. 2.

2.2 Leistungserfassung (Outputs; Monitoring)

«Die Analyse der Outputs erfolgte auf der Basis einer Leistungserfassung, mit deren Hilfe die Mitarbeitenden über einen Zeitraum von sieben Monaten die wichtigsten Kennzahlen eingetragen haben. Die Ergebnisse dieses Monitorings lassen sich wie folgt zusammenfassen:

– Hochgerechnet auf ein Jahr werden in der Dienststelle rund 28 224 Seelsorgegespräche mit katholischen Patientinnen bzw. Patienten und 9004 Gespräche mit Nicht-Katholiken geführt. Zudem werden 4284 Gespräche mit Angehörigen, 10 662 Gespräche mit dem Personal der Spitäler und 1992 Gespräche mit Freiwilligen geführt. Ebenfalls auf ein Jahr hochgerechnet beträgt die Zahl der Sterbebegleitungen 824 (Palliative Care); 1198 mal werden Begleitungen in akuten Krisensituationen und 334 mal Pikett-einsätze in den Spitälern geleistet. Insgesamt beträgt die Zahl der persönlichen Kontakte pro Jahr damit 62 610. Das sind durchschnittlich rund 1789 Kontakte pro Person und 3185 Kontakte pro 100-Prozent-Stelle. Davon sind etwa 90 Prozent persönliche Kontakte mit seelsorgerlichem Charakter. Zudem sind 544 Spitalgottesdienste mit einer geschätzten Anzahl von 23 394 Mitfeiernden dokumentiert. Die Anzahl der persönlichen Kontakte variiert insgesamt sehr stark von Person zu Person.

– Die seelsorgerlichen Tätigkeiten machen als Kernaufgaben rund 55 Prozent der effektiv geleisteten Arbeitszeit aus. Die übrigen rund 45 Prozent der Arbeitszeit werden insbesondere für administrative und organisatorische Tätigkeiten (Administrationsaufgaben, Weiterbildung, Exerzitien, Tagungen, Führungsaufgaben, Spitalintegration, Spitalseelsorgezusammenarbeit, Öffentlichkeits- und Kommissionsarbeit) aufgewendet. Dieser Anteil erscheint hoch, wobei sich dieser quantitative Befund mit den qualitativen Angaben deckt, die im Abschnitt Umsetzung beschrieben worden sind.

– Sehr vielen Stunden Pikettdienst von Seelsorgenden stehen nur sehr wenige Piketteinsätze gegenüber. Daher gab die externe Evaluation zu überlegen, ob die Seelsorgenden nicht besser vom nächtlichen Pikettdienst entlastet werden sollten, indem im ganzen Kanton ein Priesterpikett nach dem Modell der Stadt Zürich eingerichtet wird.

– Das Konzept der Spitalseelsorge sieht als Aufgabe a) erster Priorität Gespräche mit gemeldeten katholischen Patientinnen und Patienten nach Möglichkeit innerhalb von 7 Tagen vor. Auf Grundlage einer strengen Auslegung dieser Aufgabe wurde berechnet, wie viele katholische Patientinnen und Patienten die Seelsorgenden im Kanton Zürich pro Jahr mindestens besuchen müssen. Hierzu wurde aufgrund der kantonalen Spitaldaten die Zahl von rund 3300 katholischen Patientinnen und Patienten errechnet, welche sieben oder mehr Tage in einem Spital oder einer Klinik im Kanton Zürich verbringen. Ausgehend von der mittels dem Monitoring errechneten Anzahl Gespräche mit Katholikinnen und Katholiken (rund 28 000 pro Jahr), kann angenommen werden, dass die Seelsorgenden mit einem Vielfachem dieser Zahl an katholischen Patientinnen und Patienten Gespräche führen. Die entsprechende Zielsetzung des Konzepts kann damit (formal) mühelos erreicht werden. Jedoch ist darauf hinzuweisen, dass eine strenge Auslegung von Aufgabe a) erster Priorität gemäss dem Konzept mit dem Kriterium der Aufenthaltsdauer bedeuten würde, dass weniger als 5 Prozent aller katholischen Patientinnen und Patienten besucht werden müssen.

– Die Zahl der im Kanton Zürich hospitalisierten katholischen Patientinnen und Patienten ist (unabhängig von der Aufenthaltsdauer) für das Jahr 2009 auf rund 68 000 Personen zu schätzen. Mit 28 000 jährlichen Gesprächen werden damit gut 40 Prozent aller katholischen Patientinnen und Patienten von den katholischen Seelsorgenden besucht (unter dem Vorbehalt, dass Patientinnen und Patienten zum Teil mehrmals besucht werden).»[8]

2.3 Wirkungen (Impacts)

«Die wichtigste Zielgruppe der Spitalseelsorge sind die Patientinnen und Patienten. Um deren Zufriedenheit mit den Leistungen der Seelsorgenden zu messen, wurden Fragen in den allgemeinen Fragebogen zur Patientenzufriedenheit in drei Spitälern integriert […]

Weiter wurden Impacts auf der Stufe der Spitalleitungen mittels einer Online-Befragung untersucht. Die Ergebnisse hierzu sind rundum positiv. So schätzen die Spitalleitungen den Beitrag der Seelsorge zur Qualität der Versorgung als hoch ein, beurteilen die Umsetzung des Konzepts aus Spitalsicht positiv und erachten das Funktionieren der Spitalintegration als gut. Die Ressourcen der katholischen Seelsorge werden von sieben der 27 befragten Personen als zu gering wahrgenommen.

Aus Sicht der Spitalleitungen muss die Spitalseelsorge sich insbesondere auf die sinkende Aufenthaltsdauer von Patientinnen und Patienten vorbereiten. Die Bedeutung der Palliative Care (die Spitalleitungen identifizieren hier einen zweiten

---

8   A. a. O. 3 f.

für die Spitalseelsorge zentralen Entwicklungstrend) ist im Konzept erkannt und wurde antizipiert.»[9]

Der Leistungsausweis der Spitalseelsorge ist aus Sicht der externen Evaluation beachtlich: Das im Rahmen der Evaluation durchgeführte Monitoring erlaubt es, die Zahl der seelsorglichen Gespräche mit katholischen Patientinnen und Patienten zu erfassen: Es sind dies rund 28 000 pro Jahr. Hinzukommen weitere 9004 Gespräche mit Nicht-Katholiken, 4284 Kontakte mit Angehörigen und 10 662 seelsorgerische Gespräche mit dem Personal der Spitäler. Wenn alle weiteren Leistungen wie die Betreuung von Freiwilligen, Sterbebegleitungen, Begleitungen in akuten Krisensituationen und Piketteinsätze hinzugerechnet werden, erreichen die 37 Beschäftigten der Spitalseelsorge mit ihrem Angebot nicht weniger als 62 600 Personen pro Jahr.

Das Konzept der Spitalseelsorge sieht vor, dass aufgrund des Zürcher Patientengesetzes vorrangig Gespräche mit katholischen Patientinnen und Patienten geführt werden und zwar nach Möglichkeit innerhalb von 7 Tagen nach Eintritt ins Spital. Die Evaluation hat aufgrund der Monitoringdaten errechnet, dass dieses Ziel im Schnitt erreicht worden ist.

2.4 Befragung der Spitalleitungen und der Patientinnen bzw. Patienten zu ihrer Zufriedenheit

Im Frühjahr 2010 wurden 286 Patientinnen und Patienten in drei Spitälern zur Spitalseelsorge befragt, in Kooperation mit dem Verein Outcome.[10] Dabei zeigt sich, dass ältere Patientinnen und Patienten, Personen mit einer langen Aufenthaltsdauer und chronischen Erkrankungen überdurchschnittlich oft besucht werden. Wie die folgende Grafik zeigt, sind über 70 Prozent der Befragten mit dem Besuch einer Seelsorgerin oder eines Seelsorgers sehr

---

9 A. a. O. 4.
10 Laut Selbstaussage, online unter www.vereinoutcome.ch/pdf/1060 %20DDQ%20 FMH%20d%2043.pdf (21.2.2012): «Träger des Vereins Outcome sind die Gesundheitsdirektion Zürich, die Versicherer und die Spitäler. Outcome-Messungen finden in allen öffentlichen Spitälern der Kantone Zürich, Aargau und Solothurn und weiterer Kantone sowie in privaten Spitälern statt. Outcome-Messungen sind Selbstmessungen nach einer einheitlichen Systematik. Bei den Messungen des Vereins Outcome wird der Fokus auf Ergebnismessungen (Outcome) gelegt, die das Ergebnis der Spitalleistung unter Berücksichtigung aller relevanten Perspektiven – besonders derjenigen der Patientinnen und Patienten – abbilden.»

zufrieden oder eher zufrieden. Der Anteil der Unzufriedenen liegt lediglich bei rund 5 Prozent. Die Zufriedenheit ist besonders hoch bei älteren Personen, bei Patientinnen und Patienten mit chronischer Krankheit sowie bei Personen mit tieferem Ausbildungsabschluss.

Frage: «Falls Sie von der katholischen Spitalseelsorge besucht worden sind: Wie zufrieden waren Sie mit der seelsorgerlichen Betreuung?»

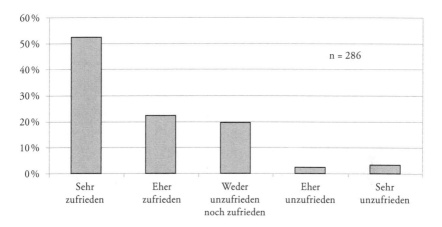

Die Spitalleitungen aller 37 Spitäler und Kliniken im Kanton Zürich wurden von der Evaluation um eine Beurteilung der Arbeit der Spitalseelsorge gebeten. Die Ergebnisse sind positiv: Aus Sicht der Spitalleitungen leistet die Spitalseelsorge einen hohen Beitrag zur Qualität der Versorgung. Die neue Konzeption und deren Umsetzung stossen auf positives Echo.

2.5 Der Auftrag der katholischen Spital- und Klinikseelsorgerinnen und -seelsorger im Kanton Zürich und die Einführung eines Priesterpiketts

Aufgrund der Ergebnisse und Empfehlungen der externen Evaluation wurde vom Synodalrat ein kantonaler Priesterpikett für die 37 Spitäler eingeführt (ab Januar 2011) und von der Fachkommission der katholischen Spital- und Klinikseelsorge im Kanton Zürich der Auftrag der Spital- und Psychiatrie-Seelsorgenden neu angepasst (24.11.2011).

2.5.1 Verbindliches Konzeptpflichtenheft für katholische Spital- und Klinikseelsorger bzw. -seelsorgerinnen im Kanton Zürich

«AUFGABENSTELLUNG

– Professionelle seelsorgliche Begegnung, Begleitung und Beratung von Patientinnen und Patienten sowie deren Angehörigen auf ihrem individuellen Lebens- und Glaubensweg, besonders in kritischen Phasen und Übergängen. Auf Wunsch steht die Seelsorgerin bzw. der Seelsorger auch Mitarbeitenden des Spitals bzw. der Klinik zur Verfügung

– Stufengemässe Umsetzung von Konzept und Leitbild für die Katholische Seelsorge in den Spitälern, Kliniken und Pflegezentren im Kanton Zürich *unter besonderer Berücksichtigung der diakonischen ‹Option für die Schwächsten› je nach Situation und institutionellem Kontext*

HAUPTAUFGABEN in der integrierten Spital- und Klinikseelsorge

(1) Seelsorge als professionelle spirituell-religiöse Begegnung, Begleitung und Beratung von katholischen Patientinnen bzw. Patienten und Angehörigen (‹Spiritual Care› und ‹Religious Care›)

– Begrüssung und erstes Gespräch mit gemeldeten katholischen Patientinnen bzw. Patienten *(gemäss ZH-kantonalem Patientengesetz 2005, § 9.1: ‹Die Patientinnen bzw. Patienten haben das Recht, sich durch die eigene Seelsorgerin oder den eigenen Seelsorger betreuen zu lassen. Die Spitalseelsorge kann die Patientinnen und Patienten unaufgefordert besuchen›.)* sowie Visite der zugeteilten Stationen nach Möglichkeit innerhalb einer Woche, unter Berücksichtigung der notwendigen Prioritätensetzung

– Präsenz in Krisensituationen, im Sterben, nach einem Todesfall oder in anderen Situationen, interprofessionelle Zusammenarbeit in Palliative Care

(2) Seelsorge als professionelle spirituell-religiöse Begegnung, Begleitung und Beratung von nichtkatholischen Patientinnen bzw. Patienten und Angehörigen (‹Spiritual Care› und ‹Religious Care›)

– auf Wunsch und nach Möglichkeit (konfessions- und religionsunabhängiges Angebot) mit nichtkatholischen Patientinnen bzw. Patienten und Angehörigen

– Präsenz in Krisensituationen, im Sterben, nach einem Todesfall oder in anderen Situationen, interprofessionelle Zusammenarbeit in Palliative Care

(3) Sakramente und Sakramentalien
   – Gebet, Segnung, Kommunion, Nottaufe, (Vermittlung von) Kranken-
     salbung, Beichte/Versöhnung
(4) Gottesdienste und Feiern
   – Eucharistiefeier, Wortgottesdienst mit Kommunionfeier, ökumeni-
     scher Wortgottesdienst, Andacht, Meditation etc.
   – Nach Möglichkeit Mitgestaltung von Spital- und Stationsfeiern
     (Abschied, Advent, Weihnachten etc.)
(5) Spitalinterne interprofessionelle Zusammenarbeit
   – Austausch, Teilnahme an Sitzungen, Konventen, Besprechungen,
     Rapporten, Tagungen, Mitarbeit in spitalinternen Institutionen,
     Arbeitsgruppen, Kommissionen, Komitees, Moderation von Foren,
     Mitwirkung in Care Teams etc.
(6) Ökumenische Zusammenarbeit gemäss Spitalseelsorgekonzept
   – je nach Möglichkeiten vor Ort, unter Berücksichtigung des kath. Seel-
     sorgeauftrags
(7) Seelsorge als professionelle spirituell-religiöse Begegnung, Begleitung
    und Beratung des Spitalpersonals
   – auf Wunsch und nach Möglichkeit (konfessions- und religionsunab-
     hängiges Angebot)
(8) Dienststelleninterne Spitalseelsorgezusammenarbeit
   – Kollegiale Vernetzung und Unterstützung, Teilnahme und Mitwir-
     kung an Spitalseelsorgeteams, Konventen, Besprechungen, Projekt-
     und Arbeitsgruppen, Weiterbildungen
(9) Begleitung von Freiwilligen
   – Gespräche, Kontakte, Aus- und Weiterbildung
   – Intervision, Supervision
(10) Aus- und Weiterbildung (Dienstleistung der Spitalseelsorge)
   – Schulung von Freiwilligen und/oder des Spitalpersonals
   – Teilnahme an Podiumsgesprächen, Diskussionen, spitalinternen Wei-
     terbildungen.»[11]

---

11 Auszug aus dem internen Konzeptpflichtenheft der Fachkommission der katholischen
   Spital- und Klinikseelsorge im Kanton Zürich.

2.5.2 Kantonaler Priesterpikett für die Spitäler und Kliniken im Kanton Zürich

«Die Spitalseelsorge der Katholischen Kirche des Kantons Zürich hat 2011 ein Priesterpikett eingeführt. In seelsorgerischen Notfällen während der Nacht und am Wochenende stehen in den Spitälern des Kantons Zürich derzeit neun Priester bereit, um Patientinnen und Patienten in den Spitälern zu besuchen und Sakramente zu spenden. Die Priester werden für Pikettzeit und -einsätze entschädigt. Mit der Einführung dieses Dienstes wurde eine Empfehlung der *Evaluation des neuen Konzepts der katholischen Spital- und Klinikseelsorge im Kanton Zürich* umgesetzt.»[12]

Der Ausschuss der Spitalseelsorge hat Interface Politikstudien Forschung Beratung, Luzern wiederum mit der Durchführung einer entsprechenden Analyse beauftragt.[13] Das Ziel war:

«eine Beschreibung und Beurteilung des neu eingeführten Priesterpiketts vorzunehmen. Bei der Beurteilung des Priesterpiketts wurde methodisch wie folgt vorgegangen:
- Auswertung Einsatzmeldungen: In einem ersten Schritt wurden die Einsatzmeldungen (Monatsblätter) sämtlicher Pikettpriester ausgewertet. Berücksichtigt wurden Angaben im Zeitraum vom 1. Januar bis 15. November 2011. Es liegen Daten zu 264 entschädigten und weiteren 53 nicht entschädigten Einsätzen vor (total 317 Fälle). Die Einsatzmeldungen dienen primär zur Abrechnung der geleisteten Einsätze und Pikettzeiten. Sie wurden für die Beurteilung zusätzlich ausgewertet.
- Nachträgliche Fallerhebung: In einem zweiten Schritt haben die Pikettpriester eine nachträgliche Fallerhebung durchgeführt und die geleisteten Piketteinsätze systematisch beschrieben (Art des Einsatzes, Kontaktnahme mit dem Spital, Art der geleisteten Dienste usw.). Die Priester haben jene Fälle erfasst, an die sie sich im Dezember 2011 genügend genau erinnern konnten. Erfasst wurden 159 Fälle (etwa die Hälfte der gesamten Einsätze).
- Interviews mit Pikettpriestern: Mit sämtlichen Pikettpriestern wurden im Dezember 2011 und im Januar 2012 persönliche Gespräche geführt (ein Gespräch wurde telefonisch durchgeführt). Dabei ging es um die Beschreibung der geleisteten Piketteinsätze (basierend auf der nachträglichen Fall-

---

12 *Rieder*, Evaluation Priesterpiketts 3.
13 Vgl. a.a.O., Auszug online unter www.interface-politikstudien.ch/de/projekte_publikationen/publikationen/11_58_Priesterpikett.php.

erhebung) sowie um die Beurteilung der Priesterpiketts aus Sicht der beteiligten Priester.»[14]

«Obwohl die Patientinnen und Patienten sowie ihre Bedürfnisse unterschiedlich sind, laufen Piketteinsätze in der Regel bei allen Priestern gleich ab. Aufgrund der Interviews lässt sich ein Einsatz auf drei Elemente aufteilen:

– Das Einsatzaufgebot kommt vom Spital. Dabei ruft normalerweise das Spitalpersonal (meist der Spitalportier) die Priester an; in selteneren Fällen werden die Priester auch von der Pflege kontaktiert. Eine direkte Kontaktaufnahme durch eine Patientin, einen Patienten oder durch Angehörige ist die Ausnahme. Dies komme eigentlich nur dann vor, wenn die Patientin oder der Patient bereits über längere Zeit vom Priester betreut werde und daher die Nummer des Priesterpiketts oder allenfalls die Direktnummer des Priesters kenne.

– Nach der Kontaktaufnahme, bei der die Priester bereits versuchen, eine Vielzahl an Informationen über die Patientin oder den Patienten zu sammeln, begeben sich die Priester in das Spital. Dort werden sie vom Pflegepersonal instruiert und begeben sich zur Patientin oder zum Patienten.

– Nach dem Besuch tauschen sich Priester und Spitalpersonal noch einmal kurz aus und der Priester beendet seinen Einsatz. In der Regel gibt es bei derselben Patientin oder demselben Patienten keine Folgeeinsätze mehr. Dafür gibt es hauptsächlich zwei Gründe: Erstens liegen die Patientinnen oder Patienten oft im Sterben. Zweitens werden erneute Besuche eines Seelsorgers oder einer Seelsorgerin während der regulären Arbeitszeit von der Spitalseelsorge übernommen. Ausnahme bilden selbstverständlich diejenigen Piketteinsätze, bei denen der Pikettpriester auch Seelsorger im selben Spital ist [...]

Die Priester halten fest, dass sie oft sehr spät gerufen werden. Das heißt, dass die Patientin oder der Patient oft schon sehr nahe am Tod ist. Sie erklären dies damit, dass viele Angehörige die Krankensalbung noch immer für die letzte Ölung halten und somit, solange noch Hoffnung auf Überleben besteht, den Priester nicht rufen.»[15]

---

14 A. a. O. 3 f.
15 A. a. O. 10 f.

Zusammenfassend hält die Evaluation des Priesterpiketts fest:

«Auf den 1. Januar 2011 wurde das Priesterpikett im Kanton Zürich eingeführt. Hochgerechnet auf ein Jahr wurden rund 360 Piketteinsätze geleistet. Bei acht von zehn Einsätzen wurde eine Krankensalbung gespendet, (Seelsorge-) Gespräche wurden bei allen Einsätzen geführt. Die meisten Piketteinsätze wurden in der Stadt Zürich geleistet und dauerten zwischen 60 und 180 Minuten. In der überwiegenden Zahl der Fälle sind es die Angehörigen der Patientinnen und Patienten, die einen Seelsorger wünschen und beim Besuch des Priesters dann auch anwesend sind. Das Gespräch mit ihnen stellt das zentrale Element der Piketteinsätze dar [...] Das Priesterpikett zeichnet sich durch eine hohe Verfügbarkeit der Priester, den raschen Einsatz und die hohe Qualität der erbrachten Leistungen aus (alle Priester bringen spezifische Erfahrungen in der Spitalseelsorge mit).»[16]

3 Die Fachkommission Palliative Care

Um Palliative Care zu unterstützen, hat die Katholische Spital- und Klinikseelsorge im Kanton Zürich im Sommer 2009 eine Fachkommission «Seelsorge in Palliative Care»[17] eingesetzt, die mit erfahrenen Spitalseelsorgerinnen und Spitalseelsorgern aus unterschiedlichen Fachgebieten besetzt ist und bei Bedarf weitere Experten bzw. Expertinnen hinzuzieht. Zu den Aufgaben der Fachkommission gehört es, theologische Grundlagen bereitzustellen,[18] Weiterbildungen anzubieten und eine Vernetzung der verschiedenen Aktivitäten im Bereich Palliative Care, z. B. Freiwillige in Palliative Care, zu unterstützen.[19] So arbeitet die Katholische Spital- und Klinikseelsorge im Kanton Zürich in den Jahren 2012 und 2013 am Schwerpunkt *Brückenseelsorge*: *Vertiefung der Zusammenarbeit (Schnittstelle) zwischen Spital- und Pfarreiseelsorge*, insbesondere im Bereich Palliative Care, mit spezifischen Weiterbildungskursen und Pilotprojekten mit und für Seelsorgende, Angehörige und Freiwillige in Pfarreien.

---

16 A. a. O. 19.
17 Vgl. www.palliativseelsorge.ch.
18 Vgl. die Argumentations- und Entscheidungshilfe «Pro Palliative Care – eine Alternative zum assistierten Suizid».
19 Vgl. www.pallnetz.ch: Hilfe in Ihrer Nähe. Die Katholische Spital- und Klinikseelsorge im Kanton Zürich ist Mitglied von «palliative ch» und engagiert sich in Arbeitsgruppen von «palliative zh+sh».

Die Kirchen bleiben herausgefordert, ihren originären Beitrag im Bereich Palliative Care aktiv einzubringen. Die Katholische Spital- und Klinikseelsorge im Kanton Zürich stellt hierbei ein bewährtes, extern evaluiertes Modell integrierter Seelsorge auch für Palliative Care ausserhalb der Spitäler zur Verfügung. Es ist erfreulich, dass in vielen Kantonen (z. B. Zürich, Thurgau[20] oder Luzern[21]) Pionierarbeit geleistet wird und dass Palliative Care nicht nur von professionell ausgebildeten und interdisziplinär besetzten stationären und mobilen Palliative Care Teams, sondern auch von den Angehörigen und den Freiwilligen (in Spitälern: Sitzwachen, Nacht- und Krisenbegleitung, IDEM etc.) im Alltag wesentlich mittgetragen wird.

Literatur

Katholische Spital- und Klinikseelsorge im Kanton Zürich: Konzept Katholische Seelsorge in Spitälern, Kliniken und Pflegezentren im Kanton Zürich, Zürich 2005. Online unter www.spitalseelsorgezh.ch/pdf/def-konzept-spital-29-8-05.pdf/view.

Näf-Hofmann, Marlies/Näf, Andreas: Palliative Care. Ethik und Recht. Eine Orientierung, Zürich 2011.

Rieder, Stefan u. a.: Evaluation des neuen Konzepts der katholischen Spital- und Klinikseelsorge im Kanton Zürich, Luzern 2010. Zusammenfassung online unter www.interface-politikstudien.ch/downloads/deutsch/Zu_Spitalseelsorge_ZH.pdf.

Rieder, Stefan/Dolder, Olivier: Beurteilung der Einführung des Priesterpiketts der Spital- und Klinikseelsorge der Katholischen Kirche im Kanton Zürich. Schlussbericht, Luzern 2012. Online unter www.interface-politikstudien.ch/de/projekte_publikationen/publikationen/11_58_Priesterpikett.php.

---

20 Vgl. *Näf-Hofmann/Näf,* Palliative Care.

21 Die Spitex Stadt Luzern hat aus diesem Grund zusammen mit Vertretungen verschiedener Disziplinen und Organisationen sowie mit weiteren Spitex-Vereinen des Kantons Luzern ein Konzept erarbeitet. Dieses sieht vor, dass Menschen in komplexen palliativen Situationen möglichst zu Hause bleiben können, wenn sie es wünschen. – Die kath. Synode des Kantons Luzern hat am 9.11.2011 einen Kredit von 51 000 Franken bewilligt, um ein Modell zu erarbeiten, wie Seelsorgende künftig in der Palliativpflege im Kanton Luzern mitwirken können. Vgl. «Botschaft des Synodalrates der römisch-katholischen Landeskirche» (vom 7.9.2011) an die Synode zum Synodal-Beschluss über einen Sonderkredit für das Pilotprojekt «Palliativ-Seelsorge». Online unter www.lukath.ch/dl.php/de/4e940776d7f78/111109_palliativ-seelsorge_botschaft.pdf (13.9.2012).

Pro Palliative Care – Argumentarium und Entscheidungshilfe[1]

Ein Argumentationspapier der Katholischen Kirche im Kanton Zürich Erarbeitet durch die Fachkommission «Seelsorge in Palliative Care» der Spital- und Klinikseelsorge unter Beratung von Prof. Hanspeter Schmitt (Theologische Ethik, Chur)

Die gesellschaftliche Auseinandersetzung mit dem Thema Palliative Care hat, nicht zuletzt durch die Diskussionen über die organisierte Suizidbeihilfe, an Breite und Fundament gewonnen. Seitens der Palliativmedizin und Palliative Care wird in zunehmendem Mass eine ganzheitliche, multiprofessionelle

---

1 Die erstmals am 15. Mai 2011 veröffentlichte Broschüre (online unter www.spitalseelsorge.ch/media/archive1/praxishilfen/ethik/suizidbeihilfe/Argumentarium_Suizidbeihilfe_Broschuere.pdf) wird hier in der Fassung der zweiten Auflage (Herbst 2012) vorgestellt.

Alternative in der Begleitung von unheilbar kranken und leidenden Menschen bis zum natürlichen Eintritt des Todes angeboten. Sie interpretiert die Anforderungen, die die neue WHO-Definition von 2002 für Palliative Care formuliert. Palliative Care ist demnach der

> «Ansatz zur Verbesserung der Lebensqualität von Patienten und ihren Angehörigen, die mit einer lebensbedrohlichen Erkrankung konfrontiert sind, und zwar durch Prävention und Linderung von Leiden, durch frühzeitiges Erkennen sowie durch exzellentes Einschätzen und Behandeln von Schmerzen und anderen physischen, psychosozialen und spirituellen Problemen.»

Bund und Kantone hatten im Oktober 2009 beschlossen, eine nationale Strategie Palliative Care 2010–2012 zu erarbeiten. In einem ersten Schritt wurden die «Nationalen Leitlinien Palliative Care» festgelegt und im November 2010 vom Bundesamt für Gesundheit und von der Gesundheitsdirektorenkonferenz verabschiedet.

Die Fachkommission «Seelsorge in Palliative Care» der Spitalseelsorgenden zusammen mit Generalvikar Josef Annen sind davon überzeugt, dass die professionelle, ganzheitliche Forschung und Anwendung von Palliative Care gefördert werden muss. Im Folgenden sind Fakten und Argumente thesenartig zusammengestellt. Sie sollen sensibilisieren für eine menschenwürdige Begleitung des leidenden Patienten in der letzten Lebensphase bis zu seinem natürlichen Tod.

1. Das Leben bis zum natürlichen Tod kann eine tiefe menschliche und spirituelle Reifung mit sich bringen. Das Überschreiten von Grenzen bietet so die Chance zum persönlichen Wachstum in der letzten Phase des Lebens, im Sterben.

2. Vom christlichen Glauben her …

   … ist das Leben des Menschen von Gott geschenkt und unverfügbar.

   … ist auch ein durch eine unheilbare Krankheit eingeschränktes Leben kostbar und wertvoll, und eine liebevolle und fachlich kompetente Begleitung des Patienten bis zu seinem natürlichen Tod ist ein Dienst am Nächsten.

   … erschöpfen sich Krankheit und Sterben nicht in der Erfahrung blosser Sinnlosigkeit.

   … wird der Tod nicht als definitives Ende, sondern als Durchgang zu einer anderen Lebensexistenz verstanden.

   … ist Anerkennung der Geschöpflichkeit kein Gegensatz zur autonomen Lebensgestaltung.

... steht durch Leiden, Tod und Auferstehung Jesu Christi auch jedes andere Leiden im Licht der Solidarität und Hoffnung, selbst jenes Leiden, das nach aussen hin sinnlos erscheint.

3. Ohnmacht, Leiden und Sterben sind schwere Erfahrungen, die aber unabdingbar zu unserer Existenz als Mensch und geschaffenes Wesen gehören.

4. Oft wünschen gerade Angehörige, die das Leiden und Sterben in seiner nicht selten sehr bedrückenden Endphase erlebt haben, für sich selbst die Möglichkeit eines vorzeitigen Endes. Seelsorgende leisten durch ihr schlichtes Dasein in Absprache und Zusammenarbeit mit allen spital- und heiminternen Diensten Hilfe, das auszuhalten, was kaum auszuhalten ist. Dies tun sie durch ihr Mittragen, durch religiöse Zeichen und Rituale, biblische Worte, Gebet und vieles mehr.

5. Die deutlich greifbare Tendenz, die Suizidbeihilfe immer mehr auszuweiten und zu legitimieren, dürfte das medizinische Personal (Ärzte, Pflegende) in eine Rolle drängen, die seinem Grundauftrag zuwiderliefe.

6. In einer Zeit, in der an die unbegrenzte medizinische Machbarkeit geglaubt wird, kann das schwindende Verständnis in der Bevölkerung für das Alter, für Leiden und Abhängigkeit als Folge einer schweren Erkrankung zu einem Druck führen, diese Lebensphasen schnellstmöglichst zu beenden.

7. Der Respekt vor Menschen im Alter, in Abhängigkeit, Krankheit und Pflegebedürftigkeit muss gefördert werden.

8. Das Alter darf nicht einfach als Kostenfaktor gesehen werden – es ist eine sinnvolle Lebensphase.

9. Ein Kostendruck lastet auf Menschen mit einer schweren, chronisch fortschreitenden, unheilbaren Erkrankung in jedem Lebensalter. Es wird dann sehr schnell vom «unnötigen Leiden» gesprochen.

10. Die Forschungen und politischen Anstrengungen zur Suizidprävention und therapeutischen Intervention bei Altersdepressionen sollen verstärkt werden.

11. Die Bevölkerung muss noch besser über die Erkenntnisse von Palliative Care (Möglichkeit der Schmerztherapie, Symptomtherapie usw.) informiert werden.

12. Der Fortschritt der modernen Medizin hat dazu geführt, dass nicht mehr alles, was medizinisch machbar ist, auch dem Willen des Patienten entspricht oder zur Erhöhung der Lebensqualität des Menschen beiträgt. So kann eine komplexe medizinisch-therapeutische Massnahme zu einer menschlich unerträglichen Situation, zu unmenschlichen Leiden des Pa-

tienten führen. Keine Behandlung muss gegen den Willen von Patienten weitergeführt werden.

13. Der Europarat schützt die Gewissensfreiheit. Er hat sich am 7. Oktober 2010 gegen ein allgemeines Recht auf Sterbehilfe ausgesprochen. Wer als Arzt oder Krankenhaus Sterbehilfe ablehnt, darf nicht unter Rechtfertigungsdruck geraten.

14. Die päpstliche Kongregation für die Glaubenslehre schreibt zur Euthanasie: «Wenn der Tod näher kommt und durch keine Therapie mehr verhindert werden kann, darf man sich im Gewissen entschliessen, auf weitere Heilversuche zu verzichten, die nur eine schwache oder schmerzvolle Verlängerung des Lebens bewirken könnten, ohne dass man jedoch die normalen Hilfen unterlässt, die man in solchen Fällen einem Kranken schuldet. Dann liegt kein Grund vor, dass der Arzt Bedenken haben müsste, als habe er einem Gefährdeten die Hilfe verweigert.»[2]

Links

www.ejpd.ch; Startseite EJPD > Themen > Gesellschaft > Laufende Rechtsetzungsprojekte > Sterbehilfe

www.kath.ch Startseite kath.ch >Themen > Palliative Care

www.palliativseelsorge.ch (Homepage der Spitalseelsorge der Katholischen Kirche im Kanton Zürich)

www.pallnetz.ch (Homepage von Palliative Care Zürich-Schaffhausen)

www.spitalseelsorge.ch

www.thchur.ch/index.php?&na=99,0,0,0,d,120337,0,0,t (Artikel von *Prof. Dr. Hanspeter Schmitt* zur aktuellen Gesetzesinitiative des Schweizerischen Bundesrates)

www.zh.kath.ch/organisation/fachstellen/dienststellen/spitalseelsorge

---

2 Kongregation für die Glaubenslehre, Erklärung zur Euthanasie vom 5. Mai 1980, Abschnitt IV., online unter www.vatican.va/roman_curia/congregations/cfaith/documents/rc_con_cfaith_doc_19800505_euthanasia_ge.html (21.9.2012).

Autorinnen und Autoren

Franz Annen, Dr. rer. bibl., Jahrgang 1942, emeritierter Professor für Neues Testament an der Theologischen Hochschule Chur. E-Mail: franz-annen@ bluewin.ch

Manfred Belok, Dr. theol., dipl. päd., Jahrgang 1952, Professor für Pastoraltheologie und Homiletik an der Theologischen Hochschule Chur. E-Mail: manfred.belok@thchur.ch

Erwin Carigiet, Dr. iur., Jahrgang 1955, Spitaldirektor Stadtspital Triemli Zürich und Dozent an der Zürcher Hochschule für angewandte Wissenschaften, Departement Soziale Arbeit. E-Mail: erwin.carigiet@triemli.zuerich.ch

Eva-Maria Faber, Dr. theol. habil., Jahrgang 1964, Professorin für Dogmatik und Fundamentaltheologie an der Theologischen Hochschule Chur. E-Mail: eva-maria.faber@thchur.ch

Fachkommission Seelsorge in Palliative Care der katholischen Spital- und Klinikseelsorge im Kanton Zürich (gegründet 2009). www.palliativseelsorge.ch und www.spitalseelsorgezh.ch/palliativseelsorge

Birgit Jeggle-Merz, Dr. theol., Jahrgang 1960, Doppelprofessur für Liturgiewissenschaft an der Theologischen Hochschule Chur und an der Universität Luzern. E-Mail: birgit.jeggle@thchur.ch und birgit.jeggle@unilu.ch

Cornelia Knipping, Jahrgang 1957, Hebamme, Dipl. Pflegefachfrau, Lehrerin für Gesundheits- und Krankenpflege, MAS Palliative Care, arbeitete in Projekten zur konzeptionellen Gestaltung von Palliative Care in Institutionen sowie in der Entwicklung und Leitung von Studienprogrammen in Palliative Care. Herausgeberin des Lehrbuchs «Palliative Care» (Bern ²2007). 2011 Eintritt in den kontemplativen Orden der monastischen Familie von Bethlehem.

Urs Länzlinger, lic. theol., Jahrgang 1965, Dienststellenleiter der katholischen Spital- und Klinikseelsorge im Kanton Zürich. E-Mail: urs.laenzlinger@zh.kath.ch

Lisa Palm, lic. theol., Jahrgang 1957, Katholische Theologin, Erwachsenenbildnerin und Dipl. Pflegefachfrau, Beauftragte für Palliative Care der Spital- und Klinikseelsorge der Kath. Kirche im Kanton Zürich, arbeitet als Spitalseelsorgerin im Universitätsspital Zürich. E-Mail: lisa.palm@usz.ch

Simon Peng-Keller, Dr. theol. habil., Jahrgang 1969, Dozent für Theologie des Geistlichen Lebens an der Theologischen Hochschule Chur, mitverantwortlich für den MAS-Lehrgang «Christliche Spiritualität» (Universität Freiburg i. Ue./Lassalle-Haus). E-Mail: s.peng-keller@bluewin.ch

Hanspeter Schmitt, Dr. theol. habil., Jahrgang 1959, Professor für Theologische Ethik an der Theologischen Hochschule Chur. E-Mail: hanspeter.schmitt@thchur.ch

Thomas Staubli, Dr. theol., Jahrgang 1962, Dozent für Altes Testament und Leiter des BIBEL+ORIENT Museums an der Universität Freiburg i. Ue. E-Mail: thomas.staubli@unifr.ch

Markus Zimmermann-Acklin, PD Dr. theol., Jahrgang 1962, Lehr- und Forschungsrat am Departement für Moraltheologie und Ethik an der Universität Freiburg i. Ue. E-Mail: markus.zimmermann@unifr.ch